기전지역의 봉수

KB077601

경기그레이트북스 28

www.ggcf.kr

기전지역의 봉수

경기문화재단

이 책은 경기문화재단 경기문화재연구원이

경기도의 고유성과 역사성을 밝히기 위한 목적으로 발간하였습니다.

경기학센터가 기획하였고 관련전문가가 집필하였습니다.

일러두기

- 기전畿甸은 조선시대 경기도의 별칭으로 본 도서에 소개하는 봉수는 과거 경기도의 영역이었던 인천·강화를 포함하되 서울 일부 봉수도 포함하였다.

- 글은 문헌에 전하는 봉수를 중심으로 하여 각 노선별로 소개하였다.

- 봉수 명칭은 고종 32년(1895) 윤5월 6일, 봉수제의 폐봉 이후 조선 최후기 봉수망을 알 수 있는 『증보문헌비고』(1908)의 명칭을 사용하였다.

- 전반적인 체재와 연번의 표기는 문화재청, 『전국봉수유적 기초학술조사』, 2015.(이하 문화재청) 표기방식을 참고하여 노선별로 제1거 직봉(01) 방식으로 표기하였다.

- 본 도서에서 소개하는 문헌명칭은 문화재청 표기방식을 참고하여 『세종실록』지리지 **세**, 『신증동국여지승람』 **신**, 『비변사등록』 **변**, 『여지도서』 **여**, 『만기요람』 **만**, 『대동지지』 **대**, 『강화부지』 **강**, 『증보문헌비고』 **증** 으로 표기하였다. 그 밖의 문헌은 *표시 후 문헌명을 별기別記하였다.

- 국왕의 묘호와 연대는 병기하였다. 예) 고종 32년(1895)

- 본 도서의 주요 인물 소개는 한국민족문화대백과사전(encykorea.aks.ac.kr)에서 제공하는 것이다.

- 해발고도는 봉수가 위치한 지점의 높이다.

- 산명山名은 봉수가 주봉主峰에 있지 않고 능선이나 연봉連峰에 위치히는 경우 주봉의 산명을 표기하였다.

- 봉수 유적의 발굴(시굴)조사가 이루어진 경우 조사결과를 참고하였으며, 그렇지 않은 봉수는 지표상에서 확인이 가능한 거화시설[연대·연조], 방호시설[방호벽·회], 건물지 등의 현황을 바탕으로 기술하였다.

- 부록의 참고문헌은 본 도서에 실제 인용된 문헌을 성격별로 분류하여 작성하였으며, 본 도서에 소개하지 않은 기타 통신유적은 표로 소개하였다.

- 본문에 소개되는 사진과 도면자료 중 시굴·발굴조사가 이루어진 봉수는 조사기관의 협조를 받아 소개하되 출처를 명기하였다.

* 사진·도면 제공 기관(자)
  간송미술관 / 경기도박물관 / 국립중앙박물관 / 순천대학교 박물관 / 용인시청 / 울산문화재연구원 / 인하대학교 박물관 / 한강문화재연구원 / 한백문화재연구원 / 한양문화재연구원 / 한울문화재연구원 / LH 토지주택박물관 / 한정규

- 본 도서에서 참고로 한 각종 고문헌과 문집의 시詩 내용은 다음의 해당 싸이트를 이용하였다.
- 국사편찬위원회 한국역사정보통합시스템 – http://www.history.go.kr
- 서울대학교 규장각한국학연구원 – http://kyujanggak.snu.ac.kr
- 한국고전번역원 – http://www.itkc.or.kr

봉수는 횃불[烽]과 연기[燧]로 국경과 해안의 안위安危 여부를 약정된 신호전달 체계에 의해 읍邑 · 영營 · 진鎭이나, 중앙의 병조兵曹에 전하던 군사통신 수단이자 시설을 일컫는다. 고대 삼국시대에는 횃불[烽]과 불[火]을 이용한 원시적 형태로 활용되었으며 고려시대에 정례화 되었다. 이후 조선 세종대에 5거제로 정비되어 고종 32년(1895) 윤5월 6일, 군부의 건의로 최종 폐봉 될 때까지 조선왕조 500여년간 국가의 기간통신망으로 운영되었다.

본 도서는 봉수를 주제로 10여년만에 출간하는 필자의 여섯 번째 저서다. 시간적 범위는 주로 조선시대이며 공간적 범위는 과거 경기도의 별칭인 기전畿甸지역이다. 기전에는 조선시대 1거에서 5거까지 전 노선의 봉수가 소재하고 있다. 그리고 이들 봉수는 매일 초저녁이나 황혼무렵에 거화하여 당일 인정人定 전 최종 경성 목멱산봉수에 집결하도록 국초부터 법으로 정해졌다. 그리고 봉수 성격에 의한 구분상 연변봉수沿邊烽燧, 내지봉수內地烽燧외 중앙으로 연결되지 않을뿐더러 운용시기가 한시적이었던 일부 권설봉수權設烽燧가 혼재하고 있다. 또한, 문헌기록은 없지만 경기 북부 임진강臨津江에 인접한 연천지역에는 고대 봉화로 여겨지는 다수의 통신유적이 분포하고 있다. 금번 도서에는 필자의 여력이 미치지 못하여 후면에 표로 소개하였다. 기전의 봉수는 육지뿐만 아니라 배를 타고 1시간이 넘는 거리의 해중 도서海中島嶼에도 분포하고 있다. 따라서 필자는 낯선 섬의 봉수 답사를 위해 입도入島하여 여러차례 민박도 하였다.

본 도서는 전문연구자가 아닌 일반 대중용으로 가급적 쉽게 서술하였다. 어려운 용어의 경우 한글과 한자를 병기하였으며, 각주를 통해 용어의 뜻을 풀이하였다. 그리고 마음만 있으면 언제든지 답사하기 쉽게 찾아가는 길을 소개하였다. 본문내용의 사진은 필자가 직접 촬영한 것도 있지만 발굴조사된 봉수의 경우 조사기관의 협조를 받아 사진과 도면을 소개하였다.

본 도서에서 가장 의미있는 봉수는 용인 건지산봉수巾之山烽燧다. 본문에서도 소개했지만 봉수는 그간 정확한 위치를 모른채 건지산 정상부로만 추정하고 원래의 유구는 멸실된 것으로 여겨져 왔다. 그러던 중 용인시 문화예술과의 2020년도부터 수 차의 현지조사를 통해 2021년 4월, 원래의 위치가 확인되어 언론매체에 소개되었다. 봉수제의 최종 폐봉이후 126년만의 발견이다. 따라서 본 도서에는 이의 개략적인 현황을 소개하고 있다. 어찌보면, 본 도서는 용인건지산봉수! 126년만의 발견을 기념하는 도서이기도 하다. 그만큼 관계자의 집념과 노고가 컸다

본 도서는 모두 7부 구성으로 되어 있다. 우선 1부는 봉화·봉수의 기원과 어원부터 최종 봉수제의 폐지까지 전반적인 봉수의 개요를 소개하였다. 이중 필자가 역점을 둔 부분은 봉수를 실제 운용하고 관리하였던 봉수군烽燧軍이다. 봉수군을 지칭하는 다양한 용어와 신분, 봉수에서 번을 서는 인원, 포상과 근무를 태만히 했을때의 처벌, 호환虎患 관련 내용을 통해 본 도서를 접하는 독자讀者들

이 봉수제가 운영되던 당시 봉수군의 실상을 조금이나마 이해하는데 도움이 되도록 하였다.

2부에서 6부는 제1거 노선부터 제5거 노선의 봉수 중 기전지역에 소재하는 각 노선별 직봉과 간봉 및 관련봉수를 소개하였다. 본문에는 2001년도 경기도의 봉수를 주제로 한 필자의 석사논문 이후 신규 봉수의 답사내용과 최근의 발굴조사 결과를 반영하였다. 그리고, 조선시대 저명한 문인들이 남긴 해당 노선의 봉수관련 한시漢詩를 소개하였다.

7부는 조선시대 전 노선의 봉수가 최종 집결하는 종착지의 봉수인 목멱산봉수를 소개하였다. 봉수제가 운영되던 당시에는 각종 국가제사의 거행장소였다. 그리고, 고종 32년(1895) 윤5월 6일, 군부의 건의로 최종 폐지된 후에는 일반 백성들의 억울함의 호소장소로도 이용되었다. 이는 본 도서를 통해 최초로 소개하는 내용이다. 이외 목멱산봉수 관련 저명한 문인들의 대표적인 한시를 소개하였다.

본 도서를 발간하기까지는 다음분들의 도움이 있었다. 우선 운봉雲峯 박영익 선생님은 어려서 조부에게 한학을 익혔기에 고전 경서에 밝은 분이다. 우연히 필자와 알게 되어 교류한지 어느덧 10년이 넘었다. 국어교사로 교편 중 봉수에 관심을 가져 2019년 봉수를 주제로 한『불길순례』책자를 발간하기도 하였다. 그간 한자에 어두운 필자가 봉수와 관련된 사서史書 · 지지地誌 등의 문헌을 볼 때

도움을 입은 바 크다. 그리고 본 필자의 글을 꼼꼼히 살펴 오류가 없도록 하였다. 다음 신경직님은 필자와 같은 직장의 선배이다. 모교인 충북대에서 법학法學으로 박사학위를 취득하였고 장차 봉수를 주제로 두 번째 박사학위(문화재과학)를 준비중이다. 그간 틈나는데로 전국의 봉수를 같이 답사하여 왔다. 특히, 금번 본 도서의 발간을 위해 선뜻 혼자 가기 힘든 볼음도 · 덕적도 · 자월도 등 여러 도서 소재 봉수의 답사마다 늘 동행이 되어 주었다.

끝으로, 본 도서는 필자가 외길을 걷고 있는 것을 잘 아시는 경기문화재단 김성태 수석연구관님의 제안으로 출간이 가능하였다. 그리고 긴 시간 편집에 고생하시면서 책자로 꾸며주신 디자인 구름의 김혜경님께 감사드린다.

2021년 07월 20일
고봉자古峯子 김주홍

| 차 례 |

조선시대의 봉수망

Signal-fire, Traditional Communication System

朝鮮時代之烽燧網
朝鮮王朝時代の烽燧網

봉수노선

제1로 : 함경도 경흥 → 강원도 → 경기 → 양주 아차산봉수
제2로 : 동래 다대포 → 경상도 → 충청도 → 경기 → 성남 천림산봉수
제3로 : 평안도 강계 → 황해도 → 경기 → 서울 무악 동봉수
제4로 : 평안도 의주 → 황해도 → 경기 → 서울 무악 서봉수
제5로 : 전남 순천 → 전라도 → 충청도 → 경기 → 서울 개화산봉수

봉수시간

− 봉수는 평상시 하루 한 번씩 봉수 간에 신호를 전달함
− 각 봉수에서 신호를 보내는 시각이 정해져 있음
− 각 노선의 봉수가 목멱산(남산)봉수에 도달하는 시각은 초저녁으로 정해져 있음

제1로	▲	기점 (간봉)
제2로	△	기점 (직봉)
제3로		직봉
제4로		간봉
제5로		

1부

봉수의 개요

1. 봉화·봉수의 기원과 어원

봉수는 군사통신제도의 하나이다. 주연야화晝煙夜火의 신호체계로 국경이나 해안의 안위安危 여부를 주변 고을에 알리면서, 최종으로 도성에 전달하기 위한 목적에서 설치되어 운영되었다.

우리나라의 봉수제도는 삼국시대부터 봉화烽火가 원시적인 형태로 활용되었다. 유사시에는 낮에 연기를 올려 전달 하지만, 주로 밤에 횃불[烽]과 불[火]을 이용해서 밤[夜]에 신호를 주고 받았다. 봉수보다는 이른 시기의 용어이다. 『삼국사기』에 "달을성현達乙省縣 한씨漢氏 미녀가 높은 산마루에서 봉화를 들고 안장왕을 맞이하던 곳이기에 후에 고봉高烽이라 이름하였다."[1]라고 한 용례가 있다. 이외 '봉현烽峴·봉산烽山·봉산성烽山城·봉잠烽岑' 등의 지명이 봉화와 관련 있다. 또, 고구려 봉상왕烽上王(재위 292~300)이 죽었을 때 "봉산의 들에 장사지내고 이름을 봉상왕이라 하였다."[2] 라고 한 기록도 있다.

『고려사』에는 고려 이전 시기의 봉화 용어가 봉화烽燧 혹은 봉수와 혼용하여 표기하였다. 의종 3년(1149)에 서북면 병마사 조진약曹晋若의 상주에 의하여 평시에는 밤에 불, 낮에는 연기를 각기 하나씩 올리고 사안에 따라 2급急에서 4급의 방식으로 운영되었다. 봉수에는 방정防丁 2명, 백정白丁 20명을 두고 각각 평전平田 1결結을 주도록 하였다. 봉화가 야간에만 사용되었다면, 봉수는 낮[晝]

---

1) 한씨 미녀의 고사는 『삼국사기』 외에 『세종실록』지리지·『신증동국여지승람』·『동국여지』·『연려실기술』 등의 사서와 지지에 보인다. 안정복安鼎福 (1712~1791)의 『동사강목』에서는 '한씨의 딸韓氏女'로 표기하고 있다.
2) 『삼국사기』 권제17, 고구려본기 제5, 봉상왕 9년 추8월.

에 연기[煙氣], 밤[夜]에 횃불[烽]을 이용해서 주·야간으로 사용되었기에 좀 더 포괄적이고 다목적 의미를 갖는다.

다음은 여말선초의 문인으로 본관이 한산韓山, 자는 영숙潁叔, 호가 목은牧隱인 이색李穡(1328~1396)의 시이다. 목은이 태어난 곳은 외가인 영해부寧海府(지금의 경상북도 영덕군) 괴시槐市(호지말) 마을이다. 그는 외가에서 2세 때까지 자라다가 고향 한산의 본가로 돌아왔다. 목은이 공민왕과 함계 권문세가의 반발을 무릅쓰고 개혁을 펼칠 즈음, 영해에 왜적이 침입했다는 소식을 듣고 시로 남긴 것으로 여겨진다. 아래는 당시에 고려의 봉수가 정상적으로 작동하고 있었음을 알려주는 내용이다.

聞倭賊犯寧海 趨江陵道元帥啓行(왜적이 영해를 침범했으므로 강릉도 원수를 급히 떠나게 했다는 말을 듣고)

藥國鯨濤怒蹴天	예국[3]의 바다 물결 노하면 하늘을 차는지라
古稱無處泛樓船	큰 배 띄울 곳 없다고 예부터 일컬어졌으니
豈容賊輩敢輕犯	왜적들이 어찌 감히 함부로 쳐들어 오랴마는
祇恐民生難自全	민생이 행여 불안하게 여기지 않을까 두려워라
慶晉池臺鎖風月	경진[4]의 못가 누대에는 풍월이 홀로 갇혀 있고
登和烽火照山川	등화[5]의 봉화가 산천을 잇따라 비추는 때
廟堂憂念何時已	언제쯤에나 묘당에서 근심 걱정을 안 해도 될꼬
遣率東門又敞筵	지금 또 장수 보내면서 동문의 송별연 열었구나

(『牧隱集』 牧隱詩稿 卷28, 詩)

---

3) 예국藥國 : 강릉江陵의 옛 이름.

4) 경진慶晉 : 경주慶州와 진주晉州를 말한다.

5) 등화登和 : 함경도 안변安邊의 옛 이름인 등주登州와 영흥永興의 옛 이름인 화주和州를 가리킨다.

조선시대의 봉수제는 고려의 제도를 이어받아 태종대부터 시행되었다. 『태종실록』 6년(1406) 3월 5일, 동북면 도순문사가 올린 사의事宜에 "경원 지경에 흩어져 사는 군민이 아울러 성 가까이 모여 살면서 농사를 지으니, 초적草賊이 나오는 요로의 망望을 볼 수 있는 높은 봉우리에 봉수를 설치하고 척후斥候를 부지런하게 하여, 만약 침입하는 적이 있으면 병마사가 정장丁壯을 거느리고 가서 변에 대응하게 하소서."라고 하니, 임금이 따랐다는 기록이 최초이다.

한편, 봉화·봉수외에 해안과 국경 등 적의 침입이 잦은 곳은 연대烟臺를 설치하여 운영하였다. 『세종실록』 4년(1422) 8월, 경상도 수군 도안무처치사가 "봉수가 있는 곳에 보루와 장벽으로 의탁할 곳이 없어서, 이로 인하여 흔히 적의 약탈을 당하게 됩니다. 법령이 비록 엄하나, 사람들이 모두 의심스럽고 두렵게 생각하여, 마음을 다하여 요망하지 아니하니, 청컨대, 높게 연대를 쌓고, 활쏘는 집과 화포와 병기를 설치하여, 밤낮으로 그 위에서 적변을 관망하게 하소서."하니, 임금이 그대로 따르고, 여러 도에 명하여 모두 연대를 쌓으라고 명하였다.

이후 『세종실록』 4년(1422) 윤12월 20일, 임금이 병조에 명하여 의정부와 각조各曹와 더불어 의논하여 봉수를 정하도록 하였다. 같은 왕 29년(1447) 3월 4일, 의정부에서 연변연대조축지식沿邊烟臺造築之式과 복리봉화배설지제腹裏烽火排設之制가 동시에 마련되어 시행됨으로써 봉수제도가 확립되고, 『경국대전』의 규정으로 확정되었다. 이에 의하면 평시에 봉화를 1거, 적의 모습이 나타나면 2거, 적이 국경에 접근하면 3거, 국경을 침범하면 4거, 접전을 하면 5거를 올리도록 하였다. 『세종실록』지리지(1454)에는 부·목·군·현별로 봉화의 수량을 '봉화 ○처' 등으로 표기하였다. 이후 『신증동국여지승람』(1530) 부터 봉수조를 두어

'봉수'로 표기되었다. 그러나, 조선 후기 발간 관·사찬 읍지나 저명한 문인이 남긴 문집의 시와 고지도 등에는 여전히 '봉·봉화·봉수·봉대·봉수대' 등으로 혼용된 채 같이 표기되었다.

2. 봉수의 종류

봉수는 성격과 위치하는 곳에 따라 기능과 역할뿐만 아니라 구조·형태가 다양하다. 봉수의 종류는 다음과 같이 네가지로 구분된다. 이중 경성 남산봉화 혹은 목멱산봉수는 전국에서 오는 신호를 받는 곳이고 도성 내에 위치하기에 가장 급級이 높은 봉수이다.

1) 경성 남산봉화

봉수제가 운영되던 고려·조선시대에 수도에 설치되어져 전국의 모든 봉수가 집결하였던 중앙봉수로 달리 목멱산봉수[6]라고도 한다. 고려시대에는 개경의 송악산松嶽山에 '국사당國師堂·성황당城隍堂' 등 2기가 있었으며, 조선시대에도 계속적으로 사용되었다. 현재 고려시대 개경 송악산의 봉수는 6·25 동란 시 미군의 폭격과 그 후 북한군의 군사시설물 설치로 인해 멸실되었다.

　　조선시대에는 경성의 남산에 5소所의 봉화를 세종 5년(1423) 2월, 병조의 계에 의해 설치[7]하여 전국 각지에서 오는 신호를 최종으로 받도록 하였다. 각 노선별로 극변초면에 위치한 봉화가 매일 초저녁 황혼 무렵에 거화를 하면 차차거화를 통해 당일 인정人定[8] 전에 경성의 남산봉화에 도달하였다.

---

6) 목멱산봉수木覓山烽燧 : 조선시대 전국 8도 5거炬의 봉수가 최종 집결하던 경성의 중앙 봉수를 일컫는다. 『경국대전』
　(1485) 봉수에 용례가 있으며, 목멱산 5소의 봉화마다 군軍 4인, 오장伍長 2인을 두도록 규정하였다.

7) 『세종실록』 권19, 5년 2월 26일 정축.

8) 인정人定 : 태조 4년(1395)부터 시행된 제도로, 조선시대 치안 유지를 위해 실시한 통행 금지 제도이다. 매일 밤 10시경에
　28번의 종을 쳐서 성문을 닫고 통행 금지를 알렸다. 한편, 매일 새벽 4시에 33번의 종을 쳐서 통행금지 해제를 알렸는
　데, 이를 파루罷漏라고 하였다.(『대명률직해』 권14, 병률 군정 240조 夜禁).

현재는 1993년 서울 남산에 있었던 5개소 봉수 중 1개소를 조선 후기 정조대에 축조한 수원의 화성봉돈華城烽墩과 유사한 형태로 복원하여 원래의 모습을 알 수 없다. 아마도 과거의 모습은 인근 개화산봉수나 광주(현 성남) 천림산봉수와 유사하게 타원형의 방호벽 내에 5기의 연조를 갖춘 형태였을 것으로 여겨진다.

2) 연변봉수

국경과 해안가 및 도서 등 극변초면極邊初面의 지역에 설치되어 달리 연대烟臺로도 지칭되었던 최전방 봉수이다. 따라서 과거 봉수군이나 연대군이 번番을 설 때 적에게 사로잡혀 가는 등 위험요인이 많았다. 한예로『선조실록』32년(1599) 12월, 북도병사 이수일李守一(1554~1632)의 장계에는 고령첨사高嶺僉使 이대남李大男의 첩정에 의거 진포연대鎭浦烟臺의 봉수군 전곤全坤이 지난 갑오년 3월에 호적胡賊에게 사로잡혀 갔음이 보고되기도 하였다. 이에 조선 후기에는 봉수마다 '조총鳥銃·환도還刀·편전片箭' 등의 방호무기를 갖추고 있었다.

연변봉수는 연대를 기본시설로 하여 지형여건에 따라 봉수군과 시설을 보호하는 방호벽防護壁·호塚 등의 방호시설과 연대 주위 거화시설인 연조煙竈를 갖추기도 하였다. 따라서 평면형태가 다양하게 구분되며, 내지봉수와 구조 및 형태가 다르다.

연변봉수의 축조는 세종대에 국가에서 직접 관리하였다. 이와 관련된 내용으로『세종실록』20년(1438) 1월, 의정부에서 올린 변방 방어책은 다음과 같다.

의정부에서 병조 정문에 의거하여 아뢰기를, --(중략)-- 연대를 설치한 것은 적을 후망하는 것인데, 이제 여연 등 각 고을에 연대는 쌓았지만 1년도 못되어 혹 무너지기도 하니, 이것을 쌓는 일을 감독한 관리가 애쓰지 않은 때문입니다. 연대는 사면으로 아래쪽이 넓어 한 면의 넓이가 2십 척, 높이는 3십 척인데, 모두 포백척布帛尺의 칫수를 제도로 하여 고쳐 쌓도록 하고 사면에는 모두 갱감坑坎을 파 두도록 합니다. 다섯 사람에게 병기와 화포를 가지고 열흘만에 서로 교대하며 밤낮으로 망보게 하고, 만일 함부로 위치를 이탈하는 자가 있으면 율에 의하여 엄하게 징계할 것입니다. 연변 여러 구자에 석보石堡를 쌓을 때에도 적대·옹성 및 연대의 견양見樣을 수성전선색修城典船色에게 도본圖本을 만들게 한 다음, 도절제사에게 내려 보내 이를 참고하고 쌓는 것을 감독하도록 하옵소서.[9]

라고 하였다. 이를 정리하면 연대 4면 아래쪽의 너비는 매면每面 20척으로 하고 높이는 30척으로 하되 모두 포백척을 사용하여 고쳐 쌓도록 하고, 4면에는 모두 갱감을 파도록 하였다. 그리고 수성전선색으로 하여금 연대의 본보기를 그려 도절제사에게 내려 보내도록 하고, 도절제사로 하여금 이를 참고해서 감독하고 축조하게 하였다. 따라서 이를 통해 추정해 볼 수 있는 연변봉수의 형태는 오늘날 한반도 남부의 동·남·서해안에 잔존하는 연대 주위 호를 갖춘 평면 원형圓形의 봉수이다.

같은 왕 28년(1446) 10월에는 각 도 연변연대의 축조방식을 규정한 연변연대조축지식沿邊烟臺造築之式이 의정부에 의해 건의되어 다음해 3월, 정식으로 연변연대의 규모와 시설·비품과 간망인의 근무규정이 정해지고 그대로 시행되었

---

9) 『세종실록』 권80, 20년 1월 15일 경자.

다. 이때 규정된 연변봉수의 규모와 형태, 갖추어야 할 비품 등은 아래의 기록을 통해 구체적으로 추측할 수 있다.

> 연변의 각 곳에 연대를 축조하되, 높이는 25척이고 둘레는 70척이며, 연대 밑의 사면은 30척으로 하고, 밖에 참호壍壕를 파는데 깊이와 넓이는 각기 10척으로 하고 모두 영조척營造尺을 사용하게 하며, 또 갱참坑壍의 외면에 목익木杙(나무 말뚝)을 설치하는데 길이 3척이나 되는 것을 껍질을 깎아 버리고 위를 뾰족하게 하여 땅에 심고 넓이는 10척이나 되게 하며, 연대 위에는 가옥假屋을 만들어 병기兵器와 조석에 사용하는 물과 불을 담는 기명器皿 등 물건을 간수하고, 간망인看望人은 10일 동안에 서로 번갈아 이를 지키게 하고, 새로 온 사람과 그전에 있던 사람 사이에 양식이 떨어질 때에는 있는 곳의 고을 관원과 감사와 절제사가 적당히 모자라는 것을 보충해 주게 하며 --下略--[10]

라고 하였다. 이전 시기 연대 축조와의 차이점은 척尺의 단위가 포백척布帛尺에서 영조척營造尺으로 바뀐 것이며, 호의 외면에 목익木杙[11]을 설치해 봉수의 방호기능을 강화하였다. 그리고 연대 위에 임시로 가옥假屋을 만들어 여러 가지 비품을 두게 하였다. 반면, 공통점은 연대 주위에 모두 호壕를 의미하는 '갱감坑坎·갱참坑壍'을 마련토록 한 것이다. 아울러『성종실록』6년(1475) 5월에는 왕이 병조에 전교를 내려 봉수마다 추가로 연통煙筒을 설치하게 하였다. 따라서 연변 봉수의 연대 상부에는 방형 혹은 원형의 연소실燃燒室이 있어 거화 시에 연소실 하부의 측면을 통해 거화재료를 집어넣은 다음 상부에 마련한 연통을 통해 연기와 횃불이 흩어지지 않고 곧바로 올라가게 하였다.

---

10) 『세종실록』권115, 29년 3월 4일 병인.
11) 목익木杙 나무 말뚝.

3) 내지봉수

극변초면의 연변봉수와 경성의 남산봉화를 연결하는 육지 내륙지역 소재의 봉수이다. 『세종실록』에는 달리 '복리봉화腹裏烽火'로도 표기하였다. 석축 혹은 토·석 혼축의 방호벽 내에 매일 평상시 '평안화平安火·태평화太平火·평안보平安報'를 알리는 1거炬 혹은 비상시 5거를 거화 할 수 있도록 5기의 연조煙竈를 갖추고 있었다. 또한, 봉수 내·외로 봉수군의 출입과 비치물품의 운반을 위해 보통 1개소 내지 2개소의 출입시설을 계단 혹은 개방형태로 마련하였다. 구조·형태적으로 연변봉수에 비해 단순하다.

입지적으로 연변봉수에 비해 내륙지역의 후방에 설치되어졌기에 상대적으로 봉수군이 번을 서는데 있어 안전하였다. 그러나, 산간오지의 첩첩산중 높은 산에 위치할 경우 봉수군이 오르내리는데 고역이었을 것이다. 그리고 악수惡獸[12]의 습격에도 대비하여야 했다.

내지봉수의 축조는 연변봉수와 마찬가지로 세종대에 국가에서 직접 관리하였다. 『세종실록』 28년(1446) 10월, 중부봉화의 배설제도 등이 의정부에 의해 건의되어 다음해 복리봉화배설지제腹裏烽火排設之制를 통해 규정되어졌다. 즉, "복리腹裏, 內地의 봉화는 연변연대의 비교가 아니므로, 전에 있던 배설한 곳에 연대를 쌓지 말고 산봉우리 위에 땅을 쓸어내고 연조煙竈를 쌓아 올려 위는 뾰족하게 하고 밑은 크게 하며, 혹은 모나게 하고 혹은 둥글게 하며, 높이는 10척에 지나지 않게 하고, 또 원장垣墻을 둘러쌓아 악수惡獸를 피하게 하며 --下略--"의 기록을 통해 연조의 기단은 크게 방형方形 혹은 원형圓形으로 하고 위는 뾰족한 형태에 높이는 10척尺(약 3m)을 넘지 않는 연조의 모습을 추측할 수 있다. 또한, 악수에 대비하여 원장垣墻[13]을 동시에 갖추었다.

---

12) 악수惡獸 : 주로 호랑이와 표범.

13) 원장垣墻 : 방호벽防護壁.

『성종실록』 6년[1475]에는 왕이 병조에 내린 전교에 "낮에 알리는 것은 반드시 연기로 하는데, 바람이 불면 연기가 곧바로 올라가지 못하므로 후망하기 어려우니, 이제 봉수가 있는 곳에는 모두 연통煙筒을 만들어 두게 하라. 바람이 어지러워 연기가 흩어져 후망할 수 없을 때에는 그 곳의 봉수군이 달려와서 고하여 전보하도록 하라 --下略--"의 기록을 통해 기존의 봉수대 시설에 추가로 연통을 설치하게 하는 등 시설을 강화하고 후망堠望이 곤란할 때 직접 봉수군이 다음 봉수로 달려가서 고하게 하였다. 즉, 성종 6년[1475] 이후로 모든 내지봉수는 원장 내 연조 상부에 연통을 설치하게 함으로써 바람에 연기가 영향을 받지 않고 곧바로 올라가도록 하였다. 아울러 봉수 내외로는 봉수군의 생활이나 물품보관에 필요한 가옥家屋과 고사庫舍 등의 부속시설을 갖추고 있었다.

이외에 봉수에서 번番을 서는 봉수군의 취사나 생활에 필요한 요소가 우물[井]이다. 조선시대 봉수제가 운영되던 당시에는 모든 봉수마다 우물이 봉수 내·외부나 건물지 인근에 있었다. 그렇지 않은 경우는 산아래 마을에서 봉수군이 식수를 용기에 담아 지고 날라야 했다. 아울러 고종 32년[1895] 5월, 봉수제의 최종 폐봉 이후 오랫동안 사용하지 않음에 따른 지형의 변화 혹은 후대의 인위적인 매몰 등으로 현장조사에서 확인되지 않는 경우가 많다. 현재 내지봉수로서 우물이 확인된 사례는 약 10기 정도이다. 이중 용인 석성산봉수石城山烽燧, 청주 것대산봉수巨叱大山烽燧, 당진 안국산봉수安國山烽燧의 우물이 비교적 온전하게 남아 있다. 축조는 석축이며 평면형태는 원형과 방형이다. 위치하는 곳은 방호벽 외부에서 떨어진 봉수군 주거지 인근이다.

조선시대 내지봉수의 규모는 연조를 보호하는 방호벽의 둘레로 알 수 있다. 일반적인 평균 규모는 80m 내외의 범위에 속한다. 따라서 한반도 남부지역 내 소재의 모든 내지봉수는 방호벽의 둘레가 50~110m 이내에 포함된다. 그러므로 이 범위에 미달되거나 벗어나는 규모는 조선시대 내지봉수의 일반적인 정형이 아니다. 지금까지의 조사를 통해 방호벽의 규모를 알 수 있는 내지봉수를 노선별로 정리하면 [표1]과 같다.

[표1] 내지봉수 노선별 방호벽 규모

연번	방호벽 규모	내지봉수 명칭
1	50~60m	제2거 직봉 : 안동 개목산, 영주 망전산
		제2거 간봉(2) : 의령 미타산, 충주 주정산
		제2거 간봉(8) : 청도 남산
		제5거 직봉 : 양천 개화산
2	61~70m	제2거 직봉 : 울산 소산, 봉화 용점산, 충주 마산, 음성 망이성
		제2거 간봉(2) : 상주 서산
		제2거 간봉(9) : 진주 광제산
3	71~80m	제2거 직봉 : 울산 부로산, 봉화 창팔래산, 의성 대야곡, 제천 오현
		제2거 간봉(1) : 안동 신석산
		제2거 간봉(2) : 칠곡 박집산, 문경 탄항
		제2거 간봉(9) : 산청 입암산, 청주 것대산
		제3거 직봉 : 고양 독산
4	81~90m	제2거 직봉 : 용인 석성산, 성남 천림산, 군위 승목산
		제2거 간봉(2) : 고령 이부로산, 충주 마골치
		제2거 간봉(9) : 영동 박달라산
		제5거 직봉 : 공주 월성산·쌍령산
5	91~100m	제2거 직봉 : 영천 여음동, 용인 건지산
		제2거 간봉(8) : 청도 종도산
6	100m 이상	제1거 직봉 : 포천 독산
		제2거 직봉 : 영천 소산
		제2거 간봉(6) : 창녕 태백산
		제2거 간봉(8) : 대구 법이산·성산

내지봉수를 축조할 때에는 대응봉수와의 조망이 용이한 산 능선 혹은 산 정상에 방호벽을 쌓고 그 내부에 거화·거연시설인 연조를 시설하였다. 그러나, 청도 남산봉수·고양 독산봉수처럼 드물게 방호벽 밖에 연조가 시설된 경우도 있다. 또한 봉수 내·외로의 출입을 위한 시설을 마련하였다.

봉수를 축조할 때 지형에 따라 형태가 성남 천림산봉수처럼 장타원형 혹은 고양 독산봉수처럼 원형이 되기도 하였다. 또한 제천 오티봉수는 봉수제의 폐지 후 민간신앙화되어 산신당이 들어서기도 하였다. 반면, 과거 발굴조사가 이루어진 창녕 여통산봉수는 평면이 세장방형이며, 경주 주사봉봉수처럼 봉수제의 폐지 후 분묘가 조성되어 방호벽내에 거화관련 시설이 멸실되기도 하였다. 또한, 봉화 사랑당봉수·밀양 분항봉수는 방호벽 내에 분묘를 조성하면서 방호벽 일부를 허물기도 하였다.

4) 권설봉수

조선 전·후기에 군사적으로 중요하였던 경상·전라·충남 서해안 지역의 주요 읍邑·영營·진鎭·보堡에서 자체적으로 설치하여 해당 읍과 영·진·보로만 연락하도록 운용되었다. 따라서 대부분 그 운용시기가 짧았다. 이는『대동지지』에서 처음으로 보이는 용어인데, 직봉과 연결되는 간봉과는 구분될 수 있다. 운영의 주체가 다르며, 경봉수인 목멱산봉수와의 연결을 목적으로 한 것이 아니었다. 또한, 중앙 정부에서 마련한 봉수의 운영에 필요한 여러 조처와는 다른 별도의 운영체계가 있었다.

권설봉수의 형태는 연변봉수와 유사하며, 그 기능도 같았다. 다만 시설과 규모의 차이는 있었다. 그리고 연대 주위에는 거화에 필요한 비품을 보관하던 고사庫舍를 갖추고 있었다. 고사의 형태는 연대 하단부에 일정한 범위로 깊지 않게 땅을 판 후에 주위에서 쉽게 채집할 수 있는 석재를 이용하여 보강하였으며, 형태는 대부분 타원형이다.

권설봉수로서 고사가 현재도 지표에 고사가 온전한 사례는 보령 외연도봉수, 거제 와현봉수 등이 있다.

5) 요망대·후망대

조선 후기 이양선異樣船·황당선荒唐船의 출현이나 왜선倭船의 표류 등을 해당 영營·진鎭이나 부府·현縣에 신속하게 알리기 위해 설치되어 단기간 운용되었다. 주로 주변 해안을 조망하기 좋은 높다란 곳에서 해안을 통한 이양선의 출현을 살펴 바라보기 위해 흙 또는 석재를 쌓아서 사방을 바라볼 수 있게 만든 소규모의 시설이다. 혹은 이양선의 출현이 빈번하고 해상을 조망하기 좋은 해안가의 구릉이나 산정부에 막幕을 설치하고 밤낮으로 요망이나 후망을 하였다. 이양선의 출현이나 표류 시 신속한 보고가 목적이었기에 방호벽이나 호 등의 방호시설을 갖추고 있지 않은 경우가 대부분이다. 그리고 보고가 늦었을 때에는 해당 영·진에서 잡다다 곤장을 쳐 징계하였다.

위의 후자와 관련된 사례로 순조 18년(1818) 6월 23일, 가야항 요망봉감관 김순용金順用의 치고로 이양선 1척이 표도 시 소근진첨사所斤鎭僉使 차인봉車仁鳳은 형지를 적간하기 위해 배를 타고 이양선이 표도한 곳에 가기도 했다.[14] 고종 12년(1875) 8월 26일, 이양선 1척이 서해에 출현 시에는 평신첨사平薪僉使 김우

---

14) 「각사등록」 충청병영계록, 순조 18년 6월 23일.

원金宇源이 높은 봉우리 위에 막幕을 설치하고 밤낮으로 요망하였다.[15]

위의 평신첨사가 이양선 출현 시 요망을 위해 높은 봉우리에 설치한 장막 관련, 지역은 다르지만 다음의 용례가 있다. 첫째, 『각사등록各司謄錄』 경상좌병영계록慶尙左兵營啓錄의 철종 원년(1850) 3월 15일, 죽변진竹邊津 후망감관候望監官 남두칠南斗七의 수본手本을 빌어 영해부사 정세창鄭世昌이 보고한 치보馳報에 후망막候望幕. 둘째, 『관서읍지關西邑誌』(1872) 「가산군읍사례嘉山郡邑事例」 군기고軍器庫의 군막軍幕 1건件. 셋째, 『관서진지關西鎭誌』(1895) 「신도지薪島誌」 군기軍器의 도진島鎭에 비치하였던 군막 1부浮. 넷째, 『영남진지嶺南鎭誌』(1895) 「장목포진지 급사례성책長木浦鎭誌及事例成冊」 군기질軍器秩의 장막帳幕 2건의 용례이다. 이들 후망막 혹은 군기고에 보관이나 군기의 일종으로 1건 혹은 2건씩 비치하였던 군막 혹은 장막은 상황에 따라 요망감관 혹은 후망감관이 지정된 산정부의 후 망소에서 막을 치고 해상을 후망하는데 이용되었다. 때로 사안이 급박할 시에 는 첨사가 직접 이들 감관과 같이 해상을 요망하였다. 따라서 현지 답사를 통해 산명 후망산의 후망소마다 뚜렷한 유구가 확인되지 않은 것은 특별한 시설을 할 필요 없이 막을 치고 해상을 후망하였기 때문이다.

조선 후기 발간 지지의 기록보다는 조선 후기 지방지도를 통해 주로 경 상·전라 남해안 일대의 도서에 다수 분포하고 있음이 확인된다. 이외에 서해안 화성과 인천[강화도]에도 일부가 남아 있다. 요망대에 근무하는 요망의 책임자 를 '요망장瞭望將·요망장교瞭望將校·요망별장瞭望別將'이라고 하였으며 그 밑에 요망군瞭望軍이 있었다.

이 요망대의 운용과 관련된 사례는 인천 영종도 소재 백운산요망대白雲山

15) 『각사등록』 충청감영계록, 고종 12년 8월 26일.

瞭望臺가 좋은 사례이다. 『영종방영도지永宗防營圖誌』 사찰에 "구담사瞿曇寺는 백운산에 있다. 승장 1명이다. 요미는 6말인데 대동미에서 지급한다. 요망승 3명이 황당선을 요망한다."라고 하였다. 이보다 자세한 내용은 『영종진읍지永宗鎭邑誌』[16] 사찰에 "구담사는 백운산에 있다. 진에서 서쪽 10리 거리이다. 승장 1인 요미는 매달 6말씩인데 비국에서 회감하여 처리한다. 요망막瞭望幕 백운산 위에 있다. 구담사 승도 중 1명이 서남해를 요망하며 황당선의 표박漂迫 유무를 관찰한다."라고 하였다.

권설봉수와 마찬가지로 일부 요망대 주위에는 거화에 필요한 비품을 보관하던 고사庫舍를 갖추고 있었다. 그리고 연대 상부로 올라가기 위해 연변봉수가 연대 측면에 나선형螺旋形 오름시설을 마련한 것과 달리, 요망 측면에 계단형階段形 오름시설을 마련한 구조적 차이가 있다. 완도 조약도요망助藥島瞭望의 오름시설은 대형 화강암반 좌우에 요망군이 오르내리기 편리하도록 계단 모양으로 축조하였다.

이상으로 소개한 후망대 관련 조선 후기 문인의 시 두 편을 소개하고자 한다. 첫째, 본관이 밀양密陽. 자는 사집士執, 호가 존재存齋인 박윤묵朴允默. (1771~1849)의 시이다. 황혼 무렵에 신진도 후망봉에 올라 조운선을 바라보며 소회를 읊은 내용이다.

登候望峯(후망봉에 오르다)
漕船層濤幾險危　층층 파도 조운선 어찌나 위태롭던지,
傷弓餘悸獨先知　파도에 놀란 가슴 혼자만 안다네.

---

16) 헌종 8년(1842) 편찬된 『경기지』권3에 실린 「영종진읍지」를 후사後寫한 책.

舟從北去茫茫日　종일토록 배는 북으로만 가는데,
風自南來習習時　남녘 바람은 솔솔 불어오는구나.
天外望窮孤鳥沒　아득한 하늘 밖 새 오르락내리락,
峯頭坐久夕陽移　산봉우리 앉은 곳에 석양이 지네.
梢工若遇京城友　사공은 서울의 벗을 만난 것처럼,
報道衰翁尚賦詩　늙은이가 아직 시만 짓고 있다 하네.

(『存齋集』卷2, 詩)

둘째, 본관이 인동仁同, 자는 경하景遐, 호가 사미헌四未軒인 장복추張福樞 (1815~1910)의 '후망대' 시이다.

堠望臺(후망대)
萬里烟塵望裏生　만 리 밖에 연진이 일어남을 바라볼 수 있으니
此臺所以得其名　이것이 후망대란 이름이 붙은 까닭이네
如今海國無邊警　지금 나라에 변방의 소란한 전쟁이 없으니
月邃雲笙一任淸　달빛 구름 아래의 피리 한결같이 맑은 소리를 내네

(『四未軒集』卷1, 詩)

3. 봉수 노선과 신호체계

1) 봉수 노선

조선시대 봉수는 노선별로 봉수가 지나는 길이 있었다. 봉수노선은 처음 봉수
제가 성립된 고려시대와 제도가 확립된 조선시대는 차이가 있었다. 즉, 조선의
봉수제는 처음 고려의 봉수제를 근간으로 하여 4거제를 계승하였다. 이후 조선
전기에 잠시 2거제로 바뀌었다가 세종 즉위 원년(1419) 5월 26일, 봉수를 해상海
上과 육지陸地의 적변에 따라 5거제로 구분하고 낮에는 연기로 대신하도록 하는
조선의 봉수제가 병조의 건의로 확정되었다.

　이때에 확정된 내용은 각 도의 봉화는 아무 일이 없으면 1거一擧, 해안의
경우 왜적倭賊이 바다에 있으면 2거, 경계에 이르면 3거, 병선이 접전하면 4거,
육지에 상륙하면 5거이며, 육지의 적변은 경계 밖이면 2거, 경계에 이르면 3거,
경계를 침범하면 4거, 접전하면 5거이되 낮에는 연기로써 대신 하게 하였다.

　세종 5년(1423) 2월 26일에는 병조의 계에 따라 경성의 남산에 5소의 봉화
를 설치하여 각지에서 오는 봉수를 받도록 하였다. 단종대에는 세종 원년(1419)
에 확정된 5거의 거화법이 봉졸들의 무지와 시각차에 의한 착오를 우려하여 봉
화를 적변에 따라 일시에 한꺼번에 들도록 하는 개선책이 정해졌다. 이후 성종
대에 이르러 『경국대전』(1485)의 시행으로 종전 해상과 육지의 적변을 구분하
던 5거화법擧火法을 구분하지 않고 일원적으로 조정하였다.

이에 따라 봉수노선상 제1거는 함경도 경흥에 소재한 서수라西水羅 우암봉수牛巖烽燧에서 초기하여 함경도~강원도~양주 아차산봉수, 제2거는 부산 다대포진多大浦鎭 응봉봉수應峰烽燧에서 초기하여 경상도~충청도~광주 천림산봉수, 제3거는 평안도 강계 만포진滿浦鎭 여둔대봉수餘屯臺烽燧에서 초기하여 평안도~황해도~무악 동봉수, 제4거는 평안도 의주 고정주봉수古靜州烽燧에서 초기하여 평안도~황해도~무악 서봉수, 제5거는 여수 방답진防踏鎭 돌산도봉수突山島烽燧에서 초기하여 전라도~충청도~양천 개화산봉수에 이르는 노선으로 국경과 해안 연변지역에서 초기하여 최종 중앙의 경봉수로 최종 집결하는 'X'자형 노선이 확립되었다. 따라서 조선시대 전체 5거의 봉수는 처음으로 봉수가 거화하는 초기 봉수가 오늘날 한반도 북부지역에 1·3·4거 등의 3개 노선과 한반도 남부지역에 2·5거 등 2개 노선이 있다.

또한, 이들 직봉直烽의 봉수 사이에는 중간에 신호단절을 우려하여 간봉間烽을 두었다. 이중 제2거 노선에는 대마도 방면에서 침입하는 왜구의 방비 외에 동남해의 긴 해안선을 감시·조망하여야 했기에 총 10개소의 간봉을 두었다.

중국 당대唐代의 봉수제가 내침한 적賊의 수數에 따라 거화수를 1~4거로 차등을 두었다면, 조선시대의 봉수제는 매일 평상시에 평안화平安火를 상징하는 1거 외에 적변에 따라 2거에서 5거까지 구분하여 사용하였다. 그러므로 봉수제가 성립 초기에는 비록 중국의 제도를 받아 들여 사용되었을지라도, 조선시대에는 그 운영방식이 확연히 달랐으며 조선 고유의 봉수제를 세종대에 확립하였다.

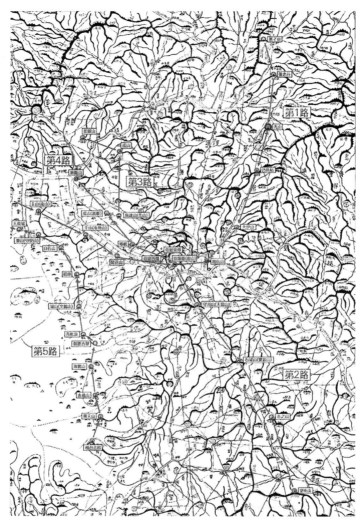

『세종실록』 지리지(1454)의 경기지역 봉수노선(한백문화재연구원)

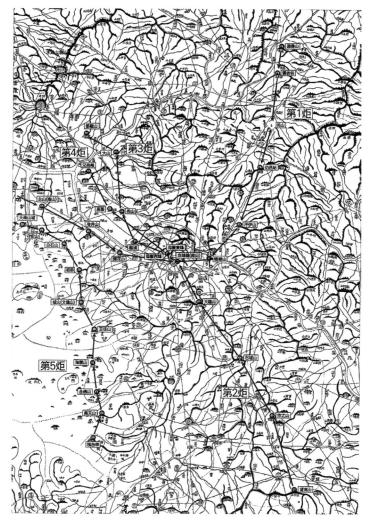

『증보문헌비고』(1908)의 경기지역 봉수노선(한백문화재연구원)

2) 봉수의 신호체계

봉수의 신호체계는 기본적으로 낮에는 연기, 밤에는 횃불로 전달하였다. 이외 한반도 북부지역 소재 일부의 봉수는 새벽 나발소리를 신호로 봉화를 올리기도 하였다. 다음은 조선 전기의 문인으로 본관이 여흥驪興, 자는 희중希中, 호는 입암立巖인 민제인閔齊仁(1493~1549)의 녹반연대綠礬煙臺에 올라 백두산을 바라보며 읊은 시이다. 이를 통해 조선 전기 한반도 북부 지역의 봉수 신호체계를 일부 알 수 있다.

> 登綠礬煙臺 望白頭山(녹반연대에 올라 백두산을 바라보다)
> 遠陟煙臺暫卸鞍　멀리 연대에 올라 잠시 안장을 푸니,
> 堪憐戍卒飽辛艱　불쌍한 수졸들 배불리 먹지도 못하네.
> 角聲曉落靑冥外　새벽 나발소리 어두운 하늘로 올리고,
> 烽火宵通莽蒼間　봉화는 들풀 사이로 밤을 뚫는구나.
> 塞上城臨傳箭水　변방 성 앞 화살 같은 시냇물,
> 漠南天接掛弓山　오랑캐 하늘 둥그런 산으로 이어있네.
> 白頭忽脫重雲出　백두산 홀연히 구름을 벗는데,
> 平見三層不足攀　3층이 나지막해도 잡을 수 없구나.
> 白頭山有三層 高二百里云　백두산은 3개의 층이 있고, 높이가 200리라고 한다.
>
> (『立巖集』卷3, 七言四韻)

그리고, 안개 및 구름이 어둡게 끼거나 비바람이 불 때는 나발·천아성天鵝聲 등의 각성角聲, 신포信砲와 같은 화포를 이용하여 포성砲聲으로써 전달하였다. 이중 화포를 이용한 포성은 사신 내왕 때에도 이용되었다. 다음은 조선 후

기의 문인으로 본관이 평강平康, 자는 백규伯規, 호는 번암樊巖인 채제공蔡濟恭, (1720~1799)의 시 '봉대烽臺'이다. 시제는 봉대인데 시어는 연대를 사용하였으며, 봉군이 사신 내왕 길에 대포를 쏘아 알린다는 내용이다.

烽臺(봉대)
煙臺處處白雲間   흰 구름 사이 연대 곳곳에,
坐睡烽軍盡日閒   종일토록 봉군 졸고 있네.
惟有使星來往路   오직 사신 내왕 길에서,
穩將砲響答靑山   청산에 대포 소리 울린다네.

(『樊巖集』 卷10, 詩)

이외에 안개나 비·바람 등으로 앞의 봉수가 보이지 않거나 올리지 않을 경우, 봉수군이 직접 달려가거나 역마驛馬를 이용하여 다음 봉수에 알리기도 하였는데 이를 치고馳告 혹은 치보馳報라고 하였다.

위와 관련 명칭은 다르지만 역할은 같았을 것으로 여겨지는 보장사報狀使[17]에 관한 내용이 이기李墍(1522~1604)[18]의 『송와잡설松窩雜說』에 있다. 참관 윤부지尹釜之가 관동 방백關東方伯이 되어 원주로 하계下界하여 평창군平昌郡을 지나고 강릉 월정사月精寺에 이르렀다. 비로 인해 머물러 묵게 되었는데, 거기에 기개氣槪가 너그럽고 활달한 노승老僧이 있었다. 공은 한자리에 앉히고 감사가 하지 않아야 할 일에 대한 자문을 구하였다. 이에 노승은, 첫번째로 "상공은 보장사가 지체한 죄를 벌하지 말기를 원합니다."라고 하였다. 그 이유로 노승은 "각

---

17) 보장사報狀使 : 상관에게 보고하는 공문公文을 가지고 가거나, 인근 고을에 달려가서 전하는 사람.

18) 이기李墍 : 자字는 가의加依, 호號는 송와松窩, 시호(諡號)는 장정莊貞이다. 한산韓山이 본관이며 고려말 명신 목은牧隱 이색李穡의 후손이다. 명종 10년(1555) 33세 때 문과에 올라, 이조 판서를 지냈다. 정승 의망擬望에 들기도 했으며, 청백리淸白吏로도 뽑혔다.

고을 보장사는 으레 가난한 관속官屬을 보냅니다. 입은 것이 몸을 가리지 못하고 먹는 것이 배를 채우지 못하므로, 얼고 굶어서 엎어지고 자빠지느라 능히 달리지 못합니다. 평상시에도 오히려 그런데, 하물며 얼음이 얼고 눈이 쌓인 날에 능히 강을 날아 건너고 나무를 뛰어 넘어서 가겠습니까? 하루만 지체하여도 책망과 형벌이 따르니, 실로 어질고 너그러운 정사가 아닙니다."[19] 라고 한 내용이다.

조선 전기인 세종 14년(1432)에는 북방 여진의 방어책으로 함길도 도순찰사 정흠지鄭欽之의 건의에 의해 경원慶源·석막石幕 상원평上院平 성터 이북과 남쪽의 용성龍城에 이르는 곳에 연대煙臺 17개소를 설치하여 연화煙火를 마주보며 포성을 서로 듣게 하고 연대 한 곳마다 화통이습인火㷁肄習人 1명, 봉수군 3명을 두어 간수하게 하였으며 신포 2~3개, 대발화大發火 4~5자루, 백대기白大旗 등의 비품을 준비해 두었다가 적변이 일어나면 낮에는 연기를 올리고 밤에는 횃불을 들며 또 신포를 쏘아 서로 호응하며 백대기를 장대에 달아 편의한 방법으로 적변을 알리게 하였다.

3) 봉수의 전달속도

봉수의 신호체계는 기본적으로 매일 저녁 황혼녘에 횃불을 들어 대응봉수간 차차거화를 통해 경성 목멱산봉수에 인정 전에 도달하도록 하였다. 다음은 조선 후기의 문인으로 거주지가 상주尙州로 본관이 흥양興陽, 자는 대언大彦, 호는 수계須溪인 이승배李升培(1768~1834)의 시 '봉수대烽燧臺'이다. 작가의 고향과 '서

---

19) 『대동야승』 권56, 「송와잡설」.

산 동쪽 모퉁이 작은 대'로 보아 상주 서산봉수를 보고 지은 시로 여겨진다. 봉수 관련 시중 백미白眉로서 봉수를 '도깨비 불[山鬼]·불의 신[火君]'으로 비유하면서 먼 변경 소식을 순식간에 전한다고 하였다.

烽燧臺(봉수대)

西山東角小臺分　서산 동쪽 모퉁이 작은 대 있는데
片炬賢於一紙文　작은 횃불 하나 공문서보다 빠르다네
點點孤星飛疊嶺　점점이 별처럼 첩첩 고개를 넘고
遙遙閃電抉浮雲　멀리 번쩍이며 구름 뚫고 가는구나
前瞻後顧疑山鬼　앞 살피고 뒤 돌아보는 도깨비불인 듯
東滅西生任火君　꺼지고 살아나니 불의 신이로구나
海道風聲來瞬息　먼 변경 소식 순식간에 전하니
閣樓笳鼓卧將軍　수루 북소리에도 장군 누울 수 있다네

（『須溪集』卷1, 詩）

4. 봉수 비치물목

1) 거화시설과 비품

주연야화晝煙夜火의 봉수제에서 매일 1거의 거화炬火·擧火를 위한 각종 시설施設과 재료材料 등의 비품은 봉수마다 필수적으로 갖추고 있어야만 했다. 이들 거화재료는 1회용 소모품이었기 때문에 평상시 이를 갖추어 놓지 않으면 봉수 본래의 기능을 발휘할 수 없었다.

조선시대 봉수의 거화를 위한 시설과 비품은 조선 후기 발간 지지의 기록을 통해 알 수 있다. 우선 지지의 기록에 보이는 거화시설炬火施設은 '연대·연굴·화덕'등이다. 그리고 거화비품炬火備品은 각종 거화재료를 바탕으로 불을 일으키기 위한 기본적인 비품으로 '부싯돌[火石]·부쇠[火鐵]·부쇠돌[火鐵石]'등이다. 화약심지[火繩]는 봉수마다 1개 내지 2개 혹은 5개씩 갖추고 있었는데, 봉수마다 조총鳥銃·삼혈총三穴銃 등의 화기류를 비치하고 있었기에 거화 외에 방호에 필요한 비품이었던 것으로 여겨진다. 다음으로 용도상 불씨를 담아두는 용기였던 화분火盆도 봉수마다 비치하고 있었다.

거화재료炬火材料는 '싸리나무[杻]·소나무[松]·삼[麻]·산솔갱이·땔나무[積柴·柴木]·쑥[艾]·풀[草]'과 '말[馬]·소[牛]·닭[鷄]'의 배설물인 똥[糞]을 비치하였다. 이중 닭똥[鷄糞]은 한반도 남부지역과 달리 북부지역 소재의 일부 봉수에 비치하고 있던 거화재료의 일종이다. 『일성록』정조 10년(1786) 3월 27일, 황해감사 엄사만嚴思晚이 장계하여, "강령현의 추치봉대推峙烽臺가 이달 15일 유시쯤에 실화失火로 봉수대 건물이 타버렸고, 봉수대지기의 솔인率人 중 이중간李中間이 연기를 마시고 혼절하였다가 다음 날 죽었으며, 삼우장三隅杖·시목柴木·계분鷄糞·마분馬糞·능장稜杖 등의 물건이 모두 다 타버렸습니다."라고 아뢴 용례가 있다. 『평산군지』(1925) 봉수에는 계분 5석을 마분 5석과 같이 봉수마다 비치하고 있었다. 이외 '회灰·조강粗糠20)·가는 모래[細沙]' 등 거화를 효율적으로 하기 위한 모든 재료가 사용되었다. 이중 '싸리나무·산솔갱이·땔나무·쑥·풀' 등은 봉수 주위에서 쉽게 구할 수 있는 재료였다. 그러나 말[馬]·소[牛]·닭[鷄]의 배설물인 똥[糞]과 회灰·조강·가는 모래 등은 주위에서 쉽게 입수할 수 있는 재료가 아니었다. 따라서 이들 재료들은 봉수군이 번番을 서기 위해 봉수로 가기 전 비번非番에 틈틈이 민가民家에서 준비하였다가 운반하였던 것으로 여겨진다.

이중 가장 많이 사용된 재료는 주변에서 흔히 구할 수 있는 소나무[松]이다. 이외 소량이지만 '쑥[艾]·풀[草]·삼홰[麻柸炬]·산솔갱이[生松]·산솔갱이 가지[生松枝]' 등이 보조원료로 사용되었다.

지지의 기록에 보이는 거화재료의 수량은 단위가 대부분 '5'이다. 이는 조선의 봉수제가 5거를 근간으로 평화시의 1거 외에 적과의 접전과 같은 비상시 5거를 위한 거화재료를 상시적으로 비축해 놓고 있어야만 했다. 또한 각 봉수별로 10종이 넘는 다수 1회용 소모성 거화재료의 비치를 위해 봉수군의 임무가 단순히 평화시의 1거나 비상시 5거의 주연야화晝煙夜火에 한정되지는 않았던 것으로 여겨진다. 따라서 봉수군은 매일 산중에서 후망堠望 외에 거화시 소모되는 많은 양의 거화재료를 비치하기 위해 번番을 서는 동안 교대로 바쁜 일과를

---

20) 조강糟糠 : 지게미와 왕겨. 봉수를 거화할 때 사용하는 보조 연료. 단위는 석石.

보내야만 했다. 아래 [표2]는 과거 봉수의 거화시 사용하였던 몇 가지 주요 거화재료이다.

[표2] 봉수 거화재료

| ① 생송(生松) | ② 쑥[艾] 다발 | ③ 마분(馬糞) |

2) 방호시설과 비품

봉수는 그 자체가 군사통신시설軍事通信施設이자 하나의 작은 군사요새지軍事要塞地였다. 따라서 일반 백성이 봉수에서 허위로 봉화를 올리는 것을 막기 위해, 접근을 금지하는 표[禁標]를 봉수마다 설치하고 경계를 정하였다. 따라서 '위봉僞烽[21]·방화放火[22]'를 막론하고 백 보안에 있는 것은 병조에서 맡아 처리하고, 백보 외의 것은 금위영에서 맡았다.[23]

봉수는 자체방호自體防護에 필요한 각종 무기와 비품을 갖추고 있었다. 이중 자체방호에 필요한 무기는 중앙은 군기시軍器寺, 지방은 각 진鎭에서 제조하여 공급하였다. 군사들의 개인 휴대 군기는 중앙은 병조, 지방은 수령과 절도사가 항상 검열하여 상시 사용할 수 있게 하였다. 그러나 지지마다 '수마석水磨石·

---

21) 위봉僞烽 : 봉수에서 허위로 봉화를 올리는 것.
22) 방화放火 : 봉수에서 불을 놓는 것.
23) 『대전통편』 병전 봉수 봉대설표정계.

무릉석無稜石·무우석無隅石' 등으로 표기되었던 방호용 투석도구는 봉수마다 자체조달을 통해 100개·200개·5석石·5눌訥[24]씩 비치하고 있었다. 조선 후기 발간의 지지 기록에서 이러한 방호(화)비품 및 무기는 약 40종 내외이다.

이들 비품들은 종류별로 개인 방호비품인 '철갑옷[鐵甲胄]·머리가리개[(紙)俺頭]·방패防牌' 등과 무기류인 '장전長箭·활[弓子]' 등의 궁시류弓矢類, '조총鳥銃·삼혈총三穴銃' 등의 화기류火器類, '단창短槍·장창長槍' 등의 창류槍類, 고리칼[環刀] 등과 방호용 투석도구인 '수마석·무릉석·무우석' 및 '말목抹木·핵자말목垓子抹木·활집[동개]' 등의 방호시설과 밧줄[絛所] 외에 방화비품防火備品인 멸화기滅火器 등이다.

그리고 이것들은 각 봉수별로 공통적으로 비치하거나, 특정 봉수에만 갖추기도 하였다. 이중 '편전片箭·조총鳥銃·고리칼[環刀]' 등 3종의 비품은 봉수마다 수량의 차이는 있으나, 모든 봉수에서 공통적으로 갖추고 있었던 방호무기였다. 이중 조총과 고리칼은 조선 후기 모든 봉수에서 비록 수량의 차이는 있지만 봉수군이 번番을 서는 동안 휴대하였던 개인 호신용 무기였다.

특히, 어떤 용도로 환도를 바위에 음각된 유일한 사례는 하동 계화산봉수桂花山烽燧다. 봉수는 경남 하동군 금성면의 두우산頭牛山(190.5m) 정상부에서 서남쪽으로 직선거리 약 200m 지점의 산정[185m]에 있다. 고리칼은 봉수에서 북쪽 35m 거리에 '검바위'로 명명된 널찍하고 평평한 바위 한쪽에 검신과 자루가 결합된 형태로 음각되어 있다. 남-북 방향으로 음각된 검의 검신은 북쪽을 향하여 뾰족하고 길쭉한 삼각 형태이며 길이 60cm이다. 자루 부분은 둥근 고리[環]와

---

24) 눌訥 : 눌리. 더미. 가리. 곡식 땔나무 등을 쌓아 놓은 더미를 세는 단위. 봉수집물 중 '적시積柴·토목吐木·수마석水磨石·생송生松' 등 비품의 수량을 표시하는 양사.

끈을 쉽게 달 수 있도록 작은 원형 홈이 있으며 길이 46cm이다. 아울러 자루 부분에는 종으로 'X'자 문양이 3개 음각되어 있다. 이는 봉수군이 번을 서는 중 무료함을 달래기 위해 자신이 늘 휴대하였던 고리칼을 봉수 인근 바위에 새겼던 것으로 여겨진다.

한편, 봉수마다 위의 공통비품과는 달리 '철갑옷[鐵甲胄]·머리가리개[紙俺頭]·몸가리개[俺心]·종이갑옷[紙甲胄]·큰화살[大箭]·활[弓子]·활줄[弓絃]·승자총勝字銃·화약火藥·창槍·긴창[長槍]·방패목防牌木·말목抹木·핵자말목核子抹木·활집[弓家]·멸화기滅火器' 등이 경상도내 특정 봉수에 갖추고 있었다.

반면, 수마석水磨石은 전라도 소재 일부의 봉수에서 100개 내지 200개씩 갖추고 있었다. 반면, 경상도에서는 '무릉석無稜石·무우석無隅石' 명칭으로 5눌[訥] 내지 5석[石]씩 갖추고 있었다. 이들 투석도구는 썩지 않는 석재이기에 지표·발굴조사를 통해 연변봉수의 연대 상부 혹은 측면이나 고사지庫舍址, 방호벽의 석축 사이에서 다량 확인되고 있다. 아울러 내지봉수인 진주 광제산봉수廣濟山烽燧와 충주 대림성봉수大林城烽燧의 발굴(시굴)조사를 통해 소량 출토되어 보고된 바 있다.

또한, 개인방호비품인 '철갑옷[鐵甲胄]·머리가리개[紙俺頭]·몸가리개[俺心]·종이갑옷[紙甲胄]' 등은 경상도 위천·부로산·남목 등 3기의 봉수에서 한 개씩만 확인되고 있다. 따라서 이들 비품은 봉수별장烽燧別將 등 특정인이 착용하였던 방호비품으로 여겨진다. 또한, '승자총·삼혈총·쇠도끼[鐵斧子]' 등은 일부 특정 봉수에서만 소량 확인된다. 수량의 단위가 1인 것을 통해 공동비품이었던 것으로 여겨진다.

반면, 모든 봉수에서 보편적으로 비치하고 있었던 '긴 화살[長箭]·조총鳥

銃·고리칼[還刀] 및 멸화기滅火器' 등은 비록 소량이지만 수량의 단위가 대부분 '5'이다. 이를 통해 조선의 봉수제가 5거를 근간으로 5인 근무에 적합한 개인 호신용 방호비품을 구비하고 있었던 것으로 해석된다. 따라서 조선 후기에 일부 지역의 봉수군들은 개인 휴대무기인 조총을 들고 고리칼을 패용한 채 번番을 섰던 것으로 여겨진다.

[표3] 봉수 방호용 투석도구

① 거제 가라산봉수 무릉석   ② 울산 천내봉수 무릉석   ③ 보령 녹도봉수 수마석

3) 신호전달체계와 비품

조선시대의 봉수는 성립 초기에 연기와 횃불을 이용한 단순한 신호수단 외에 신포信砲의 비치와 각 봉수마다 연통시설煙筒施設의 마련을 통해 효율적인 신호전달체계를 강구하였다. 후기에는 전기와 달리 주·야간의 시각視覺과 청각聽覺에 의지한 다양한 신호전달 수단의 활용이 특징이다. 조선 후기의 지지에 비치 물목이 기록된 봉수의 각종 비품을 검토하면 신호전달 수단으로 '당화전唐火箭·당대전唐大箭·불화살[火箭]' 등의 화살을 비치하였다. 또한, '백기白旗·대기大旗·대백기大白旗·상방고초기上方高超旗·오색표기五色表旗·오방신기五方神旗' 등의 각종 깃발과 '북[鼓·小鼓·中鼓]·징[鉦]·꽹가리[錚]·놋쟁가리[鍮錚]·나발喇叭, 戰角·竹吹螺' 등의 각종 악기 등이 크기별, 종류별로 구분되어 해당 봉수마다 비치되

어 있었다.

우선 백대기白大旗 등의 각종 깃발은 세종 14년(1432) 6월, 북방 여진의 방어책으로 함길도 도순찰사 정흠지鄭欽之의 건의에 의해 일찍부터 신호전달의 보조수단으로 사용되었다. 깃발 외에 각종 화살은 시각, 북·징·나발 등의 악기류는 청각에 의지하여 연기와 횃불 외에 신호전달의 보조수단으로 활용되었다. 그러나 이들 화살과 깃발 및 악기 등이 실제 어떻게 운용되었는지의 여부는 자세하지 않다. 이들 신호전달비품 중, 첫째, 가장 많이 비치하고 있었던 것은 '당화전·당대전·불화살'등의 화살류이다. 용도상 주로 시각에 의존하였던 비품이다. 용도는 운무雲霧·우천雨天 등의 기상 여건으로 횃불이나 연기에 의한 정상적인 신호전달이 곤란할 때 사용되었을 것으로 여겨진다.

둘째, '백기·대기·대백기' 등의 깃발 1면面씩은 주로 주간에 시각에 의존하였던 비품이다. 이외에도 '상방고초기·오색표기·오방신기' 등의 특수한 깃발이 사용되었다.

셋째, 북[鼓]은 크기별로 작은 북[小鼓]·중간 크기의 북[中鼓] 등으로 구분되어 경상도와 전라도 소재 일부의 봉수에서 구비하고 있었던 악기이다. 특히, 해남 달마산봉수는 북[鼓]과 중고[中鼓] 등 2좌坐를 갖추고 용도에 맞게 사용하였던 것으로 여겨진다. 용도상 청각에 의존하였던 신호수단인 만큼 필요시 주·야 구분 없이 활용되었을 것이다.

넷째, 징[鉦]은 북과 함께 군중軍中에서 신호용으로 주로 쓰인 악기이다. 재질에 따라 꽹가리[錚], 놋꽹가리[鍮錚] 등으로 구분되어 경상도내 위천·남목봉수, 전라도 내 달마산 등 3기의 봉수에서 각각 1좌씩 비치하고 있었다.

다섯째, 나발은 봉수에서 각각 1쌍雙 혹은 1목木이나 1개箇씩 구비하고 있었던 악기다. 재질에 따라 뿔[角] · 대나무[竹] 등으로 구분된다. 이중 뿔나발[戰角]이 신호전달시 가장 일반적으로 사용되었다.

이상으로 조선 후기에는 봉수마다 신호전달 수단으로 '화살[箭] · 깃발[旗]외에 북[鼓] · 징[鉦] · 꽹가리[錚] · 나발[喇叭, 戰角 · 竹吹螺]' 등의 악기를 각 봉수마다형편에 맞게 비치하고 있었다. 이중 '화살·깃발류'는 각 봉수마다 필수비품으로 구비되어 있었다. 반면, 북·징·나발 등의 악기류 3종은 봉수마다 선택적으로 갖추고 있었다.

[표4] 봉수 신호전달용 비품

| ① 불화살(火箭) | ② 징[鉦] | ③ 북[鼓] |

4) 생활·주거시설과 비품

생활 · 주거시설은 봉수에서 교대로 번番을 섰던 봉수군의 일상생활과 관련이있다. 조선 후기 발간의 지지에서 확인되는 시설과 비품은 약 35종 가량이다.여기에는 비상시를 대비하여 봉수마다 1석石에서 10석까지 비축하고 있었던쌀[待變粮米] 외에 '밥솥[食鼎] · 가마솥[釜子] · 수저[匙子] · 사발沙鉢'등의 취사비품과 '물통[水曹] · 물독[水瓮 · 水缸] · 표주박[瓢子]' 등의 음수용 비품 및 난방을 위한 화로[爐口]를 갖추고 있었다. 또한, 근무시 풍우風雨와 한서寒暑를 피하고 숙식宿食을 하기 위한 기와집[瓦家]·초가집[草家]·임시가옥[假家] 외에 곳집[庫舍] 같은 창고를 갖추고 있었다.

이중 '비상식량[待變粮米]·솥[鼎]·수저[匙子]·밥그릇[沙鉢]·거는 표주박[縣瓢子]·풀자리[草石]·빈섬[空石]·화로[爐口]' 등 8종의 비품은 대부분 봉수에서 공통적으로 갖추고 있었다. 그리고 나머지는 지역별로 봉수마다 구비여건이 서로 달랐다.

특히, 취사에 필요하였던 솥[鼎]은 대부분의 봉수에서 확인되는 필수비품이다. 이는 봉수군이 봉수에 상주하면서 솥을 사용한 취식炊食을 하였다는 증거다. 크기와 용도상 '밥솥[食鼎]·작은솥[小鼎]·가마솥[斧子]' 등으로 구분된다. 이중 가마솥은 용도상 밥을 짓거나 물을 끓이는데 사용되는 취사용구다.

조선 후기에 봉수에 상주하면서 교대로 번番을 섰던 봉수군의 수數는 '수저[匙子]·사발沙鉢·물독[水瓮·水缸]·표주박[(懸)瓢子]' 등의 개인 생활비품 수를 통해 알 수 있다. 즉, 이들 비품의 단위가 '5'인 것을 통해 조선 후기 각 봉수마다 번을 섰던 인원은 5인이었다. 매 봉수마다 평균 5일씩 월 6번 교대로 번을 섰던 5인의 봉수군은 교대로 매일 본연의 임무인 거화 외에 방호 및 소모성 거화재료를 항시 비축하고 있어야만 했다. 번을 서는 동안에는 가족과 떨어진 채 극변초면의 해안가 혹은 내륙의 산중에서 공동으로 취식을 하였다.

또한, 봉수군의 생활시설로 '기와집[瓦家]·초가집[草家]·임시가옥[假家]' 등의 가옥이다. 이외에 '곳집[庫舍]·장대기와집[將臺瓦家]' 등이 있었다. 지지의 기록을 통해 2종 이상의 가옥이 있었던 봉수로는 양산 위천봉수의 '곳집·기와집[瓦家]', 합천 금성산봉수의 '초가집[草家]·임시가옥[假家]' 등이다. 이를 통해 위천봉수는 기와집 외에 별도로 2칸 규모의 곳집을 둘 정도로 주거여건이 잘 갖추어진 반면, 금성산봉수는 각각 2칸 규모의 초가집과 임시가옥만 두어 항구적인 생활여건을 갖추지 못하였다. 이외에도 울산 남목봉수는 장대와가將臺瓦家 3칸, 대직초가臺直草家 3칸을 각각 두고 있었다.

    한편, 기와집은 '위천·부로산·고성산·소산봉수' 등에서 확인된다. 또한, 개인 생활비품 수를 통해 근무인원이 5인이었던 것을 감안하면 가옥의 일부는 봉수의 거화·신호전달·방호(화) 및 생활과 관련한 각종 비품을 보관하기 위한 용도로 활용되었을 것으로 여겨진다.

기장 남산봉수 건물지(울산문화재연구원)

사천 각산봉수 건물지 복원된 모습

고흥 유주산봉수 건물지(순천대학교 박물관)

5. 봉수군의 운용

1) 봉수군

봉수군은 봉수에서 후망과 거화 혹은 거연을 전담하기 위해 봉도안烽都案[25]에 봉수군으로 등록된 군사를 말한다. 보통 5명이 5일씩 윤번으로 수직하는 봉군 25명과 수직봉군을 경제적으로 후원하는 봉군보 75명으로 매 봉수 당 100명으로 구성된다. 봉군과 봉군보를 구별하지 않고 봉수군으로 지칭하기도 한다. 윤번으로 봉수에 수직하면서 후망과 거화를 맡았던 군사로서 봉수의 실질적인 운영자였다.

(1) 봉수군의 다양한 용어

봉수군을 지칭하는 용어는 '봉졸烽卒·봉군烽軍·봉화간烽火干·봉화군烽火軍·봉대군烽臺軍·봉대인烽臺人·봉대졸烽臺卒·간망군看望軍·간망인看望人·후망군候望軍·해망인海望人·연대군烟臺軍·수직군守直軍' 등으로 다양하다. 간혹 문헌에 봉군蜂軍 혹은 봉군峯軍으로 오기된 경우도 있다. 이중 '해망인·연대군·수직군' 등의 용어는 연변봉수군을 지칭하는 용어이다. 『선조실록』 32년(1599) 12월, 북도병사 이수일李守一(1554~1632)의 장계에는 고령첨사高嶺僉使 이대남李大男의 첩정에

---

25) 봉도안烽都案 : 봉수군과 봉군보의 성명姓名, 부명父名, 주소住所, 생년生年과 입안연도立案年度를 기록한 군적. 「관북읍지」(1895) 「삼수부읍지」에 "매 식년에 이미 봉도안을 둔 경우, 정비를 군영에 바치는 사례는 지금부터 논의하지 않는다."라고 한 용례가 있다.

의거 진포연대鎭浦烟臺의 봉수군 전곤全坤이 지난 갑오년 3월에 호적胡賊에게 사로잡혀 갔음이 보고되기도 하였다. 『비변사등록』 정조 5년(1781) 4월 초1일, 겸병조판서 홍낙성洪樂性(1718~1798)이 봉수군은 원래 급료[料布]로 받는 바가 없고, 역역役이 고되다고도 하였다. 같은 왕 6년(1782) 5월 28일, 병조판서 정호인鄭好仁은 "봉수군은 바로 경보를 알리는 군졸로서 역이 편중되게 고달프므로 전부터 다른 역을 줄이고 면제해 후망에 전념하도록 연품하고 신칙한 적이 한두 번이 아닙니다. 그런데 근래 들어 여러 도의 각 읍에서 매번 역을 겸하게 해서 피해를 주니 지탱하고 보전할 수 없어 혹 중앙 관서에 와서 호소하기도 하는데 들으면 매우 놀랍습니다. 앞으로는 서울이든 지방이든 따질 것 없이 봉수군이라는 명색에 편성된 경우는 다른 역을 중첩해 침해하지 말라고 거행조건에 내어 각 도에 엄중 신칙하는 것이 어떻겠습니까?"라고 아뢰었다. 『태천현읍지』(1834) 군병軍兵에 봉군烽軍 15명, 보인保人 30명. 『청도군읍지』(1786) 군병에 봉군蜂軍 200명, 『진보현읍지』(1786) 군액軍額에 봉군峯軍 100명의 용례가 있다.

이외 봉무사烽武士란 용어는 함경북도에서 봉수군 역할을 대신하도록 한 무사다. 북로봉수에서 늙고 나약한 봉수군을 무재를 갖춘 군교와 군졸로 교체한 뒤, 교체한 봉수군을 봉무사로 불렀다. 『비변사등록』 영조 16년(1740) 4월, "함경감사 박문수朴文秀(1691~1756)의 계로 부령富寧 이남 17읍은 봉무사로 고쳐 충원하였다."라고 하였으며, 『영조실록』 17년(1741) 8월 1일, "박문수가 북도의 봉수가 소홀하니 장교와 친기위의 자리를 봉무사로서 뽑아 임명하여, 그들이 기꺼이 달려갈 길을 열어 달라고 청함으로서 설치되었다."라고 하였다. 이외 『함경감영지』(1787) 「함흥부읍지」 봉수에 창령倉嶺·초곳령草串嶺·성곳산봉수城

串山烽燧 등은 각각 봉무사 1백 명이 윤회수직 한다고 하였고,『관북읍지』[(1872)]
「북청부읍지」 군안軍案에 "봉무사 1천 명인데, 1백명씩 10봉대에서 파수把守한다. 이상은 아울러 몸으로써 역에 응한다."라고 하였다. 「이원현읍지성책」 군총軍摠에는 봉무사 4백 명, 「문천군읍지」 봉수에 별장 1인, 병방 1인, 봉무사 1백 명이라고 한 용례도 있다.

봉수군은 일시 용군[26)]으로 비하되기도 하였다. 『비변사등록』 영조 10년(1734), 참찬관 정언섭鄭彦燮(1686~1748)이 이인좌李麟佐의 난(1728) 때, "여러 곳의 봉수가 한 곳도 경보를 알리지 않았기에, 각 읍에서 봉군 보기를 용군처럼 보아, 그 보인保人으로 궐액闕額을 보충했다."라고 아뢴 용례가 있다.

(2) 봉수군 마을

봉수군은 봉수 인근의 마을 백성들이 교대로 번番을 이루어 항상 봉수에 상주하며 후망과 다음 봉수로의 전보와 같은 실질적인 임무를 수행하였다. 오늘날에도 과거 봉수군의 마을이 남아 있는데 충북 단양군 단성면 중방리의 봉산마을이 그 예이다. 마을 배후의 해발 360m인 소이산所伊山을 주민들은 봉화산烽火山이라 부르고 있다. 산중턱 봉산마을에 거주하였던 마지막 봉수군의 손자 고故 박대식朴大植씨의 전언에 따르면 산정상에는 3칸 정도의 기와집[瓦家]이 있었다고 한다. 봉수군들이 교대로 번을 섰으며 건물 들창을 통해 봉수의 연기가 올라가는 것을 살폈다고 한다. 특히 봉수에 우물이 없어 마을까지 내려와 물을 길어 올라갔다는 이야기를 선친으로부터 들었다고 한다. 이외에 봉수군의 하루 일과는 소나무 잎, 버들, 소·말의 똥을 수거해 말리는 것이었다. 마른솔잎과 창호지

---

26) 용군冗軍 : 쓸데없고 무익한 군인이란 의미인데, 봉수군을 달리 이르는 말이다.

를 함께 말아 횃불처럼 들어서 신호를 보냈으며, 비오는 날을 대비해 횃불 재료를 하루 3회 피울 수 있도록 상비해 두었고 이를 검열받았다고 한다.

(3) 봉수군의 신분

조선시대 봉수군의 신분은 『세종실록』 원년 5월, '봉화간烽火干은 봉화를 드는 자이니, 국속國俗에 신량역천身良役賤인 자를 혹은 간干 혹은 척尺이라 칭한다'는 기록을 통해 신분은 양인이지만 천인賤人의 역役에 종사하는 것으로 여겨지는 계층이었다. 이들 봉수를 담당하였던 계층은 고려 후기에 죄지은 자를 봉졸烽卒로 편배하면서 천시되어 조선시대 신양역천의 계층이 되었던 것으로 보인다. 이와관련 개돼지를 의미하는 구체狗彘 용어가 있다. 이는 『비변사등록』 영조 17년(1741) 8월, 형조판서 박문수가 "북도北道는 본래 인민이 희소하여 봉군烽軍을 얻기가 어려워, 각처의 정배定配된 사람을 봉군으로 보충하는데, 이러므로 민인들이 봉군 보기를 개돼지처럼 여겨 인류로 여기지 않으므로 혼인婚姻을 통하지 않는다."라고 아뢴 내용에 용례가 있다.

　『대전통편』(1785)에는 봉수군 외에 오장을 봉수 근처에 거주하는 사람으로 임명토록 규정함으로서 조선 후기에 신분은 법제상 양인으로 인정받게 되었다. 따라서 봉수·연대 소재의 봉군은 타 역의 종사를 금지하고 오로지 후망에만 전념토록 하였다. 그러나 근무여건은 매우 단순하고 큰 고역이자 천역이었다. 즉, 『세조실록』 2년(1456) 11월, 남포藍浦의 봉화군 이덕명李德明이 나이 65세가 되었어도 현감에 의해 면방되지 못하자 승僧 학수學修에게 의탁하여 머리를 깎고 중이 되어 봉화군 한영漢永과 더불어 도망하여 군역을 피한 사실이 있었다. 성종대에는 재위 25년간의 긴 치세기간동안 특별한 전란 없이 평화가 지속되었다. 이에 따라 봉수가 그 효용을 발휘하지 못하고 이완되어 이에 대해 여러 차례 논의되기도 하였다. 그러나 타 역에 비해 그 신역이 편하다 하여 사람들이 앞을 다투어 들어가려고까지 하였다. 또한 봉수군은 당시 모든 역에서 면제되는 등의 특혜로 본연의 임무만 하도록 하였다.

그러나, 이는 일시적인 현상이었듯『연산군일기』9년(1503) 1월 12일, 유계 종柳繼宗의 진언에 "신은 근자에 평안도 위원군에 원으로 갔다가 국경을 지키는 일을 눈으로 직접 보았는데, 연대군은 그 일이 매우 괴로워 다른 군인들보다 갑절이나 되기 때문에, 무예를 가진 사람은 모두 갑사甲士나 기병騎兵에 들어가고, 그 가운데서 약하고 빈곤한 사람만이 모두 연대에 소속되므로 혹시 적변이 있으면 적에게 대응하지 못하여 왕왕 포로가 되는 사람이 있습니다."라고 하여 봉수군은 기피의 대상으로 고역이 심했음을 알 수 있다. 이에 조선 전기의 문인인 김세필金世弼(1473~1533)은 북방 연대煙臺의 봉수군들이 적을 교란하고 봉수를 방어하기 위해 연대에 허수아비[蒭偶]를 만들어 위장하기도 하였음을 다음의 시로 남겼다.

詠煙臺蒭偶(연대의 추우를 읊다.)
投鞭百萬士　사석이 백만 군사에게 채찍 휘두르니,
猶怯八公山　부견은 팔공산만 보고도 두려워하네.
詭敵兵家事　적을 속이는 것은 병법의 한 가지인데,
束蒭非等閑　허수아비를 그냥 세운 게 아니로구나.

(『十淸集』卷1, 五言絶句)

『숙종실록』46년(1720) 4월 5일에는 세자가 대신과 비국의 여러 재신들을 인접한 자리에서 영의정 김창집金昌集(1648~1722)이 "외방外方의 봉수군은 본래 고역이기 때문에 이미 복호復戶를 주었고, 또 세 사람의 보인保人을 정하였는데, 근래에 한정閒丁을 얻기 어려우며, 경기 고을은 더욱 심하여 군정의 결원을 뽑아 메울 수가 없습니다."라고 하였다. 또, 『영조실록』22년(1746) 12월 1일, 병조에서 봉수군을 선왕조의 수교受敎에 따라 빙역氷役에 종사하지 않도록 계청하니 윤허하여 일체의 모든 잡역에서 면제하여 본연의 임무만 하도록 하는 조치를 취하기도 하였다.

(4) 봉수군과 호환虎患

주연야화의 봉수제에서 매일 저녁 1거의 거화를 위해 육지 내륙의 산중에 설치된 내지봉수에는 봉수군이 상주하고 있었다. 조선 후기에는 봉수마다 1인의 별장 책임하에 4명 혹은 5명의 봉수군이 교대로 번番을 이루어 5일 혹은 6일씩 총 20번제로 운영되었다.[27] 이들이 산중생활을 하는 동안에는 솥[釜·食鼎]을 비치한 채 공동으로 취사를 하였다. 또한, 악수惡獸, 虎豹로부터 봉수군을 보호하거나 시설을 보호하기 위한 방호벽防護壁을 마련하였다.

　　방호벽은 호환 예방을 위해서도 산중에서 근무하는 봉수군에게는 필수 방호시설이었다. 그러나, 18세기 초기까지만 해도 기전畿甸의 봉수에서는 이를 제대로 갖추지 않았던 것으로 여겨진다. 이는 숙종 37년(1711) 3월, 민진후閔鎭厚(1659~1720)가 "봉대에는 의례히 성첩처럼 장벽障壁[28]을 쌓고 약간의 군기 등속을 보관하여야 하는데 기전에서는 봉군烽軍이 몸을 가릴 곳조차 없다고 하였습

---

27) 이는 통상 일반적인 경우로서 지역별 발간 地誌마다 고을 형편에 따라 차이가 있다. 北道와 같은 특수 지역의 경우는 5번제, 혹은 고을의 형편에 따라 3~4번제로 운용되기도 하였다.

28) 방호벽을 의미한다.

니다."[29]라고 아뢴 말에 용례가 있다.

　조선 시대에 호환은 전국적으로 심각하였다. 『태종실록』 2년⁽¹⁴⁰²⁾ 5월, 충청·경상·전라도 경차관敬差官인 김계지金繼志(?~1410)가 아뢴 내용에, "경상도에 호랑이가 많아, 지난해 겨울부터 금년 봄에 이르기까지 호랑이에게 죽은 사람이 기백 명입니다. 연해 군현沿海郡縣이 더욱 많아 사람들이 길을 잘 갈 수 없사온데, 하물며 밭을 갈고 김을 맬 수 있겠습니까?"[30]라고 하였다. 『성종실록』 5년⁽¹⁴⁷⁴⁾ 2월, 강희맹姜希孟(1424~1483)이 아뢴 내용에, "황해도에는 사나운 호랑이[惡虎]가 많아, 대낮에도 사람을 잡아가니 청컨대 겸사복兼司僕·착호 갑사捉虎甲士를 보내어 잡도록 하소서."[31]라고 하였다. 『숙종실록』 28년⁽¹⁷⁰²⁾ 11월, 병조판서 이유李濡(1645~1721)는 "각 도의 호환은 실로 백성들의 해가 됩니다."[32]라고 하였으며, 같은 왕 30년⁽¹⁷⁰⁴⁾ 11월, 최계옹崔啟翁(1654~?)과 박봉령朴鳳齡은 "근래에 호환이 백성의 큰 재난이 되어 있습니다."라고 아뢸 정도였다.[33]

　다음은 포천 출신의 문인으로 본관이 한양漢陽, 자는 일장日章, 호號가 용주龍洲로 회양부사를 지낸 조경趙絅(1586~1669)의 '맹호'를 시제로 한 장편의 시다.[34] 맹호가 부녀자와 역졸을 잡아 먹고 절도사가 군사를 내어 잡으려 해도 못 잡은 것을 고을의 아전이 장사를 뽑아 잡은 과정을 사실적으로 묘사하였다.

---

29) 『승정원일기』 숙종 37년 3월 14일 계묘.
30) 『태종실록』 권3, 2년 5월 3일 을유.
31) 『성종실록』 권39, 5년 2월 23일 戊寅.
32) 『숙종실록』 권37, 숙종 28년 11월 20일 정묘.
33) 『비변사등록』 권55, 숙종 30년 11월 4일.
34) 조경은 효종 4년⁽¹⁶⁵³⁾ 회양부사로 재임중 이었다.

猛虎行(맹호행)

淮陽有猛虎　회양에 맹호가 있었으니

傀傀毛蟲祖　잽싸기가 짐승의 으뜸이었네

齒牙鉅鑿利　치아는 톱처럼 날카롭고

顱骨銅鐵豎　머리뼈는 쇠처럼 굳세었네

物久能變化　동물이 오래되면 변화할 수 있으니

眞形人罕覩　참모습 본 사람 드물었네

出沒魑魅間　도깨비처럼 나타났다 사라지며

飽肉不肯吐　배불리 고기 먹고 뱉으려 하지 않네

前年入安邊　지난해에는 안변에 들어가

攬婦方擁樹　아낙네를 움켜잡고 숲에 웅크렸고

去秋食郵卒　지난 가을에는 역졸을 잡아먹어

卒父椎心腐　역졸의 아비가 가슴 아파하였네

休言泰山虎　태산의 범 따위 말하지 말게

猛鷙此難伍　사납기가 이에 비하기 힘드니

有時臥窮谷　어떤 때는 깊은 골짜기에 누워

朝餐黃熊父　아침에 누런 곰을 잡아먹기도 하고

有時當大路　어떤 때는 큰 길에 나타나

倀鬼前嘯雨　물려죽은 귀신 앞세워 빗속에 울부짖네

行旅走避色　길 가는 사람 달아나 숨고

聞者皆戰股　듣는 사람 모두 다리가 후들거리네

連帥上其事　절도사가 그 일을 상주하여

發卒嚴旗鼓　군사를 내어 기치를 엄정히 하였네

前茅挾火器　선봉은 화기를 지니고

後軍張牛弩　후군은 쇠뇌를 당기니

喊聲四面起　함성이 사방에서 일어나

殷嶺東西土　골짜기 동서에 가득하였네

軍機尙神密　작전은 신묘하고 치밀했으나

虎應笑鹵簿　범은 허술하다고 비웃었으리

迹人每徒勞　자취를 쫓던 사람 매번 헛수고하여

吾叱收網罟　나는 그물을 거두라고 호통쳤다네

一夕府小吏　어느 날 저녁 고을의 아전이

偶出見大武　우연히 나갔다가 범을 보고서

潛心選壯勇　마음을 다해 용맹한 장사를 뽑아

直犯眈眈怒　노한 범에게 곧장 덤벼들었네

砲聲一再發　포성이 한두 번 일어나자

洞過虎臟腑　범의 내장을 관통하였네

雖云猛虎惡　비록 맹호가 포악하다지만

作勢立還頹　섰다가 도로 머리 숙였네

橫載兩牛腰　두 마리 소에 가로질러 실었으니

防風大曷愈　방풍씨인들 어찌 이보다 크랴

獸豈異於人　짐승이 어찌 사람과 다르리오

惡盈斃自取　악행이 가득차면 죽음을 자초하네

食人母與子　사람의 어미와 자식을 잡아먹은 죄

其它難遍數　그밖에도 낱낱이 헤아리기 어렵네

哀痛結幽明　이승과 저승에 슬픔과 아픔 맺으니

冤氛干天宇　원통한 기운 하늘에 사무치네

天本愛吾民　하늘은 본디 우리 백성 사랑하니

愛宜祓所苦　사랑하면 괴로운 일 없애준다네

長萬足犀革　장만은 소가죽에 싸이기 충분했으나

旋爲宋人虜　곧 송나라 사람에게 사로잡혔네

項籍喜獷悍　항적은 포악한 짓 좋아하였으나

終膏呂童斧　끝내는 여마동의 도끼에 죽고 말았네

虎是一戾蟲　범은 일개 포악한 짐승이니

安敢長跋扈　어찌 감히 오랫동안 날뛰리

庖丁解體胖　백정이 뼈를 발라내자

烏鳶攫腸肚　까마귀와 솔개가 내장을 낚아채네

舊日百步威　옛적에 백 걸음이나 떨치던 위세

婦女今輕侮　이제는 부녀자도 업신여기고

舊日雄牙鬚　옛적의 커다란 이와 수염

懦夫皆摩拊　겁쟁이도 모두 만져본다네

一自此虎斃　이 범이 일단 죽은 뒤로는

行人途旁午　행인들이 길에 가득하고

一自此虎斃　이 범이 일단 죽은 뒤로는

老狵靜村塢　마을에 늙은 삽살개 조용해졌네

若論刺虎功　범 찌른 공로를 따지자면

小吏當萬戶　아전이 만호후에 해당하리

斑斑隱霧文　얼룩덜룩 은은한 무늬

好事爭遠賈　멀리서 온 상인들이 좋은 일을 다투네

虎皮韜干戈　범가죽으로 창과 방패 쌌다고

吾嘗聞於古　나는 옛적에 들은 적 있으니

吾欲獻九重　내가 구중궁궐에 바쳐서

偃武佐明主　무력을 그쳐 밝은 임금 돕고 싶네

(『龍洲遺稿』卷5, 五言古詩)

심사정 작 맹호도(국립중앙박물관)

기전 지역의 사례로 『선조실록』 4년(1571) 9월, "기전에 호표虎豹가 성행하여 대낮에 사람을 잡아먹거나 가옥을 무너뜨리는 등 닥치는 대로 마구 탐식하므로 대관臺官이 포획하는 일을 강구토록 계청하였다."[35]라고 하였다. 같은 해 10월, "백액호白額虎가 공순릉恭順陵의 산림과 고양高陽 등지에 출몰하여 사람과 가축 4백여 두頭를 죽였으므로 조정에서 대대적으로 포획하게 하였다."[36]라고 하였으며, 『선조실록』 34년(1601) 3월, 이진빈李軫賓(1558~?)이 아뢴 내용에는 "근래에 기전 지역에 사나운 범이 횡행하는데 양주와 광주 사이가 더욱 심하여, 전후해서 범에게 물린 인물이 셀 수 없이 많아 보고 듣기에도 참혹합니다."[37]라고 하였다.

　　특히, 포천현抱川縣과 인근의 현이 호환으로 인한 피해가 컸다. 숙종 45년(1719) 6월, 독산봉수의 전봉前烽인 영평현永平縣의 봉수군 박봉주朴鳳奏 등이 호랑이에게 물려 죽은 경기감사의 장달 관련 조정에서 논의가 이루어지기도 하였다.[38] 영조 9년(1733) 11월, 좌의정 서명균徐命均(1680~1745)이 아뢴 내용에는 "양주와 포천 등지에 호환이 비상입니다. 포천에서는 수개월 내에 물려서 죽은 목숨이 50여 명에 이른다고 합니다. 듣기에 너무나 놀랍습니다."[39]라고 하였다. 같은 왕 12월, 부수찬 유최기兪最基(1689~1768)의 상소에는 "근래 들으니 사나운 호랑이가 함부로 횡행하며 사람을 고기 씹듯 하는데, 가평, 포천, 지경과 연안 배천의 들에서는 대낮에도 제멋대로 쏘다녀 혹독하게 물린 자가 낭자합니다.

---

35) 『선조실록』 권5, 4년 9월 12일 신미.
36) 『선조실록』 권5, 4년 10월 27일 병진.
37) 『선조실록』 권135, 34년 3월 28일 병인.
38) 『승정원일기』 숙종 45년 6월 8일 기유. 당시 영평현에는 彌老谷烽燧가 있었다. 따라서 이때 虎患을 당한 봉수군 朴鳳奏는 미로곡봉수군이다.
39) 『비변사등록』 권94, 영조 9년 11월 7일.

호표가 산에 있지 않고 들에 있으니 이것이 무슨 징조입니까?"[40] 라고 하였다. 같은 왕 30년(1754)에는 "이때 경기 지방에 호환이 심하여 한 달 안에 먹혀 죽은 자가 1백 20여 인이었다. 이천利川 백성 서차봉徐次奉이 호랑이에게 물려 갔는데 서태금徐太金이 그 꼬리를 잡고 따라가 아버지와 아들이 함께 죽었다. 한수재韓守材의 어머니도 호랑이에게 물려 갔는데 한수재가 막대기를 잡고 호랑이를 쫓다가 어머니와 아들이 함께 죽었다." 라고 하였다.[41]

다음 기전외 지역의 사례로 영조 11년(1735)에는 "이때 8도에 모두 호환이 있었는데 영동 지방이 가장 심하여 호랑이에게 물려서 죽은 자가 40여 인에 이르렀다."라고 하였다.[42] 이외 전라도의 남원도 호환으로 인한 피해가 컸다. 『각사등록各司謄錄』 「남원현공사南原縣公事」영조 12년(1736) 10월 29일, 산 주변의 각 방坊에 전령傳令으로 "지금 이후로 각 마을 백성들은 남녀노소를 막론하고 산길이나 골짜기 속으로 절대 드나들지 말며, 날이 저문 뒤에는 문을 걸어 잠그고 비록 이웃 사이라 하더라도 혹 왕래하지 말라."라고 까지 하였다. 그럼에도 같은 책 「남원현첩보이문성南原縣牒報移文成冊」영조 12년(1736) 12월 20일, 순영巡營에 보고한 내용에는 "남원현 보현면의 유학 소시웅蘇時雄·임득재林得才의 처 김조이金召史[43] 등은 12월 초2일 밤에 그 집에서 자다가 포악한 호랑이가 갑자기 들어와 물어 죽였다고 했습니다." 할 정도로 민가에까지 들어와 인명을 살상하였다. 영조 25년(1749) 8월, 행부사직 이창의李昌誼(1704~1772)의 계啓에는 "근래 호환이 특히 심하여 신이 들은 것만 하더라도 공주 1읍에서 봄부터 지금까지

40) 『영조실록』 권36, 9년 12월 12일 기미.
41) 『영조실록』 권81, 30년 윤4월 19일 무진.
42) 『영조실록』 권40, 11년 5월 29일 무진.
43) 조이召史 : 평민의 처를 일컫는 용어.

호랑이에게 물려 죽은 사람이 거의 1백명 가깝게 헤아린다고 합니다."라고 하였다.[44]

　　이상 소개한 내용외에 조선 후기의 문인 이익李瀷(1681~1763)은 "신미년(1571, 선조 4)에 우리나라에 범이 많아 사람과 가축을 잡아먹는 일이 매우 많았다. 이에 조정에서는 두 대장을 경기 좌우도에 파견하여 범을 잡게 하였으나, 한갓 소란만 피웠을 뿐이었는데, 홀로 광주목사廣州牧使 이관李瓘(1523~1596)만은 여러 가지 방법으로 범 10여 마리를 잡았다. 팔도에서 잡아 올린 것이 겨우 1백여 마리에 그쳤으나 호환은 이로부터 점차 지식止熄되었다. 근일에 호환이 점점 극성스러워지고 있으나 관에서는 잡을 생각조차 하지 않으니, 인명만이 가긍할 뿐 아니라 불쌍하게도 마을에 도둑 지키는 개[犬]도 거의 없어지게 되었다."라고 하였다.[45] 이외 "경기 어느 고을에서는 호랑이에게 물려간 백성을 셀 수 없다 하니, 이것이 외적의 침공과 무엇이 다르겠는가?"[46] 하여 호환을 외침에 비유하기도 하였다.

　　호환 관련 다음은 자가 자수子綏, 호가 옥담玉潭. 본관은 전주全州로, 성종의 삼남인 안양군安陽君의 현손玄孫 이응희李應禧(1579~1651)의 시이다. 눈이 내릴 듯한 음산한 날씨에 호환을 두려워하여 나무꾼·목동이 하루 일과를 서두르고, 아낙·아이들이 해 지기전 일찍 집에 들어감을 표현하였다. 그리고, 집 밖으로 나와서는 안됨을 당부하는 내용이다.

　　　雪欲落(눈이 내릴 듯)

---

44) 『비변사등록』 권120, 영조 8년 15월 29일.
45) 『성호사설』 제15권, 人事文 捕虎.
46) 『성호사설』 제4권, 萬物門 馬政.

慘慘林木鳴	참담하게 숲의 나무들이 울고,
飂飂溪谷動	쏴쏴 바람이 계곡을 흔드누나.
陰陰雪欲落	음산한 하늘에 눈이 내릴 듯,
暗暗山色凍	어둑어둑 산색은 얼어붙었어라.
樵夫折薪急	나무꾼은 낫질을 서두르고,
牧豎駈牛促	목동은 소몰이를 재촉하네.
迫天未昏黑	하늘이 아직 캄캄해지기 전에,
婦子皆入室	아낙과 아이들 모두 방에 든다.
山城多虎豹	산성에는 범과 표범이 많으니,
暮夜無輕出	날 저물면 집 밖에 나가선 안 되지.

(『玉潭詩集』玉潭遺稿)

이상으로 호환이 '외적의 침공·백성의 큰 재난'으로 비유될 정도로 심각할 때에 매일 산중에 상주하고 있었던 봉수군들은 임무 그 자체가 고역이었다. 그리고 본연의 임무외 호환에도 대비해야만 했다.

2) 봉수별장

조선시대 각 봉수에는 봉수별장烽燧別將이 있었다. 인원은 시기별 지역별로 약간씩 상이하다. 이들은 봉수군을 지휘·감독 및 봉수에 기거하면서 후망과 신호를 위한 거화炬火·전보轉報 및 봉수의 자체 방어를 관장하는 하급 장교였다.

위백규魏伯珪(1727~1798)는 『존재집』에서 봉수의 폐단을 언급하는 내용에 "이른바 별장이라는 자리는 이미 좋은 직임이 아니고 또, 급료도 넉넉히 받지 못하니, 무척 춥고 더운 산 정상에서 누가 고생을 참아가며 장기간 근무하겠습니까. 이 때문에 매우 가난하고 열악한 사람 1인을 위협하여 수직守直으로 채웁니다. --(중략)-- 별장이라는 자리 또한 군인으로 늙어 군역이 면제된 자를 강제로 충당하니, 반드시 뇌물을 바치고 면하기를 도모합니다. 그러므로 별장이라는 이름은 단지 군의 명목일 뿐이고, 이를 기화로 돈을 벌기 위해 아침에 임명했다가 저녁에 교체하여 한 사람도 봉수에 오지 않습니다."[47]라고 하였다.

봉수별장은 본연의 임무외에도 『영총營總』(1804)[48]을 통해 병사가 부임할 때 현신하여 뵐 때 거안擧案을 바치기도 하였다. 즉, 병사가 부임할 때에 고을의 경계에서는 아전 한 명이 나아가 공장公狀을 드리고 오리정五里程에서는 삼공형三公兄이 함께 나아가 공장을 드린다. 봉수를 지나갈 때에는 깃발을 올리고 포를 쏘되, 담당 관리가 말 앞에서 신고 후, 장비를 점검할 수 있도록 거안을 바치는 것 외에 별장이 현신하여 뵐 때도 거안을 바쳤다.

울산부 「남목봉수별장 차정첩」에 "울산부사가 박명대에게 남목봉수별장으로 차정하니, 직무를 헤아려 시행하라."라고 한 용례로 보아, 봉수별장은 지방 수령이 임명하는 임시직 무관이다. 봉수 전반의 일을 관리, 감독하고 책임졌다.

『호남읍지』(1895)「해남현읍사례책」 병방兵房에는 해남현 소재 '일성산日星山·관두산館頭山'의 두 봉수에 별장이 각 3인씩 있었는데, 중앙에서 관리가 왔을 때에는 두 봉수별장이 뒷바라지할 물건을 가지고 와서 뵙기도 한 사례가 있다. 『선천읍지』(1854) 연대烟臺에 '학현鶴峴·원산圓山·서망일西望日' 등 3곳의 봉수에는 별장 각 1인, 감관 각 1인, 봉군 각 15명씩을 두었다. 반면, '소곶所串·해안海岸' 등 2곳의 연대에는 별장 각 1인, 감관 각 1인, 연군 각 18명씩을 두었다.『관

---

47) 『存齋集』卷3, 疎 封事 代黃司諫幹.

48) 영총營總 : 조선 후기 경상도 우병영의 행정 실무에 대한 책임을 맡은 이들이 1년 동안 해야 할 일들과 지침을 월별로 제시해놓은 업무 지침서.

서읍지』(1895) 「영유읍지」 영유현대사례, "봉수별장의 근무 기간은 천총별장千摠別將과 같이 50개월이다. 봉군 수직을 단속하고 봉대 요망 등의 절차는 오로지 맡아서 관리해야 한다."라고 하였다.

봉수별장은 봉수뿐만 아니라 한반도 북부지역 진보鎭堡에도 1인 혹은 2인씩 번을 선다고 『용만지』(1899) 진보에 용례가 있다. 봉수별장의 복무에 대한 임금은 『관서읍지』(1872) 「용천부읍지여사례병록성책」 반료頒料[49]에 번미番米[50] 6두, 같은 책(1895) 「중화부사례」군수고軍需庫에 "2량 5전은 봉수별장 1인의 매달 삭료로 지급한다."라고 하였다.

아래 표는 충청수영의 수군절도사가 보령 녹도봉수鹿島烽燧의 책임자였던 박영손朴永孫을 봉수별장에 임명하는 임명장이다.

[표5] 녹도봉수별장 박영손 임명장

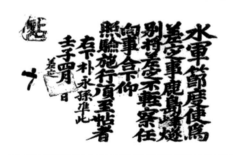

水軍節度使爲
差定事鹿島烽燧
別將差定不輕察任
向事合下仰
照驗施行須至帖者
右下 朴永孫準此
壬子四月 日
差定

---

49) 반료頒料 : 매달마다 잡직이나 군문, 아문의 구실아치들에게 곡식이나 베, 돈으로 지급하던 급료이다. 『용성지』(1796·1865) 반료에, 봉수별장 6두料, 감관 합승 4두는 번미番米로 준다고 하였다. 삭료朔料와 같은 용어이다.

50) 번미番米 : 수직하지 않는 대신에 내는 쌀[米]. 번미를 거두어 수직군에게 급료로 주었다.

3) 봉수군 인원

(1) 조선 전기

조선 전기 봉수군 인원을 알 수 있는 사료는 『세종실록』과 『경국대전』 등의 법전 기록이다. 우선 경성의 남산봉화南山烽火 5소所는 세종 28년(1446) 10월 6일, 의정부의 건의로 간망군看望軍[51]은 전에는 15명이었는데, 지금은 5명을 더하고 상번上番과 하번下番으로 나누어, 매 1소마다 2명은 입직入直하고, 5명은 경수상직警守上直하는 예에 의거하여 봉화가 있는 곳에 서로 번갈아 밤낮으로 입직하게 하였다. 『경국대전』반포 후에는 매 소마다 봉수군 4인, 오원 2인 등 총 30인을 배치하였다.

　　지방은 각 도의 관찰사觀察使 밑에 수령守令이 진장鎭將을 겸직하여 각 부·목·군·현에 소재하는 봉수의 오장伍長과 봉수군을 지휘·감독하도록 조직되었다. 우선 연변봉수沿邊烽燧는 세종 19년(1437) 2월 19일, 의정부에서 아뢰어 각 도의 극변초면極邊初面으로 봉화가 있는 곳은 연대烟臺를 높이 쌓고 근처에 사는 백성 10여인을 모아서 봉졸烽卒로 정하여, 매번에 3인이 모두 병기를 가지고 항상 그 위에서 주야로 정찰하여 5일만에 교대하도록 하는 등 봉화의 신설과 봉졸의 선정 및 근무조건을 정하였다. 세종 28년(1146) 10월 6일에는 의정부에서 아뢰어 각 도의 연변연대 1소에 봉화군 10명, 감고 2명을 정하여 상하 양번으로 삼게 하였다. 『경국대전』반포 후에는 매 소에 봉수군 10인, 오장 2인 등 총 60인을 배치하여 상하양번으로 근무하게 하였다.

　　다음 내지봉수內地烽燧는 연변봉수보다 인원이 적어 세종 28년(1146) 10월

---

51) 간망군看望軍 : 망을 보는 군인. 『세종실록』외 『영남읍지』(1871) 「하양현읍지」 읍사례대개 및 『대구부사례』(1872) 병방에 간망군 58인의 용례가 있다.

6일, 의정부에서 아뢰어 매 소에 봉화군 6명, 감고 2명을 정하고 2번으로 나누어 밤낮으로 항시 있으면서 망보게 하였다.

봉수군 인원은 그 후 『경국대전』(1485)과 『속대전』(1745) 및 『대전통편』(1785)의 반포를 통해 국법으로 정해졌다.

2) 조선 후기

조선 후기 경성 목멱산봉수는 "목멱산의 봉수장을 충순위忠順衛로 임명하는 것을 혁파하고 대신 금군禁軍 중에서 녹봉이 후한 자로 하여금 윤번수직輪番守直케 한다."[52] 라고 하였다. 그리고 목멱과 무악 봉군은 "목멱과 무악의 봉군과 호보戶保는 모두 호戶는 30호이고, 호마다 각각 보保 3명씩을 준다. 각각 120명을 24번으로 나누어 만든다. 번마다 5명씩 입번하고 6일마다 교대한다."[53] 라고 하였다.

그러나, 실제는 이와 달랐던 듯 『정조병오소회등록』 병조정랑 박사묵의 소회에 "신이 맡은 것은 기조무비사騎曹武備司입니다. 무비중에 가장 긴요하고 중한 것이 봉수만한 것이 없습니다. 목멱산과 무악 두 봉수군은 전부터 강 위와 산 아래에 사는 거주하는 백성을 신역으로 모집해, 소속시키기에 본래 보인과 요포가 없고 매일 번이 되어도 식량이 지극히 각박해 가난하고 잔약한 봉수군이 견딜 수 없어 들어가려는 자가 거의 없으며, 달아나기 때문에 백여 명의 봉수군을 채울 수 없어서 유명무실한 지경입니다. 보경의 중대한 처지가 이러하

---

52) 『대전통편』 병전 봉수 목멱산봉수.
53) 『대전통편』 병전 봉수 목멱무악봉군.

니, 진실로 심히 걱정이 됩니다."[54] 라고 아뢴데서 알 수 있듯 법에서 규정한 내용과 달리 봉수군의 처우가 열악했음을 알 수 있다.

조선 후기 강도江都를 포함한 경기도의 봉수군 인원은 전기와 달랐다. 후기의 봉수군 인원을 알 수 있는 자료는 관찬·사찬 지지의 기록이다. 또한, 봉수군의 편성은 명칭과 인원 등이 해당 고을의 군역 사정에 따라 달라 이를 일률적으로 규정하기가 곤란하다. 이들 지지를 발간 시기별로 강도와 경기도에 한정하여 소개하면 다음과 같다.

우선, 조선 후기 강도 봉수의 봉수군 인원은 정조 7년(1783) 발간의『강화부지江華府志』봉수에 당시 19기의 연변봉수 소속과 대응봉수 및 복무인원 등이 기록되어 있다. 이 기록에 근거하여 [표6]처럼 작성하였다.

[표6]의 봉수는 봉수노선과 성격에 의한 구분상 모두 제5거 직봉이다. 또한, 18세기 후기 강도의 봉수는 본부(강화도)에 5기, 통어영에 14기 등 모두 19기의 주요 직봉이 있었으며, 인원면에서 적게는 23명에서 많게는 110명의 봉수군이 각 봉수에 속하여 총 1,504명이 배정되어 있었다.

---

54)『正祖丙午所懷謄錄』卷3, 兵曹正郎朴師默所懷.
　위 등록은 정조가 10년(1786) 정월 22일 朝參時에 대신이하 중인·군사에 이르기까지 300여명에게 下敎求言을 하여 백관들이 이에 陳言한 내용을 등록한 것이다.

[표6] 『강화부지』 봉수의 연변봉수군 수

| 烽燧名稱 | 對應烽燧 | 烽燧軍 數 | | | | | 備考 (所屬) |
		烽燧軍 (名)	烽燧將 (人)	監官 (人)	都監考 (人)	小計	
大母山烽燧	東 통진 약산, 西 본부 진강	19	1	5	1	26	本府 (江華)
鎭江山烽燧	東 대모산, 西 망산	19	1	5	1	26	
望山烽燧	東 진강산, 西 교동 화개산	16	1	5	1	23	
河陰山烽燧 (卽 鳳頭山)	西 화개산 → 남산	16	1	5	1	23	
南山烽燧	西 하음산, 東 통진 남산	20	1	5	1	27	
	總計	90	5	25	5	125	
槐苔吉串烽燧	東 직산 망해산, 北 수원 흥천산	100	1	5	1	107	統禦營
興天山烽燧	南 괴태길곶, 北 남양 염불산	100	1	5	1	107	
念佛山烽燧	南 흥천산, 北 해운산	97	1	5	1	104	
海雲山烽燧	南 염불산, 北 안산 정왕산	96	1	5	1	103	
正往山烽燧	南 해운산, 北 인천 성산	100	1	5	1	107	
城山烽燧	東 정왕산, 北 부평 축곶	100	1	5	1	107	
杻串烽燧	南 성산, 北 김포 백석산	100	1	5	1	107	
白石山烽燧	南 축곶, 北 냉정산	96	1	5	1	103	
冷井山烽燧	西 통진 남산, 東 양천 개화산	95	1	5	1	102	
南山烽燧	北 본부 남산, 東 김포 냉정산	103	1	5	1	110	
守安山烽燧	南 백석산, 西 본부 대모산	103	1	5	1	110	
開花山烽燧	西 냉정산, 東 목멱산	100	1	5	1	107	
華盖山烽燧	南 본부 망산, 東 본부 하음산	46	1	5	1	53	
修井山烽燧	西 연안 간월산, 北 연안 각산	45	1	5	1	52	
	總計	1,281	14	70	14	1,379	

다음은 고종 32년(1895) 의정부에서 편찬한 강화부의 읍지인 『기전영지畿甸營誌』 「강화부지」 봉수다. 지지는 정조 7년(1783) 부사 김노진金魯鎭이 편찬한 계묘지癸卯誌를 고종 26년(1889)에 증보[55]하고, 이를 영지營誌 편찬시에 전사轉寫

---

55) 계축지癸丑誌.

하였다. [표7]은 앞서 정조 7년 발간된 『강화부지』와 달리 봉수군의 인원과 구분이 본부(강화)와 통어영이 확연히 달라 구분하여 작성하였다.

[표7]을 통해 본부(강화)의 봉수는 5기로 각 봉수별 대응관계와 봉수군 인원을 소개 후 말미에 "이상 5봉수는 본부 소속인데, 전라도 해남 관두에서 기화起火56)하여, 충청도 당진 연해沿海로부터 통진 약산에 이르러 들어온다. 매 봉수마다 봉수장 3인, 군 1인을 둔다."라고 하였다.

[표7] 『기전영지』 「강화부지」봉수의 본부(강화) 봉수군 수

烽燧名稱	對應烽燧	烽燧軍 數			
		烽燧軍 (名)	烽燧將 (人)	軍 (人)	小計
大母山烽燧	東 통진 약산, 西 본부 진강	19	3	1	23
鎭江山烽燧	東 대모산, 西 망산	19	3	1	23
德山烽燧 (望山)	東 진강산, 西 교동 화개산	16	3	1	20
河陰山烽燧 (卽 鳳頭山)	西 화개산 → 본부 남산	16	3	1	20
南山烽燧	西 하음산, 東 통진 남산	20	3	1	24
總計		90	15	5	110

다음은 『기전영지畿甸營誌』 「강화부지」(1895) 봉수의 통어영 소관 봉수 14기의 봉수군 구분과 인원을 [표8]로 작성하였다. 본부(강화)와 달리 봉수군의 구분이 매우 세분화 되어 있고 봉군 인원도 봉수별로 차이가 있다. 각 봉수별 대응관계와 봉수군 인원을 소개 후 말미에 "이상 14봉수는 통어영 소속인데, 남쪽

---

56) 기화起火 : 불을 일으킨다.

으로부터 오는 것은, 불을 일으키는 곳[57]부터 본부의 봉수와 같다. 서쪽으로부터 전해오는 것은 연해[58]로 교동 수정산에 이르고 북으로 연안 각산에 응하고 경성에 들어간다. 두 영營 무릇 19봉수는 매 봉수마다 봉수장 1인, 감관 5인, 도감고 1인을 둔다."라고 하였다.

[표8] 「기전영지」, 「강화부지」 봉수의 통어영 봉수군 수

烽燧名稱	對應烽燧	烽燧軍 數						
		烽燧軍 (名)	烽燧 (別)將 (人)	監官 (人)	監考 (人)	五丈 (人)	烽(軍) (人·名)	小計
槐苔吉串烽燧	東 직산 망해산, 北 수원 흥천산	100	1	−	1	−	25	127
興天山烽燧	南 괴태길곶, 北 남양 염불산	100	1	12	−	−	50	163
念佛山烽燧	南 흥천산, 北 해운산	97	1	−	12	10	30	150
海雲山烽燧	南 염불산, 北 안산 정왕산	96	1	−	12	10	30	149
正往山烽燧	南 해운산, 北 인천 성산	100	1	5	1	5	19	131
城山烽燧	東 정왕산, 北 부평 축곶	100	1	5	1	−	25	132
杻串烽燧	南 성산, 北 김포 백석산	100	1	5	1	5	25	137
白石山烽燧	南 축곶, 北 냉정산	96	2	10	2	5	40	155
冷井山烽燧	西 통진 남산, 東 양천 개화산	95	2	10	2	5	40	154
南山烽燧	北 본부 남산, 東 김포 냉정산	103	4	10	2	10	40	169
守安山烽燧	南 백석산, 西 본부 대모산	103	4	10	2	10	40	169
開花山烽燧	西 냉정산, 東 경성 목멱산	100	1	2	5	5	15	128
華盖山烽燧	南 본부 덕산, 東 본부 하음산	46	1	−	−	−	5	52
修井山烽燧	西 연안 간월산, 北 연안 각산	45	1	−	−	−	5	52
總計		1,281	22	69	41	65	389	1,868

---

57) 해남 관두산봉수.

58) 연해沿海 : 연안沿岸. 곧 제4거 봉수로를 말함.

강도에 이어 현전하는 경기도의 도지는 '『경기지』(1842)·『경기읍지』(1871)·『[기전]읍지』(1895)' 등 3종이다. 이중 가장 앞선 시기의 지지인 『경기지』(1842)에는 봉수군의 구성이 개략 '봉수별장烽燧別將·감관監官·감고監考·봉군烽軍·봉군보烽軍保' 등으로 구성되어 있다. 이중 봉수별장은 봉군을 지휘·감독하고 후망과 신호를 위한 거화炬火·전보轉報 및 봉수의 운용을 담당하는 하급 장교로, 대부분 봉수에 1인이 배속되었다. 다만, 양주목 아차산봉수我差山烽燧와 대이산봉수大伊山烽燧에는 별장 대신 감관 1인이 배정된 특이한 사례이다.

감관은 품계를 가진 품관品官에서 임명하였다. 봉군을 감독하고 봉수 관련 문서작성과 인원 배치 등의 일을 하였다. 인원은 양주목 아차산과 대이산봉수에는 별장을 대신해서 각 봉수에 감관 1인이 배정되기도 하였다. 그러나, 부평도호부 축곶산봉수와 남양 염불산봉대念佛山烽臺와 해운산봉대海雲山烽燧에는 각 봉수에 감관이 5인씩 배정되었다.

감고는 한량閑良이나 품관 중에서 자상하고 청렴한 사람을 임명하여 맡기던 직책이다. 봉수 운영에 따른 제반 상황 보고, 문서 작성, 감독 등의 일을 맡아 하였다. 부평도호부 축곶산봉수에 봉수별장 1인, 감관 5인외 감고 1인이라 하여 드물게 확인된다.

봉군의 명칭에 있어 영평현 적골산봉수適骨山烽燧와 미로곡봉수彌老谷烽燧에는 봉군 명칭대신 각각 "원군元軍"이라 표기하였다.

봉군보는 봉수에서 실제 번을 서지 않는 대신 봉군에 대한 경제적인 지원을 위해 배정하였다. 해당 고을의 사정에 따라 양주목 아차산봉수와 대이산봉수에는 각각 군 1명에 보 2명이, 영평현 적골산봉수와 미로곡봉수에는 각각 원군 1명에 보 3명이 배정되었다. 그리고, 부평도호부 축곶산봉수와 남양 염불산봉대와 해운산봉대에는 봉군보 100명이라 하여 실제 봉군과 보의 인원 구성이 모호한 경우가 있다.

『경기읍지』(1871)에는 봉수군의 구성이 개략 '별장·감관·감고·봉군·保[59]奉足'등으로 구성되어 있다. 이중 별장은 대부분 봉수에 1인이 배속되었다. 다만, 양주목 아차산봉수와 대이산봉수에는 전 시기와 같게 별장 대신 감관 1인이 배정되어 있었다.

감관은 양주목을 제외하면 대부분 봉수에 별장을 대신해서 1인이 배정되었다. 그러나, 부평도호부 축곳산봉수와 남양 염불산봉대와 해운산봉대에는 각 봉수(대)에 5인씩 배정되었다.

감고는 안산군 정왕산봉수正往山烽燧와 인천부 성산봉수城山烽燧 등을 통해 1명씩 배정되었다.

오장五丈[60]은 봉수에서 교대로 번을 서며 수직하는 매번 5인 봉수군의 우두머리이다. 『비변사등록』영조 원년(1725) 1월 26일, 무신 이여적李汝迪이 입시하여, 지방의 봉수 수직 등의 문제에 대해 논의한 내용에, "지방의 봉대는 으레 오장 1인이 군 5명을 거느리고 식량을 가지고 가서 수직守直하는데 혹 10일이나 혹 5일만에 교대합니다."라고 아뢴 내용에 용례가 있다. 안산군 군총에 드물게 5명이 배정되어 있었다.

19세기 후반 경기도의 봉수에는 봉군 1명마다 해당 고을의 군역 사정에 따라 2명 내지 3명의 보를 배정받았다. 양주목 아차산봉수와 대이산봉수에는 각각 군 1명에 보 2명이 배정되었다. 반면, 김포군 냉정산봉수와 백석산봉수,

---

59) 보保 : 달리 봉족奉足이라고도 한다.

60) 오장五丈 : 오장伍長이 『경국대전』병전, 봉수에 표기된 옳은 표기이다. 지지별로 아전들에 의해 '五丈·五長·伍長' 등으로 오기된 채 표기되기도 한다.

안산군 정왕산봉수, 인천부 성산봉수에는 각각 군 1명에 보 혹은 봉족 3명이 배정되었다. 그리고 남양 염불산봉대와 해운산봉대에는 봉군호보 100명이라 하여 실제 봉군과 보의 인원 구성이 모호한 경우가 있다. 이와관련『경기읍지』⁽¹⁸⁷¹⁾「김포군읍지」읍사례대개 군액에는 냉정산冷井山 · 백석산白石山 양처 봉수에 "별장 2인, 감관 10인, 군 50명, 보 150명, 이상 원군元軍외 보保와 군졸軍卒은 허액虛額이 많다."라고 하여 봉군마다 배정된 보를 실제로 배정받았을지는 자세하지 않다.

별장 이하 봉군은 보를 배정받는것 외에 드물게 봉수에서 군역의 대가로 토지를 지급받기도 하였다. 같은 책「안산군읍지」군총에 "봉대별장 1원, 감관 5인, 감고 1명, 오장五丈 5명, 군 20명. 5결結[61]을 급복給復하고, 75명을 급보給保한다."를 통해서이다. 당시 안산군에는 정왕산봉수 1기가 소재하였다.

한편, 경기도 봉수군의 신분 관련 같은 책「고양군여지승람」병안兵案에 "봉수군 75명 내에 양인良人 15명, 사천私賤 60명인데, (잘못된 것을) 바로잡은 후 숫자를 줄였다."라고 하였다. 당시 고양군에는 '독산봉수禿山烽燧 · 고봉봉수高峰烽燧 · 해포봉수醢浦烽燧' 등 3기가 소재하였다. 이 기록대로라면 19세기 후반 고양군 소재 봉수군의 구성은 양인과 사천으로 이루어져 있었음을 알 수 있다.

4) 봉수군 포상

봉수군의 역은 내지봉수에 비해 연변봉수가 상대적으로 고역이었다. 특히, 북

---

61) 결結 : 토지의 넓이 단위로서 대략 3,000평이다. 결은 시대에 따라 변천을 거쳐 세종 26년(1444)부터는 수확량을 기준으로 6등급으로 나눈다. 당시 1등전 1결의 넓이는 9,859.7㎡(약 2,988평)이었다. 임진왜란 이후 다시 변하여 인조 12년(1634)부터 1등전 1결의 넓이는 10,809㎡(약 3,275평)가 되었다가 대한제국 광무 6년(1902)부터는 1만㎡인 1ha를 1결(약 3,030평)로 제정하였다. 1등전에서 6등전으로 갈수록 1결의 면적은 일정한 비율로 넓어진다.

로의 봉수는 추위가 일찍 찾아오고 바람이 차가왔다. 따라서 역대 왕별로 북방 연대의 봉수군을 위로하기 위해 '동의冬衣·지의紙衣·납의衲衣·유의襦衣' 등의 의복을 하사하였다.

이에 대한 기록은 『성종실록』 3년(1472) 왕이 영안북도 절도사 어유소魚有 沼, 남도절도사 이경李經, 평안도 절도사 신주辛鑄 등에게 유시를 통해 초구貂裘 1 령領, 초이엄貂耳掩 1사事를 내리고 이어 연대군煙臺軍이 서리와 눈을 무릅쓰고 고생하고 있을 것을 생각하여 모의毛衣 30, 방의防衣 200, 번거지飜巨知 3, 감투甘 套 10, 이엄耳掩 27사를 직접 나누어 주도록 하였다. 같은 왕 5년(1474) 동의 129 령을 영안북도永安北道에, 50령을 영안남도에 보내어 봉수와 척후 등의 군인에 게 분급하였다. 같은 왕 9년(1478) 8월 12일에는, 영안북도 절도사 정난종鄭蘭宗 에게 하유下諭하기를, "들건대 변경에는 바람이 차가와서 다른 지방보다 심하 다고 하니, 후망候望·체탐體探하는 군사는 항상 추위와 눈·비에 반드시 수염에 는 얼음이 얼고 쌓인 눈에 정강이가 빠지는 고통이 있을 것이므로, 이를 생각하 면 진실로 애처롭다. 우선 유의襦衣 3백 령領을 갖추어 보내니, 경은 내 뜻을 타 이르고 각각 1령씩 주도록 하라."고 하였다. 이어 같은 왕 23년(1492)에는 목면木 棉이 생산되지 않는 영안도의 연대군이 여름 베옷을 입고 동상凍傷을 참고 밤을 지키니 제용감濟用監의 포물로 납의를 만들어서 내려주자는 우승지 조위曹偉의 건의로 납의를 연대에 척후하는 사람에게 나누어 주기도 하였다.

연산군 1년(1495)에는 봉수군 위무책으로 변경의 연대 후망인에게 납의를 하사하였는데, 평안도에 350령, 영안북도에 500령, 남도에 62령이었다.

정조 12년(1788)에는 우의정 채제공蔡濟恭(1720~1799)의 건의로 서북 변방 의 수졸戍卒과 봉수군에게 조정에서 지급하는 유의와 지의를 내려보낼 때 간사

한 폐단이 많으므로 이를 도백道伯이 친히 점검하게 하였다. 즉, 당시 국가에서 봉수군에 내리는 의복을 중간에서 가로채는 일이 많았기에 이를 도백이 친히 점검하게 한 것이다.

이외에 군공軍功을 남긴 봉수군에게도 포상을 하였다. 즉, 선조 16년(1583) 8월, 오랑캐의 침입으로 경원慶源이 함락될 때에 종성鍾城의 봉수군 한양韓揚은 적의 화살이 몸에 박혔음에도 적중으로 돌격하여 부친을 구해 돌아온 사실이 있다. 이에 대한 포상으로 한양에게 무명저고리 2령, 갑주 1령, 활과 장편전長片 箭 및 환도環刀를 하사하였다.

5) 봉수군 처벌

근무를 태만히 한 봉수군에 대한 처벌은 국초에 봉수망을 확정하면서 근무기강을 바로잡는 차원에서 엄정하게 시행되었다. 즉, 세종 5년(1423)과 8년(1426)에 경계근무를 태만히 한 태일泰日 봉화간烽火干 황연黃連과 검모포 천호 조공영 및 군산 부만호 조마 등을 처벌[62]하였으며, 죄를 지은 자를 장형杖刑에 처하고 봉졸烽卒로 유배하였다.[63]

세종 28년(1446)에는 봉수군이 점고點考에 빠질시 초범初犯은 태형笞刑 50 대, 재범再犯은 장형 80대, 삼범三犯은 장형 100대를 집행하고, 이를 능히 고찰하지 못한 관리는 초범은 태형 50대, 재범은 1등을 가하여 장형 100대에 관직을 파면시켰다. 그리고 사적으로 대체시켰을 경우 대체한 자는 장형 60대에 명적名籍을 회수하여 충군充軍시키고, 자신은 장형 80대에 그 전대로 충군케 하였다.

---

62) 『세종실록』 권19, 5년 정월 경술 및 권32, 세종 8년 4월 정묘.
63) 杖慈州人曹守一百 配巨濟縣烽卒 ——(중략)—— 慈州戶長 金良義于機長縣爲烽卒 (『태종실록』卷12, 6年 12月 庚子)

아울러 사변이 없을 시는 명령을 어긴 것으로서 죄를 논하게 하고, 사변 시에 근무를 소홀히 하여 성을 함락시키고 군사를 손실시킨 자는 참형斬刑에 처하고, 적병이 경내에 침입하여 인민을 침략하게 한 자는 장형 100대를 집행하고 변원 충군邊遠充軍 하였다.[64]

이 규정에 의거 성종 6년(1475)에는 적이 이산·창주·벽단 등의 진鎭을 침략하여 사람과 가축을 죽이고 사로잡았는데 서쪽 변방에서 황해도를 거쳐 기전에 이르기까지 소재한 곳의 봉수에서 하나도 사변을 보고한 봉수가 없었으므로 근무를 태만히 한 봉수군을 국문하도록 하였다.[65] 또, 명종 원년(1546) 왜노와의 접전 시 매번 평안보平安報의 불을 든 일로 일로一路의 봉수군을 처벌하였다.[66]

조선 후기 인조대에는 의주 백마산白馬山과 갈산葛山에서 봉화 5자루를 잘못 올린 자를 참수[67]하는 등 기강을 바로 잡고자 하였다. 같은 해에는 정주의 봉수군 김개질金介叱이 봉화를 잘못 올린데 대해 도원수 이홍주가 군율대로 처단하는 대신 결장決杖하여 벌을 보일 것을 청하였다.[68] 같은 왕 5년(1627)에는 하교를 통해 봉수를 제대로 살피지 않은 양서의 감사·병사를 추고하도록 하교하였다.[69]

효종대에는 병조의 진언에 북로의 봉화가 여러 달 동안 오르지 않은 것을 근심하여 경기·강원·함경 감사 및 남·북병사에게 특별 경계하도록 신칙하고,

64) 『세종실록』 권114, 28년 10월 경자.
65) 『성종실록』 권52, 6년 2월 을미.
66) 『명종실록』 권4, 원년 9월 기묘.
67) 『인조실록』 권6, 2년 5월 정축.
68) 『인조실록』 권7, 2년 11월 기미.
69) 『인조실록』 권16, 5년 6월 임인.

수령과 봉졸로서 태만하거나 소홀히 한 자는 사목에 의해 죄를 주게 하였다.[70] 현종 1년(1660)에는 근무를 태만히 한 남소의 부장을 의금부에 하옥[71]시켰다.

구체적인 처벌규정은 숙종 24년(1698) 이익李翊·윤지완尹趾完 등이 왕명을 받아 편찬한『대전후속록大典後續錄』이후에 각 도 및 관청에 내려진 수교·조례 등을 모아 편찬한『수교집록受敎輯錄』에 상세하게 규정[72]되어 있다.『수교집록』의 중종 27년(1532)과 명종 11년(1556) 및 인조 5년(1627)의 처벌내용은 다음과 같다.

- 中宗 27年(1532)
  - 적이 출현하였을 때 거화하지 않은 봉수군은 杖80, 수령·진장은 杖70
    (賊現形 不擧烽燧杖八十 守令鎭將杖七十)
  - 적이 국경에 이르렀을 시 거화하지 않은 봉수군은 杖100에 邊遠 充軍하며, 수령·진장은 杖100에 파직시키고 임용하지 않는다.
    (賊近境 不擧者杖一百 發邊遠充軍 守令鎭將杖一百 罷職不叙)
  - 접전 시 거화하지 않은 자는 참하고, 수령·진장도 참한다.
    [가정 임진년(중종 27년,1532)의 전교를 이어 전함]
    (接戰 不擧者斬 守令鎭將斬[嘉靖壬辰承傳])
- 明宗 11年(1556)
  - 만일 사변 시 봉화를 단절한 곳의 수령은 杖80, 감고는 杖100, 색리·봉군은 杖100에 처하고 極邊 充軍한다. 아울러 관직을 거두어 決杖함으로 속죄하게 한다.
    (萬一有事變 絶火處 守令決杖八十 監考杖一百 色吏烽軍杖一百 極邊充軍 並除收贖決杖)
  - 적이 이르렀는데 보고하지 않은 봉졸은 군법에 의거 참하고 후에 계문한다.
    (賊到處不報火烽卒 依軍法 處斬後啓聞[嘉靖丙辰承傳])

---

70)『효종실록』권2, 원년 9월 무오.
71)『현종실록』권3, 원년 7월 무인.
72)『수교집록』권4, 병전 봉수.

● 仁祖 5年(1627)

　　· 摘奸시 闕點과 거화하지 않은 봉화군 · 오장은 각 杖100, 감고 · 색리 杖
　　　90, 수령 · 진장은 杖80에 처한다.[천계 정묘년(인조5년, 1627)의 전교를 이어 전함]
　　(摘奸時闕點及不擧烽火軍伍長 各杖一百 監考色吏杖九十 守令鎭將杖八十[天啓丁卯承傳])

　　이에 숙종 29년(1703) 단천 봉대군이 궐직하여 봉화를 끊었다 하여 곤장을
치고 극변충군 함으로서 엄하게 단속하였다.73) 영조 5년(1729)에는 허위보고를
한 목멱산, 안현의 봉수장과 봉수군을 치죄하라고 명하였다.74) 같은 8년에는 좌
우포장左右捕將을 중추重推하고 종사관은 태거汰去하라고 명하였는데, 남산 아래
에서 횃불을 든 사람을 즉시 체포하지 못한 때문이다. 그리고 봉수대의 장졸을
엄히 형신한 다음 충군시켰는데, 잘 살펴 임무를 수행하지 못하였기 때문이었
다.75) 무릇 위의 처벌내용으로 보아『수교집록』에 근거하고 있음을 알 수 있다.
　　한편, 영조 21년(1745)에 반포된『속대전』의 처벌규정76)은 대개 위와 같다.
그러나 처벌규정이 한층 엄하여져, 아래의 내용과 같으며 특히 거짓으로 봉화
를 올린자偽擧烽火者에 대한 처벌규정이 새로 마련되었다.

　　· 혹 봉홧불을 끊은 곳의 수령은 杖80, 감고는 杖100, 색리 · 봉군은 杖100에
　　처하고 극변에 충군한다. 아울러 관직을 거두어 決杖함으로 속죄하게 한
　　다. 적이 이르렀는데 보고하지 않은 봉졸은 법에 의거 참하고 후에 계문한다.
　　(或有絶火處守令 決杖八十 監考杖一百 色吏烽軍杖一百 極邊充軍 並除收贖決杖 賊到處不報
　　　　　　　　　　　　　　　　　　　　　　　火烽卒 依法 處斬後啓聞)

　　· 거짓으로 봉화를 올린 자는 논할 것도 없고 연대와 타 처도 아울러 같은 법

---

73)『숙종실록』권38, 29년 5월 임술.

74)『영조실록』권22, 5년 6월 기축.

75)『영조실록』권32, 8년 9월 기축.

76)『속대전』卷4, 兵典 烽燧.

률을 적용한다.

(僞擧烽火者勿論 烟臺與他處 並用一律)

· 사변이 없을시 闕點한 자는 군관·감고·봉군을 막론하고 각기 그 중함에 따라 곤장형에 처한다.

(無事時闕點者勿論 軍官監考烽軍 各別從重 決棍)

이외에 『대전통편(1785)에는『속대전』에 규정된 거짓으로 봉화를 올린 자擧 僞烽者에 대한 처벌규정 외에, 조선후기 들어 봉화가 억울함의 호소수단으로 이용되는 폐단을 막고자 근처에서 방화放火한 자에 대해 참斬함으로서 엄하게 단속하고자 하였다.[77]

또한, 봉수군뿐만 아니라 이에 대한 관리·감독권을 가지고 있던 책임자도 처벌뿐만 아니라 파직되기도 하였다. 즉, 정조 10년(1786) 8월, 봉화를 피우지 않은 원인을 보고하지 않은 절도사 구세적具世勣의 처벌[78]과 같은 해 봉수를 신중히 하지 않은 충청수사 이연필李延弼을 파직하였다.[79] 같은 왕 21년(1797) 6월에는 강화부 유수 이의필李義弼의 장계에

이달 7일 본부의 남산봉대에서 봉화를 올리지 않았는데 조사해 보니 烽直이 술에 취하여 실수했다 하여 본인이 제대로 단속하고 경계하지 못한 잘못이니 황공하여 처벌을 기다립니다.

하여 비변사가 해당 유수를 파직하도록 계청하자 그대로 따르기도 하였다.[80]

---

77) 擧僞烽者 不待時斬 近處放火者 待時斬 『속대전』권4, 병전 봉수）

78) 『정조실록』권10, 10년 8월 임술.

79) 『정조실록』권22, 10년 8월 경오.

80) 『정조실록』권46, 21년 6월 정축.

6. 봉수제의 폐지

조선의 봉수제는 태종 6년[1406] 3월 5일, 동북면 도순문사가 올린 사의事宜를 통해 시행되었다. 이후 489년이 지난 고종 32년[1895] 윤5월 5일, 군부대신서리 이주회李周會(1843~1895)가 내각총리대신 박정양朴定陽(1841~1905)에게 각처 봉대의 봉수군을 폐지하는 건에 대한 청의서請議書를 제출하였다. 이하 전문은 다음과 같다.

請議書

各處烽臺에 烽燧軍廢止에 關한件

右는 烽臺의 設置한 本意가 邊情에 關係하나 見今에 實
用이 無하야 文具에 近하니 南山 毋岳兩烽臺烽燧軍
을 爲先廢止하고 外各府에도 行關하야 烽燧軍을
一體廢止함이 可한줄로 認하기로 閣議에 提呈함

開國五百四年閏五月五日

　　　　　軍部大臣署理李周會

內閣總理大臣朴定陽　閣下

이에 같은 해 윤 5월 6일, 각처 봉대의 봉수군을 폐지하는 건에 대한 내각 결정서內閣決定書(제151호)가 작성되었다. 그리고 같은 날 각처 봉대의 봉수군을 폐지하는 건에 대한 상주서上奏書(제295호)를 통해 임금의 재가를 받아 시행되었다.[81]

조선왕조 500여년간 국가의 기간통신망으로 운영되어 왔던 봉수제는 군부의 폐지건의 이후 최종 국왕의 재가를 얻어 폐지되기까지 불과 2일만에 역사의 뒤안길로 쓸쓸히 사라졌다.

---

81) 『議奏』14.
　　위 의주는 고종 31년(1894) 甲午改革 이후 사회 여러 제도의 개혁과 관련하여 1895년 3월부터 1896년 9월까지 閣議의 결정사항을 국왕에게 보고하고 裁可을 얻은 공문을 모아 놓은 책이다.

2부

제1거 노선

조선 시대 가장 늦은 시기의 봉수망을 알 수 있는 자료는『증보문헌비고』(1908)이다. 현 행정구역상 경기도 소재 제1거 노선의 직봉 및 관련 봉수는 포천 혜재곡봉수를 비롯하여 남양주 한이산봉수 등 모두 7기로 구성되어 있다. 지역별로 '철원·포천·남양주' 등이다.

제1거 노선은 초기 봉수初起烽燧가 함경북도 경흥 소재 서수라보西水羅堡 우암봉수牛巖烽燧이다. 제1거 북로北路의 봉수 길[烽路]은 타 노선보다도 길고 멀다. 또, 봉수의 수량이『증보문헌비고』(1908)에 121기로 타 노선보다도 많다. 그리고, 중간에 높고 험준한 '철령鐵嶺·함관령咸關嶺·마운령摩雲嶺·마천령摩天嶺·무산령茂山嶺'[82] 등이 가로막고 있다. 이로인해 운무 등으로 봉수의 신호가 중간에 끊기는 폐단이 많았고, 경성의 남산봉화에 제때 이르지 못하였다.

이에 이현석李玄錫(1647~1703)은『유재집』에서 "목멱 제1봉은 양주 아차산에 응한다. 이는 곧 함경과 강원 해로의 봉수가 전하는 길인데 일찍이 한 번도 불을 올린 적이 없다."[83]라고 까지 하였다.

이는 조선 전全 시기 문인들의 문집에 남긴 시로도 확인된다. 김창협金昌協, (1651~1708)의『농암집』을 통해 17세기 말경 북도 1로 봉수의 실상을 짐작할 수 있다. 내용은 1로의 봉화가 자주 끊기고, 열흘 동안 한번도 경성에 이르지 않는

---

82) 이를 '北路5嶺'이라고 한다. 洪儀泳(1750~1815)의『北關紀事』關防事宜에 용례가 있다.

83) 木覓第一烽 應楊州峨嵯山 此乃咸鏡及江原 海烽傳路也 而未嘗一擧火 (『游齋集』卷19, 說, 論烽燧第一路說)

다는 내용이다.

過車踰嶺 歷茂山至會寧(車踰嶺을 지나 茂山을 거쳐 會寧에 도착하다)
其五(다섯 번째)
列堡縱多如置碁　즐비하게 많은 보루 바둑돌 같지마는,
卽看防戍盡孤羸　수자리 병사들은 하나같이 야위었고,
況聞烽火多中阻　게다가 듣자하니 봉홧불 자주 끊겨,
十旬不一到京師　열흘 동안 한번도 경성에 아니 미친다나!

(『農巖集』卷2, 詩)

　다음은 경기도 화성 출신의 문인으로 본관이 풍천豐川, 자는 현도玄道, 호는
궁오窮悟인 임천상任天常(1754~1822)의 병조 잡시에 설명을 덧붙힌 34수 중 봉
수에 관한 부분이다. 남산의 다섯 자루 봉화 중 아차산 1로는 관북 바다의 어두
음으로 인해 도착하지 않아 네 자루만 올렸다는 내용이다.

騎省雜詩 並小叙 三十四首(병조 잡시 설명을 덧붙이다. 34수)
烽燧兼憑手本看　봉수와 공문을 같이 살펴보는데,
南山四柄報平安　남산의 네 자루 봉화가 평안을 알렸구나.
羑嵯一路偏稀到　아차산 1로는 드물게 오는데,
關北昏霾透照難　관북의 어두움 비추기가 어렵다네.
關南山烽燧本五柄 而北路烽火 偏被海霾所阻 其或擧不擧 烽臺將輒有手本 手
本云者 手所草本也(대궐 남산봉수는 본래 다섯 자루이지만, 북로봉화는 바다의 어두
　　　　움으로 막힌다. 올리거나 못 올리면 봉대장은 문득 수본(공문)을
　　　　올린다. 수본은 직접 쓴 초본을 말하는 것이다.)

(『窮悟集』卷4, 西河任天常著 詩)

1. 제1거 직봉

1) 철원 적골산봉수 適骨山烽燧

연번	제1거 직봉(116)		유형	내지봉수
설봉	조선 중기(신증동국여지승람)		폐봉	고종 32년(1895)
문헌별 명칭	**신** 適骨山烽燧 **여** 適骨山 **증** 適骨山烽燧 **현** 中軍峰			
소관	경기감사(京畿監司)			
소재 및 대응봉수	중기(신증동국여지승람)	府西46里. 鐵原 所伊山烽燧(북) → 適骨山烽燧 → 永平 彌老谷烽燧(남)		
	후기(여지도서)	本京畿永平縣地 今屬本縣		
	후기(증보문헌비고)	第1炬 直烽 : 割眉峴(姑母峴)烽燧 → 適骨山烽燧 → 彌老谷(於老谷) 烽燧		
주소	강원도 철원군 갈말읍 강포리 산43 일원			
해발고도	277.2m		산명	중군봉(中軍峰)
학술조사	陸軍士官學校 陸軍博物館, 「京畿道 抱川郡 軍事遺蹟 地表調査 報告書」, 1997.			
주변경관	봉수가 위치한 동서로는 산지로 막혀 시야가 제한되나, 대응봉수 방향인 남북으로는 조망이 가능한 곳임			

◆입지

강원도 철원군 갈말읍 강포리와 경기도 포천시 영북면 자일리 경계의 해발 277.2m인 중군봉 정상부에 위치한다. 서쪽으로 인접하여 한탄강이 남북으로 사행하면서 흐르고, 동쪽으로 43번 국도가 남북으로 지나는 곳이다. 봉수가 위치한 동서로는 산지로 막혀 시야가 제한적이나, 대응봉수 방향인 남북으로는 조망이 가능한 곳이다.

◆ 설봉시기와 봉수노선

조선 중기 『신증동국여지승람』(1530)부터 이후 발간 지지에 기록이 있다. 노선과 성격은 제1거 직봉의 백열여섯번째 내지봉수이다. 대응봉수는 중기에 최초 설봉 시 철원 소이산봉수에서 보내는 신호를 받아 영평 미로곡봉수에 응하였으나, 후기부터는 철원 할미현봉수에서 보내는 신호를 받아 고종 32년(1895) 5월, 최종 폐봉될 때까지 영평 미로곡봉수에 응했다.

◆ 유구현황

봉수는 강원도 철원군 갈말읍 강포리와 경계인 중군봉 정상부에 있었으나 현재는 멸실되었다.

◆ 찾아가는 길

서울에서 철원방향 43번 국도상의 송정검문소에서 좌회전하여 관인면 방향 387번 지방도가 분기된다. 여기에서 북쪽 정면에 보이는 산이 봉수가 있는 곳이다.

2) 포천 미로곡봉수彌老谷烽燧

연번	제1거 직봉(117)		유형	내지봉수
설봉	조선 전기(세종실록 지리지)		폐봉	고종 32년(1895)
문헌별 명칭	**세**彌老谷烽火 **신**於老谷烽燧 **여**於老谷烽燧 **증**彌老谷烽燧 **현**봉화뚝			
소관	경기감사(京畿監司)			
소재 및 대응봉수	전기(세종실록지리지)	縣北. 鐵原 惠才谷烽火(북) → 彌老谷烽火 → 抱川 禿山烽火(남)		
	중기(신증동국여지승람)	縣北二十里. 江原道 鐵原府 適骨山烽燧(북) → 於老谷烽燧 → 抱川縣 禿山烽燧(남)		
	후기(여지도서)	縣北十五里. 適骨山烽燧 → 於老谷烽燧 → 禿峴烽燧		
	후기(증보문헌비고)	第1炬 直烽 : 適骨山烽燧 → 彌老谷(於老谷)烽燧 → 禿峴烽燧		
주소	경기도 포천시 영북면 야미리 329-2 일원			
해발고도	165m		산명	봉화뚝
학술조사	陸軍士官學校 陸軍博物館, 『京畿道 抱川郡 軍事遺蹟 地表調査 報告書』, 1997.			
주변경관	봉수가 위치한 서쪽으로는 해발 668.8m인 불무산(佛舞山)이 있으며, 서북쪽에서 남쪽 방향으로는 300여미터 이상 높은 산지로 둘러싸여 시야가 제한적임			
관련인물	강원도 관찰사 鄭元容(1783~1873)			
기타사항	· 虎患 : 『승정원일기』숙종 45년(1719) 6월 8일, 미로곡봉수군 박봉주(朴鳳奏) 등이 호랑이에게 물려 죽은 경기감사의 장달 관련 조정에서 논의가 이루어짐.			

◆ 입지

경기도 포천시 영북면 야미리의 해발 165m인 봉화뚝으로 지칭되는 봉우리의 정상에 위치한다. 서쪽으로는 해발 668.8m인 불무산佛舞山이 있으며, 서북쪽에서 남쪽 방향으로는 300여미터 이상 높은 산지로 둘러싸여 시야가 제한적이다.

◆ 설봉시기와 봉수노선

조선 전기 『세종실록』지리지(1454)부터 최종 『증보문헌비고』(1908)까지 전 시기 발간의 지지에 기록이 있다. 노선과 성격은 제1거 직봉의 백열일곱번째 내지봉수이다. 대응봉수는 전기에 철원 혜재곡봉화에서 보내는 신호를 받아 독산봉화에 응하였으나, 전봉前烽인 혜재곡봉화의 폐봉에 따라 중기에 신설된 철원 적골산봉수에서 보내는 신호를 받아 고종 32년(1895) 최종 폐봉될 때까지 같은 지역의 독현봉수에 응했다.

◆ 호랑이에게 물려 죽은 미로곡봉수군

조선 시대에 호환虎患은 전국적으로 심각하였다. 기전 지역의 사례로 『선조실록』 4년(1571) 9월, 기전에 호표虎豹가 성행하여 대낮에 사람을 잡아먹거나 가옥을 무너뜨리는 등 닥치는 대로 마구 탐식하므로 대관臺官이 포획하는 일을 강구토록 계청하였다."[84] 같은 왕 34년(1601) 3월, 지평 이진빈李軫賓(1558~?)이 아뢴 내용에는 "근래에 기전 지역에 사나운 범이 횡행하는데 양주와 광주 사이가 더욱 심하여, 전후해서 범에게 물린 인물이 셀 수 없이 많아 보고 듣기에도 참혹합니다."[85]라고 하였다.

　『승정원일기』 숙종 45년(1719) 6월 8일, 미로곡봉수군 박봉주朴鳳奏 등이 호랑이에게 물려 죽은 경기감사의 장달 관련 조정에서 논의가 이루어지기도 하였다. 이외 『영조실록』 9년(1733) 11월, 좌의정 서명균徐命均(1680~1745)이 아뢴 내용에는 "양주와 포천 등지에 호환이 비상입니다. 포천에서는 수개월 내에 물려서 죽은 목숨이 50여 명에 이른다고 합니다. 듣기에 너무나 놀랍습니다."[86]라고 하였다. 같은 왕 12월, 부수찬 유최기兪最基(1689~1768)의 상소에는 "근래 들으니 사나운 호랑이가 함부로 횡행하며 사람을 고기 씹듯 하는데, 가평, 포천,

---

84) 『선조실록』 권5, 4년 9월 12일 신미.
85) 『선조실록』 권135, 34년 3월 28일 병인.
86) 『비변사등록』 권94, 영조 9년 11월 7일.

지경과 연안 배천의 들에서는 대낮에도 제멋대로 쏘다녀 혹독하게 물린 자가 낭자합니다. 호표가 산에 있지 않고 들에 있으니 이것이 무슨 징조입니까?"[87]라고 하였다. 같은 왕 30년(1754)에는 "이때 경기 지방에 호환이 심하여 한 달 안에 먹혀 죽은 자가 1백 20여 인이었다. 이천利川 백성 서차봉徐次奉이 호랑이에게 물려 갔는데 서태금徐太金이 그 꼬리를 잡고 따라가 아버지와 아들이 함께 죽었다. 한수재韓守材의 어머니도 호랑이에게 물려 갔는데 한수재가 막대기를 잡고 호랑이를 쫓다가 어머니와 아들이 함께 죽었다."[88] 라고 하였다.

◆ 유구현황

과거 육군박물관의 포천군 내 군사유적 지표조사 시 마을 주민의 제보를 통해 "8·15 광복 이전에는 연조가 제대로 남아 있었다고 한다. 그러나 한국전쟁 중에 이곳에 인공시설물을 설치하면서 원형이 많이 훼손되어졌다."라고 보고된 바 있다. 현재 유지는 멸실되어 봉수의 형태를 알아 볼 수 없다.

◆ 찾아가는 길

철원 갈말과 포천을 연결하는 43번 국도변 동쪽으로 인접하고 있다. 영북초등학교 보광분교(현 폐교)에서 남쪽으로 약 250m 지점이 과거 봉수가 있었던 곳이다.

---

87) 『영조실록』 권36, 9년 12월 12일 기미.
88) 『영조실록』 권81, 30년 윤4월 19일 무진.

3) 포천 독현봉수 禿峴烽燧

연번	제1거 직봉(118)	유형	내지봉수
설봉	조선 전기(세종실록 지리지)	폐봉	고종 32년(1895)
문헌별 명칭	**세** 禿山烽火　**신** 禿山烽燧　**여** 禿山烽燧　**증** 禿峴烽燧		
소관	경기감사(京畿監司)		
소재 및 대응봉수	전기(세종실록지리지)	縣北. 永平 彌老谷烽火 → 禿山烽火 → 仍邑岾(남)	
	중기(신증동국여지승람)	縣北十五里. 永平縣 於老谷烽燧(북) → 禿山烽燧 → 仍邑岾烽燧	
	후기(여지도서)	縣北十里 機池里. 永平縣 彌老谷烽燧(북) → 禿山烽燧 → 仍邑峴烽燧	
	후기(증보문헌비고)	第1炬 直烽 : 彌老谷(於老谷)烽燧 → 禿峴烽燧 → 芿邑峴(仍邑山)烽燧	
주소	경기도 포천시 신북면 기지리 590 일원		
해발고도	225m	산명	독산, 봉화산
학술조사	陸軍士官學校 陸軍博物館, 『京畿道 抱川郡 軍事遺蹟 地表調査 報告書』, 1997. 한백문화재연구원, 『포천 독산봉수지 1·2차 시굴조사 보고서』, 2020.		
출토유물	수키와, 도기, 백자, 수마석		
잔존유구	방호벽, 출입시설, 연대, 연조(방호벽 상부 위치), 고사, 배수로, 망덕 등		
주변경관	산정에서는 사방으로 조망이 가능함		
관련인물	조경(趙絅, 1586~1669) : 포천 출신의 문인으로서 『용주유고(龍洲遺稿)』에 봉수를 통해 태평성대를 칭송하는 시를 남김.		
기타사항	방호벽 둘레 110m 로서 내지봉수 중 국내 최대 규모이며 온전하게 보존되어 있음. 방호벽 내에 연대와 연대 상부 연조 3기(2기는 멸실)를 갖춘 특이한 형태임.		

◆ 입지

경기도 포천시 신북면 기지리의 해발 225m인 독산 정상에 위치한다. 동쪽 해발 424.4m의 천주산天柱山이 서쪽으로 뻗은 능선의 한갈래로서 봉수는 동-서 능선상에 위치한다.

◆ 설봉시기와 봉수노선

조선 전기 『세종실록』지리지(1454)부터 최종『증보문헌비고』(1908)까지 조선 전 시기 발간의 지지에 기록이 있다. 노선과 성격은 제1거 직봉의 백열여덟번째 내지봉수이다. 대응봉수는 북쪽의 영평 미로곡봉수에서 보내는 신호를 받아 남쪽으로 포천 잉읍현봉수에 응했다.

◆ 봉수명칭

지지에 따라 독산禿山 혹은 독현禿峴으로 표기되었으나 최종 지지의 표기는 독현이다.

◆ 봉수운용

독산봉수는 조선 전全 시기 500여 년간 대응봉수와 노선의 변동 없이 시종 운용되었다. 봉수 운영 관련 조선 전기부터 최종 폐봉 시까지 봉수에는 매일 산중에서 일정 인원이 교대로 번番을 서며 전봉에서 오는 신호를 받아 후봉으로 전달하는 역할을 하였던 봉수군이 상주하고 있었다.

봉수군 인원 관련『세종실록』28년(1446), 복리腹裏, 즉, 內地의 여러 봉수에 봉화군烽火軍을 매 1소所에 6명과 감고監考 2명을 정하고, 또한 2번으로 나누어 밤낮으로 항시 있으면서 망보게 하고 이미 만들어진 법에 의거하여 낮에는 연기로 밤에는 불로서 서울에 전달하게 하였다.[89] 이때 논의된 봉수의 규정은 이후『경국대전』(1485)의 봉수에 내지內地는 매 소마다 군 6인과 오장 2인을 두는데 모두 봉수 근처에 사는 사람으로 차정하였다. 혹, 구름이 끼어 어둡거나 바람이 세차게 불어서 연화烟火로 신호가 통할 수 없을 때에는 봉수군이 차례차례 달려가서 보고한다고 하여 명문화 되었다.

후기에 봉수군은 군역의 일종으로 신분이 세습되었다. 또한, 나라에서 삭

---

89)『세종실록』卷114, 28年 10月 6日.

료^{朔料90)}를 지급 받지 못하였다. 그러기에 봉수군 1명마다 봉수에서 실제 번을 서지 않는 3명씩의 봉군보^{烽軍保91)}를 배속받아 이들로부터 경제적인 지원⁹²⁾을 받았다. 그러나, 실제는 『숙종실록』 46년 4월, 병조판서 이만성李晚成(1659~1722)이 "이름은 비록 세 사람의 보인이지만 숫자를 채우는 경우는 아주 적어 간혹 보인 한 사람이나 보인 두 사람의 경우가 있습니다."⁹³⁾라고 한것처럼 정해진 보인을 받는 것은 봉수가 있는 해당 고을의 군역軍役 사정에 따라 상이하였다. 이런까닭인지 『경기읍지』⁽¹⁸⁷¹⁾「포천현읍지」 봉수에는 현 소재 잉읍현·독현 두 봉수에 봉수군 인원과 구성이 어떠한지를 알 수 있는 내용이 없다. 다만, 같은 책 민호전결군액총수民戶田結軍額摠數의 군액軍額에 "京外案⁹⁴⁾付 良軍 574인, 松軍 897명⁹⁵⁾"이라 하여 이 인원내에서 봉수 군역이 배정되었던 것으로 여겨진다.

이보다 상세한 내용은 고종 8년⁽¹⁸⁷¹⁾ 포천현감이 호조에 보낸 『포천현감해유』⁹⁶⁾를 통해 알 수 있다. 해유의 군정질軍政秩에는 "봉대별장 2인, 감관 2인, 봉군 50명, 보 150명"의 내용이 있다. 당시 포천현에는 잉읍현·독산 등 2처의 봉수가 있었기에 실제는 각 봉수마다 봉대별장 1인, 감관 1인, 봉군 25명, 보 75명으로 구성되어 있었다.

---

90) 임금. 월급.

91) 달리 '保人·保' 라고도 한다.

92) 주로 쌀[米]과 베[布]를 받음.

93) 『숙종실록』 권65, 46년 4월 5일 신축.

94) 도성 밖 인원명부.

95) 경외안에 양인군사 574인과 송군 897명을 덧붙인다.

96) 解由 : 관원들이 轉職할 때 재직중의 會計나 물품 출납에 대한 책임을 해제 받던 일. 즉 前任官이 錢穀과 물품의 수납·지출에 관한 장부를 써서 부임하는 관원에게 인계할 경우, 이 사실을 戶曹에 보고하면, 호조는 이를 조사하고 모자라는 것이 없으면 吏曹에 통지하여 해유의 증명서를 주게 하였다.(소장처 : 서울대학교 규장각 한국학연구원)

◆ 관련 문인의 시詩

경기도 포천 출신의 문인 조경趙絅(1586~1669)이 효종 4년(1653) 회양부사를 지내고 포천에 은거하고 있을때 밤마다 봉수에서 봉홧불 오르는 것을 보고 그의 문집인 『용주유고』에 시로 남겼다. 독산봉수를 직접적으로 표현한 시로서 의미가 있으며, 당시 북도 1거의 봉수가 정상적으로 가동되고 있었음을 알 수 있는 내용이다.

> 抱川機谷烽火(포천 기곡의 봉화)
> 危峯屹立亂山中　높은 봉우리 우뚝하게 뭇 산 중에 솟았는데,
> 上有爛烽夜夜紅　꼭대기에 봉홧불 밤마다 붉게 피어오르네.
> 於此足知王法大　여기에서 왕법의 위대함 알겠으니,
> 幾年長使四方同　사방이 똑같도록 한 제도 그 몇 년이던가?
> 天邊孤影連胡地　하늘가 외론 그림자 오랑캐 땅까지 이어지고,
> 鍾後微光照漢宮　종소리 들린 후 희미한 빛이 궁궐을 비춘다.
> 何幸如今逢聖主　얼마나 다행인가, 지금 성군을 만나,
> 狼煙消息任村翁　전쟁 소식 전하는 일 시골 노인이 맡고 있네.
>
> (『龍洲遺稿』卷2, 七言律詩)

다음은 작가가 같으며 가을에 초가집에 홀로 앉아서 시국을 염려하며 나라에 대한 충성심을 표현한 시이다.

> 獨坐(홀로 앉아서)
> 獨坐茅齋向素秋　가을에 홀로 초가집에 앉았노라니,
> 忽然時事到心頭　홀연 시대 상황이 마음에 걸리누나.

關西荊棘生靈盡	관서는 난리통에 백성이 죽어가고,
薊北烽煙殺氣浮	계북의 봉화 연기엔 살기 떠다니네.
但使至尊勞丙枕	단지 임금만 밤늦도록 수고롭게 만들고,
未聞諸將進奇謀	장수들 훌륭한 계책 올렸음을 듣지 못했네.
滄江白髮狂如許	창강의 늙은이 이처럼 미치광이지만,
猶有丹衷死不休	여전히 죽어도 멈추지 않을 충심 있다네.

(『龍洲遺稿』 卷3, 七言律詩)

◆ 유구현황

봉수는 최근 학술조사를 통해 내지봉수 중 국내 최대 규모임이 확인되었으며 유구가 온전하게 보존되어 있다. 평면 타원형의 토·석 축조이다. 문화재 관련 기관의 2018년도 2차에 걸친 시굴조사를 통해 방호벽과 내 연대 1기 및 연대 상부에 연조 3기(2기는 멸실), 고사 1동, 배수로 5기, 망덕 등이 확인되었다.

방호벽防護壁은 동-서 장축의 장방형에 가까우며, 동-서 길이 약 35m, 남-북 길이 약 20m, 전체 둘레 약 110m, 높이는 약 0.8~1.8m이다. 구조는 풍화암반을 사면의 형태로 정지한 후 사면에 사질점토와 할석재를 덧대어 조성하였다. 사용된 석재의 크기는 15×10×10cm, 25×20×10cm, 55×35×15cm 등이다.

연대烟臺는 봉수에서 척후斥候·후망候望을 하거나, 혹은 변경을 수비하는 시설로 연변봉수 그 자체를 지칭하는 용어로 사용된다. 내지봉수로는 드물게 연대를 설치하였는데 이는 『세종실록』 19년(1437) 2월 19일, 의정부에서 "금후로는 각도의 극변초면極邊初面으로서 봉화가 있는 곳은 연대를 높이 쌓고 옆 근처에 사는 백성 10여 인을 모아서 봉졸烽卒로 정하여, 매번每番에 세 사람이 모두 병기를 가지고 항상 그 위에서 주야晝夜로 정찰[偵候]하여 5일 만에 교대하게 하고, 비록 극변이 아니더라도 악한 짐승이 (봉수군을) 해할 염려가 있으니, 수령으로 하여금 연대의 예에 의하여 적당하게 배치하여 엄하게 고찰하도록 하고, 만일 사변이 있거든 급히 치보馳報하게 하여 『육전』의 봉화법烽火法을 거듭 밝히고, 매 월말에 병조에 이첩移牒하게 하소서."[97]라고 건의함에 따라 설치하였다.

　　독산봉수 연대는 축조가 토·석 혼축인데, 하부는 석축, 상부는 토축이다. 방호벽 내 동북쪽에 동-서 장축의 장방형으로 위치한다. 내지봉수로서 방호벽 내에 연대를 마련한 사례는 영천 성산봉수(제2거 직봉), 문경 선암산봉수·탄항봉수(제2거 간봉2), 구미 남산봉수(제2거 간봉2), 공주 고등산봉수(제5거 직봉) 등 소수이다. 그리고 독산봉수 연대 상부에는 연조 5기(2기는 멸실)를 시설하였는데 이는 국내 유일의 사례이다. 연대의 규모는 하부 직경이 동-서 약 15m, 남-북 약 8.5m, 높이 약 2.5~3.5m, 둘레는 약 50m 가량이다.

[표1] 포천 독산봉수 방호벽과 연대

① 포천 독산봉수 방호벽(방호벽 내 연대)　　　　　　　② 포천 독산봉수 연대

---

97) 議政府啓: "今後各道極邊初面烽火之處, 高築烟臺, 聚旁近居民十餘人, 定爲烽卒, 每番三人, 兼持兵器, 常在其上, 晝夜偵候, 五日而遞, 雖非極邊, 惡獸傷害可慮, 令守令依烟臺例, 量宜布置, 嚴加考察, 若有事變, 須急馳報, 申明《六典》烽火之法, 每月季, 令移牒兵曹."

연조煙竈는 봉수에서 불[火]을 피우기 위해 마련한 주요 거화시설이다. 달리 '아궁이·연기 부엌' 혹은 '봉조烽竈[98]·연굴煙窟[99]·연돈烟墩[100]·연돌煙突[101]'로도 통용된다. 수량은 보통 5기 내외이다. 대부분 방호벽 내에 설치하나, 고양 독산봉수·청도 남산봉수·창녕 여통산봉수처럼 드물게 방화벽 외부에 설치된 사례도 있다.

다음의 [표3-①·②]는 독산봉수 연대 상부의 연조 3기 모습이다.

[표2] 포천 독산봉수 연대 상부 연조

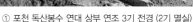

| ① 포천 독산봉수 연대 상부 연조 3기 전경 (2기 멸실) | ② 포천 독산봉수 연대 상부 연조 근경 |

용례로는 『세종실록』 29년(1447) 3월, 의정부에서 아뢴 내용에 복리봉화腹裏烽火의 축조 시 연조를 쌓아 올려 위는 뾰족하게 하고 밑은 크게 하며 혹은 모나게 하고 혹은 둥글기도 하며 높이는 10척에 지나지 않도록 연조의 형태와 규모를 정하기도 하였다. 『비변사등록』 영조 3년(1727) 8월, 시강관 오명신吳明新이 늘 사용하는 1개의 연조 외에 나머지 4개의 연조 상부를 도기陶器로 덮게 하

---

98) 모두 문헌기록의 용례는 없으며 新造語이다.
99) 『조선후기 지방지도』(1872) 『西城鎭地圖』에 용례가 있다.
100) 『關北邑誌』(1872) 「新增鏡城邑誌」 烽燧에 용례가 있다
101) 『嶺南鎭事例』(1894) 「安東鎭事例」 重記 豐基의 烽垾什物에 연돌 5의 용례가 있다.

자고 아뢴 용례가 있다.

　독산봉수 연조는 시굴조사 전에는 연대 상부에 석재가 일부 노출되어 있었으며, 조사를 통해 원형의 형태로 확인되었다. 동-서 방향의 1열로 위치하며, 원래는 5기를 설치하였을 것이나 2기는 멸실되었으며, 3기만 확인되었다. 연대 상부에 연조를 시설한 것은 국내 유일의 사례이다. 연조의 규모는 직경이 1.9m~2.1m, 거리는 연조 중심간 2m~2.6m, 기저부간 0.3~0.8m이다.

포천 독산봉수 연대 상부 연조(한백문화재연구원)

　고사庫舍는 달리 '곳집. 집물고' 등으로 지칭된다. 과거 봉수 운용에 필요한 각종 비품이나 집물什物을 보관하던 소규모의 창고이다. 고사와 관련된 문헌의 기록은 『숙종실록』 39년(1713) 10월 29일, 충청도 해미현 봉대의 고직이 벼락에 맞아 죽고 고사 1칸이 실화되었으며, 『각사등록』 충청병영계록 헌종 11년(1845) 7월 18일, 노성현 성산봉대城山烽臺의 집물고 2칸이 현의 양반집 부녀들이 산에 올라 유상하다가 밥을 짓다가 강풍에 실화하여 불타버린 일이 있다. 용례는 『여지도서』(1760) 「양산군읍지」 위천봉대渭川烽臺에 고사 2칸, 『호서읍지』(1871) 「단양사례」 공해公廨 봉대烽臺에 고사 1칸, 『화성성역의궤』(1801) 서봉산간봉棲鳳山間烽 고사 4칸의 용례가 있다.

독산봉수 고사는 축조가 석축이며, 방호벽 외부 남쪽 아래 약 1m의 거리이자, 연대 남쪽 기저부에서 약 8m의 거리에서 1동이 조사를 통해 신규로 확인되었다. 동-서 장축의 평면 장타원형으로 석축이다. 그리고 동쪽에 폭 0.4m로 개방형의 출입시설을 마련하였다. 규모는 직경이 내부 동-서 3.6m, 남-북 1.6m, 외부 동-서 5.9m, 남-북3.9m이다.

포천 독산봉수 고사(한백문화재연구원)

배수로排水路는 방호벽 외곽 남동쪽에 위치한 계단식 대지 일대에서 4단에 걸쳐 총 5기가 확인되었다.

망덕望德은 봉수군이나 망군의 후망 활동을 위해 설치한 시설물. 혹은 높거나 자연적으로 형성된 언덕을 일컫는 용어이다. 홍양호洪良浩. (1724~1802)의 『이계외집耳溪外集』 권12, 「북새기략北塞記略」 공주풍토기孔州風土記에 "높은 언덕을 덕이라 한다. 高阜日德"라고 한 용례가 있다. 『관북읍지』(1756) 「길주목」 형승에 망덕의 용례 및 『여지도서』(1760) 「양산군읍지」 위천봉대, 「삼가현읍지」 금성봉金城烽, 『헌산지獻山誌』(1760) 「언양본현지」 부로산봉수夫老山烽燧, 『경상도읍지』(1832) 「김산읍지」 고성산봉수高城山烽燧 및 같은 책 「함안군읍지」 파산봉수巴山烽燧, 『하양현지』(1834) 봉수집물烽燧什物, 『남목봉수물목南木烽燧物目』에 각각 망덕 1, 『영남읍지』(1871) 「남해현읍지」 군기軍器 봉수군기질烽燧軍器秩에 망덕 1좌, 같은 책 「동래부읍지사례대개東萊府邑志事例大槩」 오봉대집물五烽臺什物에 망덕 5, 『연일군읍지』(1899) 군기 동을배곶冬乙背串·사화랑沙火郎 양 봉대에 망덕 2의 용례가 있다. 또한, 망덕은 망대望臺와 같은 의미의 용어로 통칭되는데, 요망·후망을 하기 위한 시설이다. 『영남읍지』(1871) 「금정산성사례대개金井山城事例大槩」 군기질軍器秩에 망대 12곳의 용례가 있다.

독산봉수 역시 내지봉수로서 드물게 망덕이 확인되었다. 방호벽 외부 서북쪽에 약 10m의 거리를 두고 인접하고 있다. 입지상 원지형이 가장 높은 곳이다. 조망은 동쪽을 제외한 나머지 세 방향으로 가능하다.

◆ 출토유물

문화재 관련기관의 2018년도 발굴조사를 통해 수키와, 도기, 백자, 수마석 등이 출토되었다. 이중 수마석은 조선시대 봉수에 비치하고 있던 방호용 투석도구의 한 명칭이다. 지역별·지지별로 '해수석海水石·무릉석無稜石·무우석無隅石·몽돌·조란석鳥卵石·수만석水滿石' 등으로 다양하게 지칭된다. 성곽조사를 통해서도 주로 문지 주변에서 다수 출토된다.[102] 연변봉수에서 다수 확인되는데, 내지봉수인 독산봉수에서 드물게 시굴조사를 통해 출토되었다. 일반적으로 방호용 투석도구는 과거 봉수군이 인근 냇가 혹은 강에서 둥글둥글한 냇돌이나 강돌을 채취하여 봉수에 비치하였던 비품이다. 따라서 봉수 축조에 사용된 석재와는 재질이 다르며 확연히 구분된다. 특이하게 독산봉수에서 소량 채집된 투석도구는 재질이 다르지만, 둥그렇게 가공한 흔적이 있다.

포천 독산봉수 출토 수마석(한백문화재연구원)

102) 삼국시대부터 조선시대의 山城에 방호용 투석도구로서 주로 門址와 성내에 다량 비치하고 있었다. 영남권 산성 별로 기 조사 자료를 통해 이에 대한 명칭을 소개하면, 자갈돌·천석·石球·石丸·蘭石·藺石 등으로 지칭되고 있다. 동일 성격의 투석도구이고, 같은 지역 권역임에도 보고자에 따라 달리 지칭되고 있다. 김해 鳳凰土城(자갈돌), 함안 城山山城(石球), 함양 黃石山城(蘭石), 진해 熊川邑城(藺石), 거제 古縣城(藺石), 울주 華山里城址(藺石), 상주 甄萱山城(石丸), 경주 南彌秩夫城(냇돌·川石), 봉화 청량산성(石丸), 문경 姑母-山城(石丸) 등.

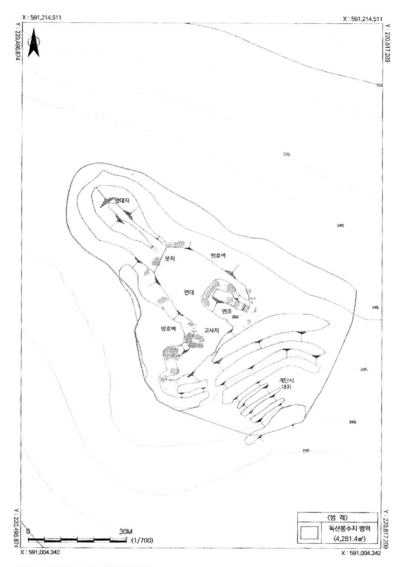

X : 591,214,511

X : 591,214,511

Y : 220,496,874

Y : 220,617,209

290

235

240

망대지

방호벽

문지

연대

방호벽

고사지

연조
250

245

계단식
대지

245

245

235

Y : 220,496,874

Y : 220,617,209

0   30M

(1/700)

X : 591,004,342

X : 591,004,342

〈범 례〉

독산봉수지 범위

(4,281.4㎡)

포천 독현봉수 유구 현황도(한백문화재연구원)

의정부와 철원간 43번 국도를 따라가면 국도 우측에 기지리 마을로 들어가는 소로가 나온다. 소로를 따라 안쪽으로 직진하면 정면에 나즈막한 봉우리가 보이며 그 아래의 민가가 과거 봉수군의 마을인 기지리이다. 민가 뒤로 난 산길을 따라 오르면 도달할 수 있다.

4) 포천 잉읍현봉수 芿邑峴烽燧

연번	제1거 직봉(119)	유형	내지봉수
설봉	조선 전기(세종실록 지리지)	폐봉	고종 32년(1895)
문헌별 명칭	**세** 仍邑岾烽火　**신** 仍邑岾烽燧　**여** 仍邑峴烽燧　**증** 芿邑峴烽燧　**현** 넙재봉수		
소관	경기감사(京畿監司)		
소재 및 대응봉수	전기(세종실록지리지)	縣南. 禿山烽火(북) → 仍邑岾烽火 → 楊州 大伊山烽火(남)	
	중기(신증동국여지승람)	縣南二十里. 禿山烽燧(북) → 仍邑岾烽燧 → 楊州 大伊山烽燧(남)	
	후기(여지도서)	縣南二十里 廣峴里. 禿山烽燧(북) → 仍邑峴烽燧 → 楊州 大伊山烽燧(남)	
	후기(증보문헌비고)	第1炬 直烽 : 禿峴烽燧 → 芿邑峴(仍邑山)烽燧 → 汗伊山(大伊山)烽燧	
주소	경기도 포천시 가산면 우금리 산86-1		
해발고도	294m	산명	-
학술조사	陸軍士官學校 陸軍博物館, 『京畿道 抱川郡 軍事遺蹟 地表調査 報告書』, 1997.		
잔존유구	방호벽		
주변경관	주위 불정골산(596m), 효죽산(444m), 국사봉(546.9m) 등 해발고도가 높은 산들이 둘러싸고 있지만, 서북쪽 방향은 포천평야가 잘 조망되어 북쪽의 독현봉수를 조망하기 좋음		

◆ 입지

경기도 포천시 가산면 우금리의 해발 294m인 야산의 능선에 위치한다. 서북쪽에 불정골산(596m), 동쪽에 효죽산(444m), 동남쪽에 국사봉(546.9m) 등 해발고도가 높은 산들이 둘러싸고 있지만, 서북쪽 방향은 포천평야가 잘 조망되어 전봉인 북쪽의 독현봉수를 조망하기 좋은 곳이다.

◆ 설봉시기와 봉수노선

조선 전기 『세종실록』지리지(1454)부터 최종 『증보문헌비고』(1908)까지 조선 전 시기 발간의 지지에 기록이 있다. 노선과 성격은 제1거 직봉의 백열아홉번째 내지봉수이다. 대응봉수는 북쪽 포천 독현봉수에서 보내는 신호를 받아 남쪽의 양주 한이산봉수에 응했다.

◆ 봉수명칭
명칭상 지지에 따라 한자표기가 다양하며 달리 '넙재봉수'로도 지칭되고 있다.

◆ 유구현황
봉수는 동남쪽 해발 546.9m의 국사봉으로 오르는 산중턱 남-북 장축의 능선상에 토·석으로 축조되어 있다. 지형상 동-서는 사면을 이루고 있다. 평면 타원형으로 내부는 화산의 분화구처럼 움푹하다. 방호벽은 동쪽을 제외한 3면에서 확인된다. 봉수 내는 수목이 무성하며 산정으로 오르는 등산로이기도 하다. 남쪽의 방호벽 내에는 수령 200여년 정도의 살구나무가 있다.

◆ 찾아가는 길
포천시 내촌면사무소에서 87번 국도를 따라 직진하다 우금삼거리에서 우금리 방향으로 우회전하여 가면 도로변 좌측에 육사생도 6·25참전기념비 표석이 있다. 이 표석을 보고 올라가면 공원이 조성되어 있고, 기념비 우측으로 등산로가 나있어 약 10분 정도 산행하면 봉수에 도달할 수 있다.

5) 남양주 한이산봉수 汗伊山烽燧

연번	제1거 직봉(120)	유형	내지봉수
설봉	조선전기(세종실록 지리지)	폐봉	고종 32년(1895)
문헌별 명칭	세 大伊山烽火 신 大伊山烽燧 여 汗伊山烽燧 증 汗伊山烽燧		
소관	경기감사(京畿監司)		
소재 및 대응봉수	전기(세종실록지리지)	府東南. 仍邑岾烽火(북) → 大伊山烽火 → 加仇山烽火(남)	
	중기(신증동국여지승람)	州東六十里. 抱川縣 仍邑岾烽燧(북) → 大伊山烽燧 → 峨嵯山烽燧(남)	
	후기(여지도서)	乾川面. 廣山烽(북) → 汗伊山烽燧 → 峨嵯山烽(남)	
	후기(증보문헌비고)	第1炬 直烽 : 芿邑峴(仍邑山)烽燧 → 汗伊山(大伊山)烽燧 → 羲嵯山烽燧	
주소	경기도 남양주시 진접읍 연평리		
해발고도	173.5m	산명(山名)	–
잔존유구	방호벽		
주변경관	서쪽은 주위 해발고도가 높은 산지로 막혀 시야가 제한적이나, 남–북으로는 왕숙천을 따라 시야가 개방되어 있어 대응봉수간 조망과 신호전달에 용이함		
관련인물	李玄錫(1647~1703)		

◆ 입지

경기도 남양주시 진접읍 연평리의 해발 173.5m인 산정에 위치한다. 서쪽은 주위 해발고도가 높은 산지로 막혀 시야가 제한적이나, 남–북으로는 왕숙천을 따라 시야가 개방되어 있어 대응봉수간 조망과 신호전달에 용이하다.

◆ 설봉시기와 봉수노선

조선 전기『세종실록』지리지(1454)부터 최종『증보문헌비고』(1908)까지 조선 전 시기 발간의 지지에 기록이 있다. 노선과 성격은 제1거 직봉의 백스무번째 내지봉수이다. 대응봉수는 북쪽 포천 잉읍현봉수에서 보내는 신호를 받아 서울 아차산봉수에 응했다.

◆ 봉수명칭

전기와 중기의 지지에는 대이산大伊山으로도 표기되었으나 최종 한이산汗伊山으로 지칭되었다.

◆ 봉수거화

한이산봉수가 속하여 있는 제1거 북로北路의 봉수 길[烽路]은 타 노선보다도 길고 멀은데다 타 노선보다도 많다. 그리고, 중간에 높고 험준한 철령鐵嶺·함관령咸關嶺·마운령摩雲嶺 등이 가로막고 있어 운무 등으로 봉수의 신호가 중간에 끊기는 폐단이 많아 경성의 남산봉수에 제때 이르지 못하였다.

　　이에 이현석李玄錫(1647~1703)은 『유재집』에서 "봉수는 구름에 가려지는 근심이 있는데, 천지에 구름이 끼면 인력으로 어쩔 수 없다. 중국은 10리, 5리 거리로 평야에 돈대를 만들기 때문에 구름이 낄 때, 대포를 쏘면 서로 들린다. 우리나라는 두 봉수대 사이의 거리가 수십 리여서 대포로 응할 수 없으니, 진실로 가히 시험해 볼 수가 없다. 잘못 봉화를 들 때는 오로지 사람의 실수에만 집착한다. 대개 운무가 산해에 나타나면, 구름은 반드시 한 지역에만 끼는 것이 아니어서 수십 리 사이에도 같지 않음이 있다. 지금 봉홧길을 말하자면, 목멱 제1봉이 되어 양주 아차산에 응하고, 아차산은 북으로 양주 대이산에 응하고, 서로 목멱산에 응한다. 대이산은 남으로 아차산에 응하고, 북으로 포천 잉읍참에 응하고, 잉읍참은 북으로 독산에 응하고, 남으로 대이에 응한다. 설령 잉읍과 독산 사이에 구름으로 가려진다면, 독산이 불을 올려도 잉읍에서는 볼 수가 없어서, 불을 올리지 않게 된다. 구름이 끼여 그렇게 됨인데도 마침 봉화 올리는 시간이 되면, 잉읍과 대이의 사이에 구름이 가리지 않았으며, 잉읍에서 진짜 봉화를 올리지 않았는데도 대이의 봉군은 잉읍령 근처의 우연한 불을 잘못 보고서, 진짜 봉화로 오인해 대응하기 쉽다. 이것이 이른 바 봉화를 그릇 올리는 것이다."[103] 라고 하였다.

◆ 유구현황

봉수는 해발 173.5m의 산정부에 위치한다. 산정부에 삼각점이 설치되어 있으며 유지의 훼손이 심하여 봉수 관련 유구의 확인이 곤란하다. 산정은 평평하며 평면 타원형의 소규모이다.

◆ 찾아가는 길

남양주시 진접읍 연평리 소재 궁의문아파트 초입 좌측의 식당에서 왕숙천변 소로를 따라 끝까지 직진하면 소로가 끊기는 지점이 있다. 여기에서 등산로를 따라 약 20분 정도 산행하면 봉수에 도달할 수 있다.

---

103) 烽燧雲暗之患。出於天地。非可容人力也。中國則平野設墩。或十里或五里。故雲暗則發砲以相聞。我國則兩烽之間。相去數十里。末由應砲。誠無可試之術矣。至於誤擧者。專由於人之失着也。蓋雲霧出於山海。不必遍一域。故數十里之間。亦有異同。以今烽路論之。則木覓第一烽。應楊州峨嵯山。峨嵯山北應楊州大伊山。西應木覓者也。大伊山則南應峨嵯。北應抱川仍邑站。仍邑則北應禿山。南應大伊者也。設令仍邑禿山之間。雲霧蔽塞。則禿山雖擧火。而仍邑不得見。遂不擧火。其爲雲暗固也。而適會是時。仍邑大伊之間。或無雲靄。則伊邑雖不擧眞烽。而大伊之烽軍。誤見仍邑嶺近處偶然之火。認爲眞烽而擧應火者。亦不難矣。此所謂誤擧者也。(李玄錫,『游齋集』卷19. 說, 論誤擧烽燧說.)

6) 서울 아차산봉수 峨嵯山烽燧

연번	제1거 직봉(121)	**유형**	내지봉수
설봉	세종 5년(1423)	**폐봉**	고종 32년(1895)
문헌별 명칭	**세** 加仇山烽火　**신** 峨嵯山烽燧　**여** 峨嵯山烽燧　**증** 峩嵯山烽燧		
소재 및 대응봉수	전기(세종실록지리지)	府南. 大伊山烽火(북) → 加仇山烽火 → 都城 木覓山第1烽(서)	
	중기(신증동국여지승람)	大伊山烽燧(북) → 峨嵯山烽燧 → 京都 木覓山 第一烽(서)	
	후기(여지도서)	汗伊山烽燧(북) → 峨嵯山烽燧 → 木覓山烽(남)	
	후기(증보문헌비고)	第1炬 直烽 : 汗伊山(大伊山)烽燧 → 峩嵯山烽燧 → 木覓山 第一	
주소	서울특별시 중랑구 묵동 산46-19 일원		
해발고도	160.1m	**산명**	봉화산(烽火山), 봉우재
문화재지정	서울특별시 기념물 제15호 (1993.12.10)		
복원정비	1994년 11월 7일에 서울 정도 600주년 기념사업의 일환으로 산 정상에 연대와 상부 연조 형태로 복원		
주변경관	봉수가 있는 산정은 주위 일대와 대응봉수의 조망이 용이한 곳임. 남쪽으로는 아차산이 4km의 가까운 거리에 있으며, 남서쪽으로는 남산이 바라보임		
기타사항	조선 후기 포천현에서 아차산봉군의 경제적인 지원을 위해 3명의 보(保)를 배정함		

◆ 입지

서울시 중랑구 묵동 산46-1번지 일원의 해발 160.1m인 봉화산 정상에 위치한다. 해발고도는 그리 높지 않으나 산정에서는 주위 일대와 대응봉수의 조망이 용이한 곳이다. 남쪽으로는 아차산이 4km의 가까운 거리에 있으며, 남서쪽으로는 남산이 바라보인다.

◆ 설봉시기와 봉수노선

『세종실록』 5년(1423) 2월 26일, 병조에서 "경성 남산봉화 5소所를 본조本曹가 진무소鎭撫所와 더불어 산에 올라 바라보고 불을 들어 서로 조준照準한 뒤에 땅을 측량하여 설치하였는데, 그 지명과 내력을 아래와 같이 자세히 기록해 올립니다. 동쪽의 제1봉화는 명철방明哲坊의 동원령洞源嶺에 있는데, 양주 아차산봉화峩嵯山烽火와 서로 마주쳐 함길도와 강원도로부터 오게 되고, --(중략)-- 위의 봉화를 들어 서로 마주치는 곳이 연대가 오래되면, 혹 변동이 있을까 염려되오니, 청컨대, 한성부로 하여금 대臺를 쌓고 표標를 세워, 서로 마주치는 지명과 봉화를 드는 식례式例를 써서 둘 것입니다.”라고 아뢰어 설봉되었다.

이후 고종 32년(1895) 봉수제가 최종 폐봉될 때까지 500여년간 국가의 기간통신망으로 운영되었다. 노선과 성격은 제1거 직봉의 백스물한번째 내지봉수이다. 대응봉수는 북쪽의 양주 한이산봉수에서 보내는 신호를 받아 최종 경성의 목멱산 제1봉에 응했다.

◆ 봉수불통

아차산봉수가 속한 제1거 북로北路의 봉수 길[烽路]은 타 노선보다도 길고 멀은데다 봉수의 수량이 타 노선보다도 많았다. 그리고, 중간에 높고 험준한 ‘철령鐵嶺·함관령咸關嶺·마운령摩雲嶺’ 등이 가로막고 있어, 운무 등으로 봉수의 신호가 중간에 끊기는 폐단이 많았고, 경성의 남산봉수에 제때 이르지 못하였다.

봉수불통관련 실록의 몇 예를 소개하면 『선조실록』36년(1603) 2월 5일, 승정원에서 “아차산봉수는 실로 북도의 변보를 통보하는 것으로 관계됨이 몹시 중대한 것입니다. 그런데 ‘구름이 끼어 받을 수 없다.’고 날마다 입계하는데도 병조에서는 전혀 모르는 체하고 있으니 매우 그릅니다. 차지 낭청次知郎廳을 추고하소서. 그리고 병조에게 다시 자세히 조사해서 일일이 거화擧火하게 하는 것이 어떻겠습니까?”하니, 아뢴 대로 하라고 전교하였다.

같은 해 8월 30일, 병조에서 "남산의 제일봉은 북도에서 오는 봉수인데, 전일에는 번번이 구름이 어둡다고 핑계하여 봉화를 올리지 않았으나 북도에 변란이 일어난 뒤로는 25일부터 27일까지 으레 봉화를 올려 서로 맞추었습니다. 그런데 또 어제부터 이틀을 잇따라 서로 맞추지 않았으므로 남산의 오원伍員을 추문推問하였더니, 북쪽의 아차산에서 올리지 않았다고 합니다. 근래 나라의 기강이 해이하여 봉수의 일도 허위로 하곤 합니다. 북변北變이 있는 이때 심상하게 여기고 추치推治하지 않으면 안 되니, 북로의 각 고을을 차례로 살펴서 추고하여 엄중히 다스리소서."하니, 윤허한다고 전교하였다.

『인조실록』26년(1648) 8월 6일, 선전관 김계득金繼得을 보내어 북로연대北路烟臺를 순행하면서 살펴보게 하였다. 이때 북로봉화는 매달 거화擧火하지 않고 있었으므로 병조에서 선전관을 보내어 아차산에서 철령에 이르기까지 순행하면서 연대를 살펴보게 할 것을 청하자 임금이 따른 것이다.

『현종개수실록』1년(1660) 7월 25일, 아차산의 봉화를 맡은 부장이 근무를 소홀히 했다 하여 임금이 추문하라 명하였다.

『숙종실록』10년(1684) 8월 14일, 특별히 선전관宣傳官 정상주鄭翔周·백시구白時耈·김중삼金重三 등을 보내어 북로의 봉수를 살피게 하고, 인하여 각 고을에 신칙申飭하게 하였다. 이때에 서북西北에 변경邊警이 없으니, 병조에서는 으레 平安火화만 보고하고, 날마다 아차산봉수를 후망할 수 없다고 하였다. 아차산은 서울 동쪽 수십 리 밖에 있는데, 북쪽의 봉화를 전하는 것이었다. 이에 정상주 등이 적간摘奸하여 갖추 아뢰기를, "연로沿路의 봉대烽臺가 대개 오래 되어 허물어지고, 기계器械도 갖추어지지 아니하였습니다." 하였는데, 묘당廟堂[104]에서 신

---

104) 묘당廟堂 : 의정부議政府를 말한다.

칙하여 수선하게 할 것을 청하니, 그대로 따랐다."[105]

◆ 폐봉과 복구

아차산봉수는 조선 전全 시기 500여 년간 대응봉수와 노선의 변동 없이 시종 운용되었다. 『연산군일기』 10년(1504) 8월 25일, 전교로 "함경도에서 보고하는 것을 아차산봉수에서는 또한 올리지 못하도록 하라."하여 일시 폐봉되었다가 중종반정(1506)으로 다시 복구되었다.

◆ 봉수운용

봉수의 운용 관련 조선 전기부터 최종 폐봉 시까지 봉수에는 매일 산중에서 일정 인원이 교대로 번을 서며 전봉에서 오는 신호를 받아 후봉으로 전달하는 역할을 하였던 봉수군이 상주하고 있었다.

봉수군 인원은 『세종실록』 28년(1446) 복리腹裏, 즉, 內地의 여러 봉수에 봉화군을 매 1소所에 6명과 감고監考 2명을 정하고, 또한 2번으로 나누어 밤낮으로 항시 있으면서 망보게 하고 이미 만들어진 법에 의거하여 낮에는 연기로 밤에는 불로서 서울에 전달하게 하였다.[106] 이때 논의된 봉수의 규정은 이후 『경국대전』(1485)의 봉수에 내지內地는 매 소마다 군 6인과 오장 2인을 두는데 모두 봉수 근처에 사는 사람으로 차정하였다. 혹, 구름이 끼어 어둡거나 바람이 세차게 불어서 연화烟火로 신호가 통할 수 없을 때에는 봉수군이 차례차례 달려가서 보고한다고 하여 명문화 되었다.

후기에는 봉수군 1명마다 봉수에서 실제 번을 서지 않는 3명씩의 봉군보烽

---

105) 『숙종실록』 권15, 10년 8월 14일.
106) 『세종실록』 권114, 28년 10월 6일.

軍保를 배속받아 이들로부터 경제적인 지원을 받았다. 이러한 근거로 고종 8년 (1871) 포천현감이 호조에 보낸 『포천현감해유抱川縣監解由』의 군정질軍政秩에는 "아차산봉군보峨嵯山烽軍保 3명"의 내용이 있어 포천현 거주민 3명이 경성 아차산봉수의 봉군 1명에 대한 경제적 지원을 위해 보로 배정되기도 하였다.

◆ 유구현황

봉수는 1994년 서울 정도 600주년 기념사업의 일환으로 산 정상에 백색화강암의 봉수대 위에 연통모양으로 연조 1기가 복원되어 있다. 현재 봉화산 정상부에는 봉수와 관련된 시설이 남아 있지 않다.

복원된 봉수에서 동쪽으로 인접한 곳에는 적벽돌과 사모지붕의 봉화제도당이 있고, 그 밑의 북쪽에는 체육시설이 갖추어져 있다. 아울러 동쪽 하단에는 1981년 12월 설치된 태릉경찰서 무선중계소탑이 2개소 위치하여 봉수를 멀리서도 쉽게 찾게 해주는 이정표 역할을 하고 있다.

서울 아차산봉수 연조 복원된 모습

◆ 찾아가는 길

구리시 교문동에서 서울시 중랑구 상봉동간 6번 국도를 따라 가다 망우리고개
를 넘으면 도로 오른쪽에 주택과 아파트단지 너머로 태릉경찰서 무선중계소가
세워져 있는 곳에 봉수가 있다. 등산로가 봉화산 아래 곳곳에 있어 찾아가기 용
이하다. 이외에 중랑구청 뒤로 난 등산로를 따라 오르는 길도 주로 이용된다.

◆ 기타

조선 후기 포천현에서 아차산봉군의 경제적인 지원을 위해 3명의 보가 배정되
어 있었음.

2. 제1거 관련

1) 포천 혜재곡봉수惠才谷烽燧

연번	제1거 관련		유형	내지봉수
설봉	조선 전기(세종실록 지리지)		폐봉	조선 전기
문헌별 명칭	증 惠才谷			
소재 및 대응봉수	전기(세종실록 지리지)		府南. 鐵原 所伊山烽火(북) → 惠才谷烽火 → 永平 彌老谷烽火(남)	
주소	경기도 포천시 관인면 냉정2리			
해발고도	200m		산명	국사봉
학술조사	陸軍士官學校 陸軍博物館, 『京畿道 抱川郡 軍事遺蹟 地表調査 報告書』, 1997.			
주변경관	동쪽과 서쪽은 주위 높은 산지로 인해 시야가 제한적이나, 남쪽과 북쪽으로는 주변 평야일대의 조망이 가능하다.			

◆ 입지

경기도 포천시 관인면 냉정2리 상냉동의 해발 200m 가량인 국사봉 정상에 위치한다. 동쪽으로는 한탄강漢灘江이 사행蛇行하면서 남-북으로 엇비슷하게 흐르고 있다.

◆ 설봉시기와 봉수노선

봉수는 조선 전기 북쪽의 철원 소이산봉화에서 보내는 신호를 받아 남쪽의 영평 미로곡봉화에 응하였던 제1거 노선의 봉수였다. 『세종실록』지리지(1454)에 소이산봉화와 함께 경기 철원도호부 소재 2처의 봉화 중 1처로 소개되어 있다. 이후 발간 지지에는 문헌기록이 없어 일찍 폐봉되었다.

◆ 유구 현황

봉수터는 현재 인공시설물의 설치로 인해 관련 유구의 흔적을 확인 할 수 없다.

◆ 찾아가는 길

포천시 관인면 사정리 팔호마을에서 초과리간 463번 지방도로에서 근흥교를 지나 1km쯤 직진하여 오른쪽의 샛길로 빠져 1.5km쯤 가면 오른쪽에 상부 평평한 채 남-북으로 길다란 능선을 이루는 나지막한 산이 봉수가 있었던 곳이다.

◆ 기타

조선 전기 단기간 사용되었던 봉수로서 경기 철원도호부 소재 2처의 봉화 중 1처였다.

3부

제2거 노선

조선 후기 『증보문헌비고』[1908]의 현 행정구역상 경기도 소재의 제2거 직봉 봉수는 '용인 건지산봉수·석성산봉수·성남 천림산봉수'등 3기이다. 이 노선은 부산 응봉봉수에서 초기하여 서울 남산[목멱산]봉수에 이르는 노선으로 모두 44기로 구성되어 있다.

최근 문화재청의 조사결과를 통해 보고된 제2거 직봉 노선 전체의 길이는 약 436.6km이며 대응봉수간 평균거리는 약 10.15km다. 대응봉수간 거리가 가장 먼 곳은 음성 망이성봉수望夷城烽燧와 용인 건지산봉수巾之山烽燧 구간으로 21.9km 가량이다. 또한 대응봉수간 거리가 가장 짧은 곳은 의성 계란현봉수鷄卵峴烽燧와 같은지역의 마산봉수馬山烽燧 구간으로 약 3.26km다.

『증보문헌비고』[1908]의 제2거 직봉노선은 조선 후기에 최종 확립된 봉수망이다. 조선 전 기간 일부 봉수의 '치폐置廢·이설移設·복설復設'을 통해 노선의 조정이 이루어진 결과다.

이외에 제2거 관련 봉수는 '수원 화성봉돈·화성 서봉산봉수·건달산봉수' 등 3기다. 이중 화성봉돈은 정조 20년[1796] 1월, 화성봉대의 신설과 화성유수 조심태趙心泰(1740~1799)의 계로 인해 동장대東將臺의 봉대에서 용인 석성산봉수에 응하는 노선이 신설되었다.[107] 이어 같은 해 9월, 조심태의 장계로 인해 동성東城과 서봉산棲鳳山에 간봉間烽이 설치되고 동쪽으로 용인 석성산의 육봉陸烽, 서쪽으로 수원부 경내 흥천대興天臺의 해봉海烽과 응하는 노선이 신설되어 시행되었다.

---

107) 『일성록』 정조 20년 1월 22일 기사.

1. 제2거 직봉

1) 용인 건지산봉수 巾之山烽燧

연번	제2거 직봉(41)		유형	내지봉수
설봉	세종 5년(1423)		폐봉	고종 32년(1895)
문헌별 명칭	**세** 巾之山烽火(一名 劍斷山) **신** 巾之山烽燧 **동** 乾至山烽燧 **대** 巾之山烽燧 **증** 巾之山烽燧 **헌** 孟里烽燧			
소관	경기감사(京畿監司)			
소재 및 대응봉수	전기(세종실록 지리지)	縣北. 忠州 望伊城烽火(동) → 巾之山烽火 → 龍仁 石城烽火(서)		
	중기(신증동국여지승람)	忠淸道 忠州 望夷山烽燧(동) → 巾之山烽燧 → 龍仁縣 寶盖山烽燧(서)		
	후기(여지도서)	在府北五十里. 忠州 望夷山烽燧(남) → ○ → 龍仁 石城山烽燧(북)		
	후기(증보문헌비고)	第2炬 直烽 : 望夷城(望耳山)烽燧 → 巾之山烽燧 → 石城山(寶蓋山)烽燧		
주소	경기도 용인시 원삼면 맹리 산42 일원			
해발고도	약 310m		산명(山名)	건지산(巾之山)
출토유물	지표에 조선시대 기와, 자기편 등 산재			
잔존유구	방호벽, 출입시설 2개소, 연대 1기, 연조 5기(1기는 터만 잔존)			
주변경관	봉수에서는 건지산을 바라보는 북쪽을 제외한 나머지 세 방향으로의 조망이 가능한데 봉수 내·외 무성한 수목으로 인해 시야가 제한적이다.			

◆ 입지

경기도 용인시 원삼면 맹리와 이천시 마장면 해월리의 경계인 건지산(411.3m) 정상부에서 서남쪽 약 0.3km 거리의 해발 310m 가량인 능선에 위치하고 있다.

건지산을 바라보는 북쪽을 제외한 나머지 세 방향으로의 조망이 가능한데 봉수 내·외 무성한 수목으로 인해 시야가 제한적이다. 입지상 동-서는 긴 능선을 이루며 남-북은 사면이다. 동쪽이 높고 서쪽이 낮은 지형이다.

◆ 설봉시기와 봉수노선

『세종실록』5년⁽¹⁴²³⁾ 2월 26일, 병조에서 경성 남산봉화南山烽火 5소^所를 설치할 때 설봉되어졌다. 이후 고종 32년⁽¹⁸⁹⁵⁾ 5월, 봉수제가 최종 폐봉될 때까지 500여년간 국가의 기간통신망으로 운영되었으며, 『증보문헌비고』⁽¹⁹⁰⁸⁾까지 조선 전 시기 발간의 지지에 기록이 있다.

용인시 소재 2기의 봉수 중 1기이다. 노선과 성격은 제2거 직봉의 마흔한 번째 내지봉수이다. 대응봉수는 음성 망이성봉수에서 보내는 신호를 받아 용인 석성산봉수에 응했다.

◆ 봉수명칭

지지별로 '검단산봉화劍斷山烽火 · 건지산봉수乾至山烽燧 · 건지산봉대乾芝山烽臺' 등으로 표기되었으나 최종 명칭과 표기는 건지산봉수巾之山烽燧다.

◆ 봉수의 발견경위

봉수는 그간 정확한 위치를 모른채 건지산 정상부로만 추정하고 원래의 유구는 멸실된 것으로 여겨져 왔다. 그러던 중 용인시 문화예술과^(이창호 국장 · 이서현 학예사)의 2020년도부터 수 차의 현지조사를 통해 2021년 4월, 원래의 위치가 확인되었다. 봉수는 2021년도 발굴조사 결과를 근거로 경기도 지정물로 지정 예정이다.

◆ 유구현황

봉수는 용인시에 의해 2021년 4월, 원래의 위치가 확인된 후 곧바로 측량이 이루어졌다. 그리고 지표조사를 통해 토·석의 방호벽외 연조 5기(1기는 터만 잔존), 출입시설 2개소, 연대 1기 등 다양한 유구가 확인되었다.

방호벽防護壁은 평면형태가 동남-서북 장타원형이다. 면석은 흙으로 심하게 덮혀 있고 석재는 뚜렷하지 않다. 축조는 잔존형태로 보아 상부들여쌓기 하였다. 규모는 직경이 동남 약 38m, 서북 약 16m, 잔존 높이는 측정이 가능한 동쪽 약 0.6~1m, 서쪽 약 1.7m 내이다. 둘레는 내부 약 80m, 외부 약 97.4m이다. 방호벽 상부 원장지 폭은 1~1.2m이다.

출입시설出入施設은 방호벽 서쪽과 남쪽 중앙부에서 2개소가 확인되었다. 이중 서쪽 출입시설은 계단형으로 폭은 1m이고 길이는 2.4m 가량이다. 남쪽 중앙부의 출입시설은 정면 'U'자 형태로 폭은 약 2m이다.

연조煙竈는 방호벽 내부에 신호를 보내는 석성산봉수 방향의 방호벽에 덧붙혀 5기를 등간격으로 시설하였는데, 이중 가운데 3연조는 터만 잔존한다. 모두 토·석의 원형으로 직경은 2~3.4m 내, 높이는 0.9~1.1m 내이다. 연조 중심간 간격은 1·2연조간 5.8m, 2·3연조간 6m, 3·4연조간 7.3m, 4·5연조간 7.5m 가량이다.

그리고, 내지봉수로서는 드물게 연대烟臺 1기가 방호벽 내 서쪽부에서 2.3m의 거리를 두고 동-서 장축의 평면 란형卵形으로 확인되었다. 규모는 직경이 15×8m이며 높이는 1.7m, 둘레는 약 42.6m이다.

용인 건지산봉수 근경

용인 건지산봉수 내부 연대

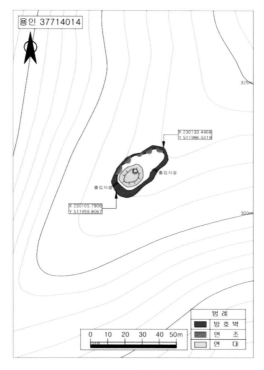

용인 건지산봉수 유구현황도(용인시청)

◆ 찾아가는 길

용인시 원삼면 맹리 소재 대한불교 조계종 행복선원에서 우측으로 난 산길을
따라 20분 정도 산행을 하면 건지산 정상부 못미쳐 능선에 있는 봉수터를 확인
할 수 있다.

2) 용인 석성산봉수 石城山烽燧

연번	제2거 직봉(42)		유형	내지봉수
설봉	세종 5년(1423)		폐봉	고종 32년(1895)
문헌별 명칭	세 石城烽火 신 寶盖山烽燧 동 寶盖山烽燧 여 寶盖山烽燧 대 石城山烽燧 증 石城山烽燧 현 봉화뚝			
소관	경기감사(京畿監司)			
소재 및 대응봉수	전기(세종실록 지리지)	縣東. 竹山 巾之山烽火(동) → 石城烽火 → 廣州 穿川山烽火(북)		
	중기(신증동국여지승람)	竹山縣 巾之山烽燧(동) → 寶盖山烽燧 → 廣州 穿川縣烽燧(북)		
	후기(여지도서)	竹山府 巾之山烽燧(동) → 寶盖山烽燧 → 廣州府 穿川縣烽燧(북)		
	후기(『일성록』) - 정조 20년(1796) 1월 22일	龍仁 石城山陸烽 → 華城烽墩		
	후기(증보문헌비고)	第2炬 直烽 : 巾之山烽燧 → 石城山(寶盖山)烽燧 → 天臨山(穿川峴, 穿山)烽燧		
주소	경기도 용인시 처인구 포곡읍 마성리 산77-33 일원			
해발고도	471m		산명(山名)	석성산(石城山)
문화재지정	경기도 기념물 제227호			
학술조사	· 충주대학교, 『용인 석성산봉수 종합정비 기본계획』, 2009. · 한양문화재연구원, 『용인 석성산성』, 2020.			
출토유물	백자제기, 와편 등			
잔존유구	방호벽, 출입시설 2개소, 연조 5기, 제사유구 1기, 건물지 1동, 우물[井] 1개소 등			
주변경관	봉수는 석성산의 제일 고지에 위치함에 따라 여기에서 보면 동쪽과 북쪽으로 응하였던 대응봉수뿐만 아니라 주변 일대가 잘 조망됨			
관련인물	· 우의정 蔡濟恭(1720~1799) · 화성유수 趙心泰(1740~1799)			
기타사항	조선 후기 경기감사(京畿監司) 소관의 봉수로서 산성 내 위치하고 있음			

◆ 입지

경기도 용인시 처인구 포곡읍 마성리 산77-33번지 일원의 해발 471m인 석성산石城山 정상부에는 봉화뚝으로 지칭되는 평탄한 바위암반부가 있고, 동쪽으로는 방호벽의 석축이 온전하다. 석성산은 용인시의 진산鎭山이며, 봉수는 석성산 정상부에 위치함에 따라 여기에서 보면 주변 일대가 잘 조망된다. 북쪽으로는 할미산성이 위치하는 할미산 너머로 성남 천림산봉수가, 서쪽으로는 수원 일대와 화성, 남쪽으로는 용인시가지가 자리하고 있으며, 서쪽으로는 영동고속도로를 따라 포곡읍 일대가 펼쳐져 있다.

봉수는 남-북이 장축을 이루는 북쪽의 가장자리에 있으며 헬기장과 동쪽 하단부로는 건물터가 있었던 평탄지가 있다. 동쪽과 서쪽으로는 급경사를 이루고 있는데, 동쪽은 약수터가 있는 평탄지로 해서 통화사로 내려가는 길이 나 있다.

◆ 설봉시기와 봉수노선
『세종실록』 5년(1423) 2월 26일, 병조에서 경성 남산봉화南山烽火 5소所를 설치할 때 설봉되어졌다. 이후 고종 32년(1895) 봉수제가 최종 폐봉될 때까지 500여 년간 국가의 기간통신망으로 운영되었으며, 『증보문헌비고』(1908)까지 조선 전 시기 발간의 지지에 기록이 있다.

용인시 소재 2기 봉수 중 1기로서 산성 내에 소재한다. 노선과 성격은 제2로 직봉의 마흔두번째 내지봉수이다. 대응봉수는 건지산봉수에서 보내는 신호를 받아 광주(현 성남) 천림산봉수에 응했다. 이외 『일성록』 정조 20년(1796) 1월, 화성봉대華城烽臺의 신설과 화성유수 조심태趙心泰(1740~1799)의 계로 인해 동장대東將臺의 봉대에 응하는 노선이 새로이 설정되었다.

◆ 봉수명칭
조선 전 시기 발간 지지별로 석성봉화石城烽火[『세종실록』지리지], 보개산봉수寶盖山烽燧[『신증동국여지승람』·『여지도서』]등으로 표기되었으나, 『대동지지』에 석성산봉수石城山烽燧로 표기 후 최후기 발간의 지지까지 줄곧 같은 명칭으로 표기되었다. 『여도비지』에는 "석성산石城山이 즉 보개산고성寶盖山古城 내에 있다."라고 하였으며, 『시흥군읍지』에 "寶盖山烽燧 一名 石城山"이라 한 기록을 통해 석성산과 보개산은 동일하게 인식되었음을 알 수 있다.

지지와 달리 고지도의 봉수 명칭은 『해동여지도』(1735)에는 석성산봉대石城山烽臺, 『경기도지도』(18세기 중엽)에는 석성산봉石城山烽, 『팔도군현지도』에는 보개산봉寶盖山烽, 『용인지도』(18세기 후반)에는 보개산봉寶盖山烽 등으로 표기되어 있다.

◆ 노선의 신규설정

석성산봉수의 대응봉수는 전봉前烽이 건지산봉수, 후봉後烽은 천림산봉수로서 조선 전기 이래 18세기 말까지 노선의 변동 없이 국가의 기간통신망으로 줄곧 운영되었다. 그러나, 정조 20년(1796) 1월, 화성봉대華城烽臺가 새로 설치되자 화성유수 조심태趙心泰(1740~1799)가 계啓를 올려 인해 동장대東將臺의 봉대에 응하는 노선이 새로이 설정되었다.[108]

같은 해 9월에는 조심태가 또 장계를 올려 "수원부는 행궁을 모시고 있으니 중요성이 특별합니다. 더구나 또 성첩城堞이 완공되었으니 관방은 더욱 긴요한 일이 되었습니다. 동성東城과 서봉산棲鳳山에 간봉間烽을 설치하여 동쪽으로는 용인 석성산에 있는 육지의 봉수[陸烽]와 호응하며 서쪽으로는 수원부 경내에 있는 흥천대興天臺의 해안 봉수[海烽]와 준하여 급변急變에 대비해야 할 것입니다. 봉대를 설치하고 장졸을 정하여 이번 9월 25일부터 시작하여 봉화를 올

---

108) 『일성록』 정조 20년 1월 22일 기사.

려 서로 준할 수 있도록 병조에 공문을 보내고 용인현에도 알리는 것이 어떻겠습니까?"하여 수원 유수가 장계에서 청한 대로 시행하게 하라고 명하였다.

◆ 거화 시간

석성산봉수는 주연야화의 봉수제에서 야화^{夜火}로서 관찬 사서와 문집에 문헌 기록이 있다. 이와 관련된 사서의 기록으로『일성록』정조 20년⁽¹⁷⁹⁶⁾ 임금이 관각^{館閣}의 여러 신하는 화성^{華城}의 궁각^{宮閣}과 누정^{樓亭} 여러 곳의 상량문^{上樑文}을 나누어 지으라고 명하였다. 이에 우의정 채제공^{蔡濟恭(1720~1799)}이 지어 올린 '서장대 상량문^{西將臺上樑文}' 중의 일부에 "석성산의 맑은 하늘에 피어오르는 봉화는 매일 밤 평안함을 알리고, 웅대한 남한산성은 천년토록 이곳과 기각지세^{掎角之勢}를 이루네."라고 하였다.

다음 수원 판관 홍원섭^{洪元燮}이 같은 해에 지어 올린 '성신사 상량문^{城神祠上樑文}' 중의 일부에

兒郞偉抛梁東　어기영차 동쪽 들보 올리세
門對龜川浴日紅　문 열면 마주 보이는 구천 위로 붉은 해가 떠오르면
神目與烽誰似雪　신령의 눈과 봉홧불은 어느 것이 더 밝을까
平安夜夜報離宮　매번 평안한 밤이었다고 행궁^{行宮}에 보고하네

라고 하여 매일 밤 올라가는 1거의 봉화가 평안^{平安}을 상징하는 소재로 쓰였다.

다음 문집의 기록으로 홍경모^{洪敬謨(1774~1851)}의『관암전서』에는 "매일 저녁 남쪽의 한 화두^{火竇}에서 하나의 횃불을 올리는데, 동쪽으로 용인 석성산육

봉, 서쪽으로 본부 흥천대해봉에 응한다."[109]라고 하였다.

◆ 유구현황

봉수는 충주대학교에서 2009년 종합정비 기본계획 관련 형황조사가 이루어진 바 있다. 이후 2018년 문화재 관련기관의 발굴조사를 통해 방호벽외 연조 5기, 출입시설 2개소, 제사유구 1기 등 다양한 유구가 확인되었다.

  방호벽防護壁은 산정부 능선 전체를 둘러싸고 있는데 자연지형을 최대한 활용하여 축조하였다. 평면형태는 능선사면의 자연지형에 따라 조성된 장반타원형이며 남-북으로 폭이 넓은 ')'모양으로 휘어있는 형태이며 장축은 남-북 방향이다. 남쪽 가장자리는 경사가 급한 단애를 이루고 있으며 아래의 평지는 헬기장으로 조성되어 있다. 방호벽은 동쪽이 비교적 온전한데 높이 2.5m 가량의 암반 위와 이 암반의 사이에 크기 22×15, 26×12, 30×20cm 크기의 할석으로 높이 4m 가량의 방호석축 유지가 확인된다. 반면 서쪽은 부분적으로 잔존하고 있다. 규모는 길이가 남-북 약 31m, 동-서 약 15m, 잔존 높이는 약 1.7~4m, 둘레는 외부 약 88m, 내부 약 71m 가량이다.

  출입시설出入施設은 2개소가 확인되었다. 이중 서쪽 방호벽에 위치한 출입시설은 계단식, 동쪽에 위치한 출입시설은 개구식으로 조성되어 상이한 형태이다. 계단식 출입시설은 두 개의 큰 바위 사이에 방호벽과 함께 마련하였다. 최하단에는 바위를 계단식으로 깎아 발판으로 만들고 상단은 사면의 경사를 조성한 후 30~40cm 크기의 할석을 나영하여 단을 조성하였다. 잔존하는 계단은 4단으로 규모는 길이 235cm, 너비 약 249cm, 높이 198cm이다. 개구식 출입시설은

---

109) 『冠巖全書』 册17, 記, 華城記 華西門.

동쪽 방호벽의 중앙부에 위치한다.

　　연조煙竈는 방호벽 내부에서 석축의 기저부가 잔존한 채 5기가 확인되었다. 북쪽에서 남쪽으로 제1호~제5호꺼지 일련번호가 부여되었다. 평면상 전체적인 배치형태는 북동-남서로 일직선을 이루고 있다. 다만 4호 연조는 지형여건상 선상에서 북서쪽으로 약간 벗어난 위치에 조성되어 있다. 5기의 연조 중 2호 · 3호 · 5호에서는 거화구炬火口가 일부 확인되었다. 이는 국내 최초로 확인된 사례로 주목된다. 이중 제3호 연조는 지면과 암반에 상부 구조가 일부 남아 있다. 1/3쯤 잔존하는 방형 거화구의 방향이 후봉後烽이 있는 천림산봉수 방향의 서북쪽을 향하고 있다. 동쪽은 폭 0.6m 가량 내부가 빈 상태이다. 거화구가 나 있는 서북쪽은 일부 암반 상부에 축조되어 있는데 잔존 높이는 지면에서 약 0.75m이다.

[표1] 석성산봉수 제3연조

① 제3연조(동→서)　　　　　　　　② 제3연조(서→동)

③ 제3연조(서→동)　　　　　　　　④ 제3연조(동→서)

각 연조 내부조사를 통해 4호 연조를 제외하고는 자기·도기편, 암·수키와
등이 출토되었다. 각 연조 중심부간 거리는 1·2호 5.7m, 2·3호 6.7m, 3·4호 ?m
4·5호 4.5m이다.

각 연조별 현황은 [표2]와 같다.

[표2] 용인 석성산봉수 연조 현황

| 연번 | 규모(㎝) | 주축방향
(거화구 기준) | 평면 형태 | 출토유물 | 바닥조성 |
	길이×너비×높이(외부) 길이×너비×높이(내부)				
제1호	170×168×46 104×102×46	–	방형 또는 원형	수키와	압반굴착
제2호	198×208×28 86×77×28	N–28°–W	원형	암·수키와	암반지면
제3호	192×188×45 96×90×45	N–35°–W	원형	자기, 암키와	바닥지면
제4호	194×174×30 112×94×30	–	원형	–	바닥굴착
제5호	232×220×42 110×150×42	N–30°–W	원형	도기, 암·수키와	암반지면

제사유구祭祀遺構는 방호벽 내 중앙부에 위치하며 연조와는 축조수법이 완
연하게 다르다. 발굴조사를 통해 제사유구가 확인된 최초 사례이다. 유구의 북
쪽에는 3호 연조가 중심부간 3.8m, 남쪽에는 4호 연조와 중심부간 8.7m 거리
에 위치한다. 유구의 서쪽은 대형 암반이 막아서고 있다. 암반의 규모는 총 길
이 5.7m, 높이는 1.7~2.7m이다. 축조는 정방형의 석축으로 서쪽을 제외한 세면
에 납작한 할석을 2열로 세워 시설하였는데, 남쪽이 가장 뚜렷하다. 동북쪽 모
서리에는 통행을 위한 의도였던 듯 50㎝ 정도로 일부가 개방되어 있다. 내부 바
닥에는 목탄과 소결흔이 확인되었다. 잔존하는 유구의 규모는 외측이 길이 226

cm, 너비 228cm, 높이 24cm이고 내측은 길이 148cm, 너비 149cm, 높이 24cm이다. 발굴조사를 통해 내부 북쪽 내벽에 인접하여 조선시대의 백자향로와 향로 뚜껑, 백자잔, 백자제기접시, 흑유자기잔 등의 제기류 일곱점이 출토되었다. 19세기 말 광주廣州 관요산으로, 어떠한 의식행위가 봉수내에서 행해졌던 것으로 추정되어졌다.

[표3] 석성산봉수 제사유구(한양문화재연구원)

① 제사유구 ② 제사유구(서쪽부가 암반에 막혀 있다)

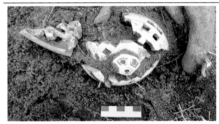

③ 제사유구 내 제기 출토모습

④ 제사유구 내 출토유물

건물지建物址는 동쪽 방호벽 하단부의 평탄대지에 위치하며, 북쪽은 헬기장이 조성되어 있다. 온돌, 화덕과 같은 난방시설이 확인되지 않아 비품을 보관하던 고사로 추정되었다. 평면형태는 장방형이며 장축방향은 동쪽 방호벽과 평행한 남-북 방향이다. 잔존하는 건물지 기단시설의 규모는 길이 459㎝, 너비 199㎝, 높이 27㎝이다.

우물[井]은 봉수의 동쪽 하단부 건물지로 추정되는 곳에 한 개소 남아 있다. 서쪽에 바위암반을 배후삼아 화강석으로 시설하였다. 동쪽으로는 길게 배수시설을 마련하여 물이 배출되도록 한 상태이다. 현재는 오염으로 인해 식수

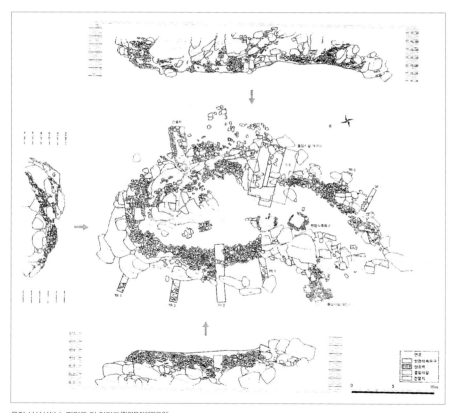

용인 석성산봉수 평면도 및 입면도(한양문화재연구원)

용인 석성산봉수 항공사진(한양문화재연구원)

로 사용이 곤란하며 우물의 보호를 위해 상부와 정면에는 알루미늄과 함석을 이용한 보호시설을 마련하여 놓았다.

◆ 출토유물

발굴조사를 통해 도기(옹기)류, 청자, 분청사기, 백자, 흑유자기, 암·수키와류, 석기, 금속류 등 다양한 유물이 출토되었다. 이중 특이한 유물은 방호벽 내 방형의 제사유구 내에서 출토된 백자제기류 일곱점이다.

◆ 찾아가는 길

용인시청과 초당마을 방향에서 석성산에 올라 석성산성내로 진입 후 통화사를 거쳐 오르거나, 북쪽의 영동고속도로변 터키군 참전비에서 마가실 서낭당을 지나 오는 길에서 올라오면 석성산 북쪽의 전망대를 거쳐 봉수 북쪽 헬리포트로 진입하는 길이 있다. 남서쪽 초당마을에서 시작되는 등산로는 콘크리트 도로가 성내 군부대의 통화사까지 이어져 있어 차량을 이용하여 성내로 진입할 수 있는 유일한 길이다.

◆ 기타

삼국시대 초축의 석성산성石城山城 내 위치하고 있다.

3) 성남 천림산봉수天臨山烽燧

연번	제2거 직봉(43)		유형	내지봉수
초축	세종 5년(1423)		철폐	고종 32년(1895)
문헌별 명칭	**세** 穿川山烽火 **신** 穿川縣烽燧 **동** 穿川縣烽燧 **대** 天臨山(一云 月川峴) **증** 天臨山烽燧			
소관	경기감사(京畿監司)			
소재 및 대응봉수	전기(세종실록 지리지)		州西. 龍仁 石城烽火(남) → 穿川山烽火 → 京城 木覓(북)	
	중기(신증동국여지승람)		龍仁縣 寶盖山烽燧(남) → 穿川縣烽燧 → 京都 木覓山 第二烽(북)	
	후기(여지도서)		州西南二十里. 龍仁 石城山烽燧(남) → 烽燧 → 京城 木 覓山(북)	
	후기(증보문헌비고)		第2炬 直烽：石城山(寶蓋山)烽燧 → 天臨山(穿川峴, 穿 山)烽燧 → 木覓山 第二	
주소	경기도 성남시 수정구 금토동 산35-5 일원			
해발고도	170m		산명(山名)	청계산 가지 능선
문화재지정	경기도기념물 제179호 (2002. 9. 16)			
학술조사	한국토지공사 토지박물관, 『城南 天臨山烽燧 精密地表調査報告書』, 2000. 한국토지공사 토지박물관, 『城南 天臨山烽燧 發掘調査報告書』, 2001.			
잔존유구	방호벽, 연조 5기, 출입시설 1개소			
복원정비	2019년 방호벽과 연조 4기 복원, 연조 1기는 보존			
주변경관	봉수는 산정이 아닌 청계산 가지능선에 위치하기에 시야가 제한적인데, 즉 동-서는 주위 산지로 막혀 있으며 대응봉수 방향인 남-북으로만 조망이 가능함. 판교~서울간 고속도로변에 인접하여 옛부터 주요 교통로상에 있으며 해발 170m의 그다지 높지 않은 곳이지만 이곳에서 보면 남쪽과 북쪽으로 용인 석성산(보개산)봉수와 서울의 남산봉수가 지척에 있듯이 육안으로 잘 확인되어 이상적인 입지조건을 갖추고 있음			
기타사항	·봉수 단일 유적으로는 드물게 3차의 지표·발굴조사가 이루어졌으며, 발굴조사 후 경기도기념물 제 179호로 지정되었음.			

◆ 입지

경기도 성남시 수정구 금토동과 상적동 경계의 청계산淸溪山 동쪽 기슭 해발 약
170m 가량인 나지막한 구릉 능선에 위치하고 있다. 판교~서울간 고속도로변
에 인접하여 옛 부터 주요 교통로 상에 있다. 봉수가 위치하는 곳은 해발 170m

의 그다지 높지 않은 곳이지만 이곳에서 보면 남쪽과 북쪽으로 용인 석성산(보개산)봉수와 서울의 남산봉수가 지척에 있듯이 잘 조망되는 이상적인 입지조건이다.

◆ 설봉시기와 봉수노선

『세종실록』 5년(1423) 2월 26일, 병조에서 "경성 남산봉화南山烽火 5소所를 본조本曹가 진무소鎭撫所와 더불어 산에 올라 바라보고 불을 들어 서로 조준照準한 뒤에 땅을 측량하여 설치하였는데, 그 지명과 내력을 아래와 같이 자세히 기록해 올립니다. --(중략)-- 제 2봉화는 성명방誠明坊의 동원령洞源嶺에 있는데, 광주廣州 천천봉화穿川烽火와 서로 마주쳐 경상도로부터 오게 되고, --(중략)-- 위의 봉화를 들어 서로 마주치는 곳이 연대가 오래되면, 혹 변동이 있을까 염려되오니, 청컨대, 한성부로 하여금 대臺를 쌓고 표標를 세워, 서로 마주치는 지명과 봉화를 드는 식례式例를 써서 둘 것입니다."라고 아뢰어 설봉되었다.

　　이후 고종 32년(1895) 5월, 봉수제가 최종 폐봉될 때까지 500여년간 국가의 기간통신망으로 운영되었으며, 『증보문헌비고』(1908)까지 조선 전 시기 발간의 지지에 기록이 있다. 노선과 성격은 제2거 직봉의 마흔세번째 내지봉수이다. 과거 봉수제가 운영되던 당시 부산 동래 다대포진 응봉에서 초기한 제2거의 봉수가 육로로 경상도와 충청도 지역의 여러 직봉 및 간봉의 봉수와 현 경기 용인 소재 건지산봉수 → 석성산봉수를 차례로 거쳐 천림산봉수에 오면 최종 경성 목멱산 제2봉에 응하였던 경기도 관내의 마지막 봉수였다. 당시 주연야화의 봉수제에서 야화夜火였다.

◆ 봉수명칭

조선 전 시기 발간 지지별로 '천천산穿川山 · 천천현穿川縣 · 월천현月川峴' 등으로 표기되었으나, 최종 명칭은 천림산봉수天臨山烽燧이다.

◆ 봉수운용

봉수에 근무하였던 봉수군의 인원은 『중정 남한지重訂 南漢誌』(1846) 봉수의 봉군烽軍 25명, 보保 75명의 기록을 통해 여타 다른 봉수와 마찬가지로 봉군 5명이 월 6일씩 교대로 번番을 섰다. 봉군보 75명은 실제 번을 서지 않는 대신 번을 서는 봉군에 대한 경제적인 지원을 하였으며, 봉군 1인당 봉군보 3인씩이 배속되어 있었다.

◆ 유구현황

봉수는 2001년 토지박물관의 발굴조사가 이루어지기 전에는 2000년 지표조사를 통해 장반타원형의 방호벽내에 3기의 연조가 동-서 방향 일렬로 나란히 하면서 잔존하고 있었다. 또한 서쪽으로는 등간격으로 제4연조와 제5연조가 있었을 것으로 여겨지는 터가 불룩하게 있었다.

발굴조사를 통해 방호벽은 동쪽이 중간지점에 이르러 평면 'V'字 모양으로 회절하면서 동남방향 45° 각도로 급격히 낮아지고 있는데 서쪽 청계산(해발 618m)으로 오르는 등산로 부분에 이르러 북쪽방호벽과 남쪽방호벽이 점차 오므라들면서 폭 5m 정도로 좁아지고 있다. 동 · 남 · 북 3면이 석축으로 되어 있는 반면, 서쪽은 석축의 흔적이 없이 거의 지면과 맞붙어 있다.

또한 봉수의 구조상 해발 170m 가량의 나지막한 평지를 이루고 있는 능선상에 봉수 시설을 하였기에 현재 석축이 남아 있는 북 · 동 · 남쪽방호벽 3면은 외측을 돌로 쌓고 내부는 원지형을 이용한 편축식片築式이다. 지형상 동쪽이 높고, 서쪽으로 가면서 점차 낮아지다가 다시 높아지고 있다. 봉수 내부는 북쪽에서 남쪽으로 엇비슷하게 경사가 져 있다.

봉수 내에는 동쪽과 북쪽방호벽의 가장자리 제일 높은 곳에 규모가 큰 외방내원형의 연조煙竈가 위치한다. 또 서쪽으로는 직각을 이루며 역시 방형의 형태를 띠고 있는 규모가 작은 4기의 연조가 일정한 등간격으로 위치하고 있다. 북쪽으로 서울의 남산봉수를 정면에 향하도록 시설을 하여 놓아서인지 발굴조사를 통해 확인된 총 5기의 연조 및 북쪽방호벽은 동-서로 거의 일직선을 띠고 있다. 출입시설은 동쪽방호벽에 1개소가 확인되었다.

발굴조사를 통해 출토된 주요 유물로는 도기병 1점을 포함한 도·토기류, 자기류와 상평통보 14점 등이다. 이중 출토유물의 다수를 차지하는 도·토기류, 자기류는 과거 봉수군의 생활과 밀접한 관련이 있었던 생활유물 들이다. 또한 연조의 연통으로 사용되었을 가능성이 있는 기와편이 봉수내부에서 소량 채집되었다.

봉수의 규모는 둘레가 상부 82m, 하단부 85m이다. 동서장축 33.8m, 남북단축 12m로서 그중 북쪽방호벽은 30m이고 동쪽방호벽의 동쪽은 7.8m, 동남쪽 8.2m로서 총길이 16m이며, 남쪽방호벽은 29.3m이다. 아울러 봉수대 내부의 전체면적은 $333m^2$(100평) 정도이다.

◆ 정비복원

천림산봉수의 정비·복원은 본격적인 공사에 앞서 2016년 실시설계용역 자문회의 시 연조 5기 중 규모가 가장 크고 온전한 동쪽 1연조만 경화처리보존 후

교육자료로 활용하고 4기를 복원키로 결정하였다. 이상과 같은 의견으로 실시설계 완료 후 정비·복원은 2018년 7월, 시공사가 선정됨으로서 본격화 되었다. 발주처는 성남시청이며, 공사기간은 2018.8.3~2019.3.14일까지 약 8개월여 일정이었다. 같은 해 8월 1차 자문회의 시에는 석재의 결정과 복원 예정 4기의 연조 중 가장 서쪽에 위치한 5호 연조의 시범축조 후 중간 단계에서 자문을 받고 공사하기로 결정되었다. 같은 해 11월 2차 자문회의 시에 연조의 쌓기는 습식 진흙강회다짐으로 하며 거화구 높이는 고故 강이봉 노인의 증언대로 지면에서 45cm 높이에 마련하기로 하였다. 2019년 1월 3차 자문회의 시에는 경화처리 보존키로 한 1연조가 방호벽과 붙어 있어 담장 시공이 불가함으로 공사여부와 도 문화재위원의 연조 배면 공기조절구의 마련 여부에 대한 논의가 있었다. 같은 해 5월 4차 자문회의 시에는 연조 색상의 엷은 황토색 처리와 기 시공된 4연조의 줄 간격이 넓으므로 상부의 재시공이 결정되었다. 같은 해 8월 5차의 자문회의는 9월 준공을 앞두고 사전에 전통 거화재료를 원료로 복원이 완료된 제4연조에서 거연을 성공적으로 치른 후 향후일정이 논의되었다.

[표4] 천림산봉수와 복원·정비 과정

① 발굴조사 후 모습(2001)   ② 정비·복원된 모습(2019) (연조 5기 중 4기 복원)

③ 방호벽 해체 모습

④ 방호벽 해체 후 시공 모습

⑤ 동북쪽 방호벽 모습(동북→서)

⑥ 방호벽 시공 모습(서→동)

⑦ 연조 시공 모습

⑧ 연조 시공 모습

⑨ 연조 복원된 모습

⑩ 제1연조 경화처리보존 완료된 상태

◆ 준공식

준공식은 2019년 09월 24일, 14:00부터 성남시장(은수미) 참석하에 봉수내에서 개최되었다. 이때 복원된 제4연조에서의 거연은 쑥·마분·우분 등 전통적인 거화재료를 이용하였다. 지금까지 봉수에서 전통재료를 사용한 거연은 없었다. 대부분 연막탄을 사용하거나, 장작 혹은 인근 야산에서 솔가지 등을 꺾어다가 연기를 냈기 때문이다. 따라서 연기가 수직상승하지 못하고 흩어지기만 하였다. 그러기에 9월의 준공식을 앞두고 발주처인 성남시와 시공사에게는 고민되는 사항이었다. 이에 미리 준비된 전통 거화재료를 사용해 사전에 8월의 거연 실험을 한 바 있었기에 본 준공식은 성공적으로 마칠 수 있었다.

과거 봉수제가 국가의 기간통신망으로 운영되던 조선시대에 조선 8도의 전全 5거 노선의 봉수가 매일 정해진 시간에 낮에는 연기로 밤에는 햇불로 신호를 보내기 위해서는 많은 양의 거연 혹은 거화재료가 필요하였다. 따라서 봉수의 운용자였던 봉수군은 일정 인원(주로 5내지 6명)이 교대로 번番을 이루어 늘 봉수에 상주하면서 본연의 임무인 후망候望외에 1회용 소모성 재료를 항시 비치하여야만 했다.

조선 후기 발간 남부지역의 지지를 검토하면 영남·호남권 지역 소재 일부 내지·연변봉수에 총 80여종 내의 각종 다양한 시설과 비품 및 재료가 소개되어 있다. 명칭과 수량이 동일하지는 않으면서도 크게는 대동소이하다. 이중 타지역 봉수의 사례를 통해 거연·거화비품 및 재료를 추정할 수 있다.

이와 관련된 불이나 연기를 일으키기 위한 발화비품은 '부싯돌[火石]·부쇠[火鐵]' 등이다. 그리고 거화재료는 '관솔[松]·소나무홰[明松炬]·싸리[杻]·삼홰[麻

柮炬]·싸리나무홰[柮炬]·소나무가지[生松枝]·사를풀[烟草]·불사르개[火柮炬]·작은홰[小炬]·화면火綿·당겨[粗糖]·쑥[艾]·풀[草]·쑥풀[艾草]·쑥회[艾炬]·풀사르개[草炬]·말똥[馬糞]·소똥[牛糞]·땔나무[積柴]' 등 20종 내외이다. 이들 거화재료는 계절에 따라 비치여부가 제한되어 있기에 계절별로 적합한 재료가 사용되었다.

앞에서 언급하였듯이 2019년 9월 24일 천림산봉수의 준공식 시 사용된 거연재료 및 기타 비품을 소개하면 [표5], [표6]과 같다. 재료 입수의 시기와 구입의 곤란으로 모두 열한가지의 재료와 여섯 가지의 비품이 사용되었다. 거연재료 중 마분·우분과 달리 낭분은 서울대공원 동물원의 협조로 생닭[生鷄]과 고기만 먹는 수컷 10세 이리[狼]의 분糞을 채취하여 8일간 건조 후 준공식 시 사용하였다. 그러나 그 양이 1봉지도 채 안될 정도로 극히 적어 주된 거연재료는 쑥단 내 마분·우분을 섞어 새끼줄로 묶은 다음 사용하였다. 이외 보조재료로서 왕겨와 솔잎·솔방울 등이 사용되었다.

[표5] 천림산봉수 준공식 시 사용된 거연재료 및 기타 비품

연번	명칭	입수·제공처	수량	비고
1	말똥[馬糞]	용인 남서울 승마클럽	1포대	· 건초만 먹는 수컷 10세 말[馬] · 건조 후 사용(승마클럽 제공)
2	소똥[牛糞]	안산 한우 농가	1포대	· 암컷 成牛의 糞 채취 · 건조 후 사용
3	이리똥[狼糞]	서울대공원 동물원	1봉지	· 토종. 생닭[生鷄]과 고기만 먹는 수컷 10세 이리[狼]의 糞 채취 · 8일 건조(동물원 제공)
4	쑥[艾]	판교택지개발지구 내 채취	無數	· 쑥단 제조용 · 6일~9일 건조(자체 마련)
5	왕겨	시흥동주민자치 위원회	4포대	· 자치위 제공
6	숯[炭]	슈퍼마켓	1봉지	· 구입

연번	명칭	입수·제공처	수량	비고
7	솔가지[生松枝]	봉수 근처	無數	· 3일 건조(자체 마련)
8	솔잎	하동읍성 야산	1포대	· 2일 건조
9	솔방울	하동읍성 야산	2포대	· 3일 건조
10	볏짚	성남시	1다발	· 자체 마련
11	새끼줄[細繩]	철물점	1타래	· 쑥단 묶음용
12	가는 모래[細沙]	시공사	1동이	· 防火用
13	석회	시공사	1포대 (20kg)	· 자체 마련
14	거화구 뚜껑	시공사	2개	· 4연조 거연 시 거화구 밀폐용 · 목제 자체 제작
15	거화봉(炬火棒)	성남시	1개	· 봉끝 솜과 알콜 처리 · 거화구 내 재료 거연용 · 목제 자체 제작
16	철제 부지깽이	철물점	1개	· 거화재료 집게용
17	고무 바게스	철물점	1개	· 가는 모래 보관용

[표6] 천림산봉수 준공식 시 사용된 거연재료 및 기타 비품

① 마분   ② 낭분   ③ 쑥단

④ 왕겨   ⑤ 솔가지[생송지]   ⑥ 솔방울

⑦ 새끼줄   ⑧ 세사   ⑨ 거화구 막은 모습

⑩ 거화봉

◆ 찾아가는 길

성남시 수정구 금토동 삼거리에서 왼쪽으로 금토교를 건너면 오른쪽에 금토동 마을이 나온다. 마을내에는 수정구 금토동~상적동 옛골간 왕복 2차선 도로가 잘 나 있다. 봉수는 도로변의 입산통제초소에서 청계산으로 올라가는 등산로를 따라 10분정도 산행하면 도착할 수 있다. 봉수를 가로질러 청계산으로 오르는 주된 코스여서 등산객들의 왕래가 잦은 편이다.

◆ 기타

봉수 단일 유적으로는 드물게 3차의 지표·발굴조사가 이루어졌으며, 발굴조사 후 2002년 09월 16일 경기도 기념물 제179호로 지정되었다.

2. 제2거 관련

1) 수원 화성봉돈華城烽墩

연번	제2거 관련		유형	권설봉수
설봉	정조 20년(1796)		폐봉	고종 32년(1895)
문헌별 명칭	화1 華城烽墩 화2 安山烽燧 기 安山烽燧 *화1 :『華城城役儀軌』(1800), 화2 :『華城誌』(1831), 기 :『畿甸營誌(水原)』(1894)			
소재 및 대응봉수	후기(화성성역의궤)		華城烽墩	
	후기(일성록) 정조 20년(1796) 1월 22일		龍仁 石城山陸烽 → 華城烽墩	
	후기(화성지)		府東城 丙辰置. 龍仁 石城山陸烽(동) → 乾達山烽(서) → 安山烽燧	
주소	경기도 수원시 팔달구 남수동 153 일원			
해발고도	–		산명(山名)	–
잔존유구	봉돈 5기외			
복원정비	『화성성역의궤』에 근거하여 과거 원형대로 복원됨			
관련행사	매년 10월 수원화성문화제 행사 때 화성봉돈에서의 거화의식이 거행됨			
관련인물	· 正朝 · 趙心泰(1740~1799) · 洪敬謨(1774~1851)			
기타사항	조선 후기 전돌로 축조된 특이한 형태의 봉수			

◆ 입지

경기도 수원시 팔달구 남수동 수원성곽내에 동쪽의 팔달문과 창룡문 사이에 전축으로 5개소의 연조를 갖춘 채 복원되어 있다.

◆ 설봉시기와 봉수노선

설봉 시기는 정조 20년(1796)이며, 달리 '안산봉수安山烽燧'로도 호칭되었다. 관련 문헌기록은 『일성록』 정조 20년(1796) 1월, 화성봉대華城烽臺의 신설과 화성유수 조심태趙心泰(1740~1799)의 계로 인해 동장대東將臺의 봉대에서 용인 석성산 봉수에 응하는 노선이 새로이 설정되었다.[110]

같은 해 9월에는 조심태가 또 장계를 올려 "수원부는 행궁行宮을 모시고 있으니 중요성이 특별합니다. 더구나 또 성첩城堞이 완공되었으니 관방은 더욱 긴요한 일이 되었습니다. 동성東城과 서봉산棲鳳山에 간봉間烽을 설치하여 동쪽으로는 용인 석성산에 있는 육지의 봉수[陸烽]와 호응하며 서쪽으로는 수원부 경내에 있는 흥천대興天臺의 해안 봉수[海烽]와 준하여 급변急變에 대비해야 할 것입니다. 봉대를 설치하고 장졸을 정하여 이번 9월 25일부터 시작하여 봉화를 올려 서로 준할 수 있도록 병조에 공문을 보내고 용인현에도 알리는 것이 어떻겠습니까?"하여 수원 유수가 장계에서 청한 대로 시행하게 하라고 명하였다.

이어 정조 24년(1800) 편찬된 『화성성역의궤』에는 봉돈외도烽墩外圖와 봉돈내도烽墩內圖를 통해 자세한 구조 및 설명과 대응봉수 노선 및 축조법이 기록되어 있다. 이에 의하면 야간에 1거炬로서 동쪽의 용인 석성산봉수石城山烽燧, 서쪽의 화성 흥천대興天臺에 응하도록 하였으나, 흥천대의 봉화가 너무 멀어 봉화로 직접 전하기가 어려우므로 또 다시 화성부의 서쪽 30리 지점의 서봉산棲鳳山 위에 새로이 간봉을 두어 오는 봉화를 이곳에서 전담하도록 하였다.

---

110) 『일성록』 정조 20년 1월 22일 기사.

◆ 봉수운용

순조 31년(1831)에 편찬된 『화성지』 봉수에 이때 같이 신설된 건달산봉수와 같이 언급하면서 안산봉수安山烽燧 명으로 "安山烽燧 在府東城丙辰置 烽敦見城郭 烽燧 西準乾達山烽 東應龍仁石城山陸烽 監官五員 二員守堞軍官中例兼 三員以閑散人差出十 軍十五名"이라 하여 "부의 동쪽 성에 소재하며 병진년(1796)에 설치되었다. 서쪽으로 건달산봉에 응하고 동쪽으로 용인 석성산봉수에 응하며 감관 5원, 군 15명이다."라고 하였다.

◆ 거화 시간

화성봉돈은 주연야화의 봉수제에서 야화夜火로서 관찬 사서와 문집에 문헌기록이 있다. 이와 관련된 문집의 기록으로 홍경모洪敬謨(1774~1851)의 『관암전서』에는 "매일 저녁 남쪽의 한 화두火竇에서 하나의 횃불을 올리는데, 동쪽으로 용인 석성산육봉, 서쪽으로 본부 흥천대해봉에 응한다."[111]라고 하였다.

◆ 유구현황

봉돈은 남서-북동 1열로 5기의 봉돈이 2.1m의 일정한 간격을 유지하고 있는데 중앙의 봉돈만 좌우 4m로 간격이 넓은 편이다. 좌·우로 5단의 계단시설을 하여 오르내리도록 하였다. 봉돈은 27매의 전돌로 총고 3.1m, 길이 1.8m의 규모이며, 하단에서 상부 122cm 지점 중앙에 높이 94cm, 너비 40cm의 화창을 두었으며, 외곽은 금속으로 마감하였다. 특이하게도 5개소의 봉돈 화구火口가 한쪽 방향으로만 있지 않고 좌우 서로 마주보면서 서로 호응하고 있다.

---

111) 『冠巖全書』 册17, 記, 華城記 華西門.

봉돈은 밖에서 보아 높이 1.6m의 5단 석축 성벽위에 3단의 전축으로 이루어져 있다. 성벽에서 6m가량 나와 있고 나온 길이는 17.8m이다.

◆ 찾아가는 길

경기도 수원시 팔달구 남수동 수원성곽내에 동쪽의 팔달문과 창룡문 사이에 위치한다.

◆ 기 타

조선 후기 전돌을 사용하여 성벽 상부에 축조한 특수한 유형의 봉수이다.

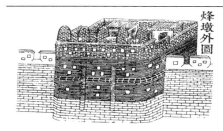

『화성성역의궤(華城城役儀軌)』의 봉돈외도

『화성성역의궤(華城城役儀軌)』의 봉돈내도

일제강점기 사진(국립중앙박물관)

일제강점기 사진(국립중앙박물관)

외부 전경　　　　　　　　　　　　　　　　内部 전경

연조　　　　　　　　　　　　　　　　고사(庫舍)

봉ㅇ돈ᄂᆡ도

한글본 『정리의궤』의 화성봉돈내도

2) 화성 서봉산봉수 棲鳳山烽燧

연번	제2거 관련		유형	권설봉수
설봉	정조 20년(1796)		폐봉	순조 21년(1821)
문헌별 명칭	**화1** 棲鳳山　**화2** 棲鳳山 *화1 :『華城城役儀軌』(1800), 화2 :『華城誌』(1831)			
소재 및 대응봉수	조선 후기(화성성역의궤)		棲鳳山 → 華城烽墩	
	조선 후기(화성지)		棲鳳山 → 華城烽墩	
주소	경기도 화성시 정남면 문학리 산91 일원			
해발고도	248m		산명	서봉산(棲鳳山)
학술조사	한강문화재연구원,『화성 봉수대 학술지표조사』, 2014.			
잔존유구	잡석대(雜石臺) 5기, 고사지(庫舍址), 수직청지(守直廳址)			
주변경관	주위 일대의 해발고도가 200m 내로서 전망이 좋은 데에 위치하고 있으며, 서북쪽에 발안저수지를 중간에 두고 건달산이 마주 보임			
관련인물	·正朝 ·수원 유수 趙心泰(1740~1799) ·관상감 제조 金祖淳(1765~1832)			
기타사항	정조 20년(1796) 신설되어 순조 21년(1821)까지 25년간 단기간 운용되었던 봉수로서 화성봉돈(華城烽墩)에만 응하였던 간봉의 권설봉수임			

◆ 입지

경기도 화성시 정남면 문학리와 향남면 동오리 및 봉담면 덕리 경계의 해발 248m인 서봉산棲鳳山 정상부와 사면에 위치하고 있다. 주위 일대의 해발고도가 200m 내로서 전망이 좋은 곳이다. 서북쪽 정면에 건달산이 바라 보인다.

◆ 설봉시기와 봉수노선

정조 20년(1796) 설봉되어 순조 21년(1821)까지 25년간 단기간 운용되었다.『일성록』정조 20년(1796) 9월 21일, 수원 유수 조심태가 장계를 올려 "수원부는 행궁을 모시고 있으니 중요성이 특별합니다. 더구나 또 성첩城堞이 완공되었으니 관방은 더욱 긴요한 일이 되었습니다. 동성東城과 서봉산에 간봉間烽을 설치하여 동쪽으로는 용인 석성산에 있는 육지의 봉수[陸烽]와 호응하며 서쪽으로는 수원부 경내에 있는 흥천대興天臺의 해안 봉수[海烽]와 준하여 급변急變에 대비해야 할 것입니다. 봉대를 설치하고 장졸을 정하여 이번 9월 25일부터 시작하여 봉화를 올려 서로 준할 수 있도록 병조에 공문을 보내고 용인현에도 알리는 것이 어떻겠습니까?"하여 수원 유수가 장계에서 청한 대로 시행하게 하라고 명하였다.

이어 정조 24년(1800) 편찬된 『화성성역의궤』에는 화성봉돈을 설명하면서 화성봉돈이 야간에 1거炬로서 동쪽의 용인 석성산봉수, 서쪽의 흥천대興天臺에 응하도록 하였으나, 흥천대의 봉화가 너무 멀어 봉화로 직접 전하기가 어려우므로 또 다시 화성부의 서쪽 30리 지점의 서봉산 위에 새로이 간봉을 두어 오는 봉화를 이곳에서 전담하도록 하였다고 한다.

또, 『화성지』(1831) 봉수에 설봉시기 및 목적과 철폐시기를 알 수 있다. 즉 정종 병진년丙辰年(1796) 서봉산棲鳳山에 간봉으로 설치되었던 것인데 순조 21년(1821) 신사辛巳에 능[陵. 건릉]을 이곳 서봉산에 옮긴 후 건달산으로 옮겨 갔음을 알 수 있다. 『순조실록』의 기록에는 21년(1821) 4월 29일, "서봉산봉대를 다른 곳에다 이설移設하라고 명하였는데, 산릉 봉표山陵封標한 곳에 불빛이 비치었기 때문이었다. 관상감 제조 김조순金祖淳이 계품啓稟한 것이다."[112]라고 하였다.

◆ 유구현황

『화성성역의궤』(1800)에 서봉산 간봉의 구조에 대해 "서봉산 간봉에는 또한 다

---

112) 『순조실록』 권23, 21년 4월 29일 기유.

섯 개의 화두火竇를 잡석대 위에 설치하였는데, 화두의 높이 11척이고 아랫 둘레 13척인데, 돌로 쌓고 회를 발랐다. 허리 부분과 꼭대기에 모두 횃불 아가리가 있는데, 동쪽으로 화성부의 봉화둑의 봉화에 준하고 있다. 대 아래 산허리에 4간의 곳간[庫舍]을 지어 군대 물품을 저장하였다. 그리고 그 아래에 수직청守直廳을 지었다." 라고 하였다.

현재 봉수가 있는 산정에는 서봉정棲鳳亭 명의 정자가 있다. 지형상 북고남저이며 동서는 급사면이다. 산 정상 북쪽에서 남-북 일직선상에 『화성성역의궤』에 잡석대雜石臺로 언급된 대형 화강암바위 5개소가 일정한 간격으로 놓여 있는데, 잡석대 위의 화두는 멸실된 상태이다.

이외에 2014년 문화재 관련기관에 의한 화성지역 소재 전체 봉수에 대한 지표조사를 통해 『화성성역의궤』의 기록에 보이는 수직청지守直廳址가 확인되었다. 수직청지는 가장 남쪽의 잡석대에서 남서 방향으로 약 90m 이격되어 있다. 부정형의 평탄지가 확인되며, 규모는 길이 60m 내외, 너비 40m 내외이다. 평탄지의 북쪽에는 우물지로 추정되는 곳이 있다. 추정 우물지는 U자형의 지형을 보이며 평면 원형이다. 화강암 잡석 3개가 박혀 있으며 내부에는 기와편이 확인된다.

이외 곳간[庫舍] 추정지는 가장 남쪽의 잡석대에서 남서 방향으로 약 32m 이격되어 있다. 장방형의 평탄지가 확인되며, 규모는 길이 9.5m 내외, 너비 5.5m 내외이다. 평탄지의 서쪽으로 인접하여 등산로가 조성되어 있다.

화성 서봉산봉수 근경(서봉정)

화성 서봉산봉수 잡석대 전경

화성 서봉산봉수 수직청 출토 와편

◆ 찾아가는 길

43번 국도에서 해병대사령부 아파트 관리실 쪽으로 나 있는 등산로를 따라가
면 8각정과 쉰길바위가 있는 산 정상에 오를 수 있다.

◆ 기타

정조 20년⁽¹⁷⁹⁶⁾ 신설되어 순조 21년⁽¹⁸²¹⁾까지 25년간 단기간 운용되었던 봉
수로서 화성봉돈^{華城烽墩}에 응하였다.

3) 화성 건달산봉수 乾達山烽燧

연번	제2거 관련		유형	권설봉수
초축	순조 21년(1821)		철폐	고종 32년(1895)
문헌별 명칭	화1 乾達山 화2 乾達山烽燧 현 봉화뚝 *화1 :『華城城役儀軌』(1800), 화2 :『華城誌』(1831)			
소재 및 대응봉수	조선 후기(화성성역의궤)		乾達山 → 華城烽墩	
	조선 후기(화성지)		興天山烽(서) → 乾達山烽燧 → 安山烽(동)	
주소	경기도 화성시 봉담읍 세곡리 산48 일원			
해발고도	367m		산명(山名)	건달산(建達山)
학술조사	한강문화재연구원, 『화성 봉수대 학술지표조사』, 2014.			
주변경관	산정에서는 사방을 조망하기 용이함			
관련인물	· 正朝 · 수원 부사 金楺(1653~1719) · 수원 유수 趙心泰(1740~1799)			
기타사항	· 순조 21년(1821) 서봉산(棲鳳山) 간봉을 대신하여 설봉되어 조선 후기 단기간 운용됨 · 건달산은 봉수가 설봉되기 이전 수원 부사 주관하에 기우제(祈雨祭)를 지내던 장소이기도 함			

◆ 입지

경기도 화성시 봉담면 세곡리와 팔탄면 기천리 경계의 해발 367m인 건달산建
達山 정상에 위치하고 있다.

◆ 설봉시기와 봉수노선

봉수는 『화성성역의궤』(1800)에 화성봉돈에 응하는 대응봉수로서 간략한 기록
이 있다. 이후 순조 21년(1821) 서봉산棲鳳山 간봉間烽을 대신하여 신설되어 조선
후기 단기간 운용되었다.

이외 『화성지』(1831) 봉수에 "乾達山烽燧 在府南三十五里葛潭面 正宗丙辰
置間烽於棲鳳山 當宁辛巳遷 陵後移置於此 西準興天山烽 東應安山烽 監官五員
軍十五名"이라 하여 부의 남쪽 35리 갈담면에 소재하며 정종 병진[113](1796) 서

---

113) 正宗 丙辰의 正宗은 正祖의 별기로서 1796년이다.

봉산에 간봉으로 설치하였던 것을 순조 21년⁽¹⁸²¹⁾ 신사년^{辛巳年}에 능^[陵, 건릉]을 옮긴 후 이곳에 옮겨 설치하였으며, 서쪽으로 흥천산봉에 응하고 동쪽으로 안산봉에 응한다."라고 하였다.

◆ 봉수운용

『화성지』봉수에 위치 및 이설사유와 서쪽과 동쪽으로 응하는 대응봉수의 소개 후 감관^{監官} 5원^員, 군^軍 15명의 인원을 소개하고 있다.

◆ 관련 문인의 시와 제문

첫째, 봉수가 있는 건달산 관련 숙종 41년⁽¹⁷¹⁵⁾ 1월, 수원 부사에 임명된 김유^金^楺^(1653~1719)가 그해 어느 시기에 건달산에 올라 느낀 감정을 그의 문집인『검재집』에 시로 남겼다. 이때는 아직 건달산에 봉수가 설봉되기 이전 시기이나, 부사가 직접 건달산에 올라 남긴 시로서 의미가 있기에 소개하면 다음과 같다.

> 登乾達山最高峯^(건달산 높은 봉우리에 오르다)
> 乾山高出衆山中　건달산은 뭇 산 가운데 높이 우뚝 솟아,
> 平望扶桑夜半紅　바다로 기운 해가 밤중까지 불그스레하네.
> 萬仞峯頭長嘯立　만 길 봉우리 길게 휘파람 불고 서 있으니,
> 碧天無限海雲空　가없는 푸른 하늘 바다엔 구름조차 없구나.
>
> (『儉齋集』卷22. 詩)

둘째, 작가가 같은 김유로서 숙종 41년⁽¹⁷¹⁵⁾, 이 해에 가뭄으로 인해 건달산에서 기우제^{祈雨祭}를 지낼 때 쓴 제문이다. 따라서 건달산은 순조 21년⁽¹⁸²¹⁾ 봉수가 설봉되기 이전 기우제의 장소로서 이용되었음을 알 수 있다.

乾達山祈雨祭文 (건달산 기우제문)

恭惟明神	삼가 생각건대 신령님은,
作鎭玆壤	이 땅의 진산이 되오시니,
曰雨曰暘	비를 내리고 볕도 비추기를,
靈應如響	메아리처럼 속히 감응하소서.
顧今旱暵	지금 가뭄을 돌아보면,
野將無靑	들판에 푸름이 없을 것이오매.
方治服幣	이 병폐 치료할 처방을,
走謁神聽	신령께 달려가 아뢰오매,
卜日未行	좋은 날 가리지 않을 만큼,
冥念已及	원망이 이미 이에 이르러,
乃賜甘液	감로수를 내리셔야 하거늘,
旋慳大浹	도리어 크게 적심을 아끼시어,
烈日穿光	뜨거운 빛으로 작열하며,
陰雲解駁	어두운 구름 풀어헤쳐,
爲惠無終	끝내 은혜가 미치지 아니하여,
令我心惻	저를 이토록 슬프게 하시니까?
默想神意	가만히 신령의 뜻을 생각해도,
如有不釋	이해할 수가 없을 것이옵니다.
豈我非良	어찌 제가 착하지 아니하여,
獲戾威神	신령께 큰 죄를 지었습니까?
不于其躬	제가 노릇을 다하지 않아서,
移謫於民	고통을 백성에게 옮겼사옵니다,
咎則由我	허물은 제게 있사오니,

彼誠奚罪	백성이 무슨 죄가 있으리까?
神其罰我	신령님은 저를 벌하시고,
矜此橫逮	이 백성을 긍휼히 여기시어,
更需膏澤	다시 흥건히 기름지게 하소서.
亟潤乾枯	시들고 마른 것을 빨리 적셔,
黍稷斯馨	밭곡식이 향기롭게 하시고,
秔稻載蘇	논농사가 다시 깨나게 하소서.
式承神役	이에 신령님 은혜를 받으려,
式供上須	이에 모름지기 제물을 받드오니,
凡厥四封	무릇 온 세상 모두에게,
咸戴神功	신령님 은택을 입게 하소서.
永永欽奉	영원토록 공경히 받들며,
揚烈無窮	공렬은 다함이 없을 겁니다.

(『俛齋集』 卷22, 祭文)

◆ 유구현황

해발 367m인 건달산 정상에는 2012년 화성 건달산악회에서 세운 비와 건달산봉수 안내판이 서 있다. 정상부의 봉우리는 건달산 줄기의 최고봉으로 동-서로 길쭉한 암석이 있다. 부지가 좁아 이곳에 거화를 위한 연조시설의 유무는 미상이다. 이외 정상부에서 남쪽으로 약간 떨어진 지점에도 남-북으로 길쭉한 암석과 서-남쪽 저지에도 이보다 작은 암석이 있다.

이를 통해 통영 미륵산봉수, 거제 계룡산봉수와 같은 지역의 서봉산봉수 등과 마찬가지로 매일 평상시 1거의 거화를 이들 암반에서 하였을 것으로 여겨진다.

화성 건달산 정상부 모습

◆ 찾아가는 길

수원~평택간 43번 국도에서 봉담면 왕림리 수원가톨릭대학 못미처 기천저수
지길을 타고 가다 보면 도로 좌측에 높이 솟아 있는 산이 화성시에서 제일 높은
산인 건달산이다. 봉수로 오르는 등산로는 기천1리 마을 내의 대한불교 관음종
건불사로 향하는 산길을 타고 오르거나, 맞은편 수원 휜돌산기도원에서 차량을
주차 후 오르는 두 길이 있다.

◆ 기타

순조 21년(1821)부터 고종 32년(1895) 5월까지 74년간 단기간 운용되었던 봉수
로서 화성봉돈에 응하였다.

제3거 노선

조선 후기 『증보문헌비고』⁽¹⁹⁰⁸⁾의 제3거 직봉은 평안도 강계 만포진^{滿浦鎭} 소
관의 여둔대봉수^{餘屯臺烽燧}에서 초기^{初起}하는 노선이다. 대응봉수간 차차거화를
통해 남쪽으로 내려와 무악동봉에서 목멱산 제3봉에 응했다. 참고로 만포진은
평안도 강계에 소속된 거진^{巨鎭}으로, 병마첨절제사[114]를 배치했던 곳이다. 이 만
포진에 대해 조선 전기의 문인으로 자가 경숙^{磬叔}. 호는 용재^{慵齋} 시호는 문대^文
^戴. 본관이 창녕^{昌寧}인 성현^{成俔}(1439~1504)은 다음의 시를 남기기도 했다.

到滿浦鎭題亭柱(만포진에 이르러 정자 기둥에 쓰다)
長城城外玉門關　옥문관은 만리장성 성문 밖의 관문인데
付與班超不許還　반초에게 위임하고 눌러앉아 있게 했지
臥鼓戢兵烽火靜　북과 무기 쓰지 않고 봉화도 고요하며
灌瓜施惠羽林閒　외밭에 물을 주니 근위병들 한가롭네
爲開新館綏降虜　새로 객관 마련하여 항복한 적 다독이니
爭獻奇玩覲聖顔　다투듯이 입조하여 특산물을 바치누나
聲敎朔南無遠邇　남북으로 교화가 멀리까지 뻗었으니
何須銅柱限夷蠻　동주 세워 오랑캐를 막을 것이 있겠는가

(『虛白堂集』虛白堂詩集 卷13, 詩)

---

114) 병마첨절제사^{兵馬僉節制使} : 조선 시대 각 도의 병마절도사 밑에 있던 종3품 무관직.

제3거 직봉은 모두 78기의 봉수로 구성되어 있다. 그리고 제3거 직봉에는 별도로 2개 노선의 간봉을 두었다. 이중 간봉(1)은 모두 9기의 봉수로 구성되어 있으며 여둔대에서 초기하여 최종 강계 허실리許實里에 집결하였다. 간봉(2)는 모두 13기의 봉수로 구성되어 있으며 이봉산二峰山에서 초기하여 최종 안주 청산靑山에 집결하였다. 그리고 이들 노선에 속한 봉수를 통틀어 달리 서로봉수西路烽燧라고도 하였다.

한반도 남부지역 내 현 행정구역상 경기도 소재의 제3거 직봉 봉수는 파주 도라산봉수를 비롯하여 고양 해포봉수 등 모두 5기로 구성되어 있다. 이외 파주 성산봉수는 조선 전기에 한시적으로 운용되다가 곧 폐봉되었다.

1. 제3거 직봉

1) 파주 도라산봉수 道羅山烽燧

연번	제3거 직봉(75)	유형	내지봉수
설봉	조선 전기(세종실록 지리지)	폐봉	고종 32년(1895)
문헌별 명칭	세 道羅山烽火　신 道羅山燧　여 道羅山烽燧　증 道羅山烽燧		
소관	경기감사(京畿監司)		
소재 및 대응봉수	전기(세종실록 지리지)	縣西. 臨江 天水山烽火(북) → 道羅山烽火 → 原平 成山 烽火(동)	
	중기(신증동국여지승람)	天壽山烽燧(북) → 道羅山烽燧 → 坡州 大山烽燧(동)	
	후기(여지도서)	府西. 開城府 松岳山烽燧(서) → 道羅山烽燧 → 坡州牧 大山烽燧(동)	
	후기(증보문헌비고)	第3炬 直烽 : 松嶽 國師堂烽燧 → 道羅山(都羅山)烽燧 → 大山(大母山)烽燧	
주소	경기도 파주시 장단면 도라산리 산14 일원		
해발고도	167m	산명(山名)	도라산(道羅山)
학술조사	陸軍士官學校 陸軍博物館,「京畿道 坡州郡 軍事遺蹟 地表調査報告書」, 1994.		
주변경관	일대에서 해발고도가 가장 높은 곳에 있어 조망이 좋음		
기타사항	·고려 충렬왕대 도라산에서 사냥 (『고려사절요』) ·조선 태조대 도읍지로 검토 (『태조실록』) ·장단부(長湍府)의 향군(鄕軍) 이태중(李太中)의 도라산 근처에서 호랑이 포착(捕捉) (『일성록』)		

◆ 입지

경기도 파주시 장단면 도라산리 산14번지의 해발 167m인 도라산 정상부에 위치한다. 제3거 직봉의 봉수 중 한반도 남부지역 내 가장 최북단에 소재한다. 한반도 북부지역 내 강계 여둔대봉수餘屯臺烽燧에서 초기하여 내려오는 제3거의 남부지역 첫 봉수이다. 현재 군시설인 도라산전망대 내에 있어 출입을 위해서는 사전 허가가 필요하다. 일대에서는 해발고도가 제일 높은 곳에 있어 주위 일대가 잘 조망된다.

◆ 설봉시기와 봉수노선

조선 전기 『세종실록』지리지(1454)부터 최종 『증보문헌비고』(1908)까지 조선 전 시기 발간의 지지에 기록이 있다. 노선과 성격은 제3거 직봉의 일흔다섯번째 내지봉수이다. 대응봉수는 시기에 따라 차이가 있는데 최종 송악松嶽 국사당봉수에서 보내는 신호를 받아 파주 대산봉수에 응했다.

◆ 유구 현황

봉수는 현재 관측소가 있었던 정상 일부를 제외하고는 우회도로가 개설되어 있다. 사천강 넘어 개성 송악산이 정면에 바라 보인다. 동남쪽에는 봉수의 시설물로 여겨지는 화강석 석재가 일부 축대로 사용되어 있다. 좌측(남쪽)에는 1986년 9월 대통령의 지시로 이산가족의 아픔을 달래고 조국통일을 기원하는 건립 취지문이 적힌 도라전망대 표석이 세워져 있다. 현재 군부대의 안보교육장을 겸한 전망대가 설치되어 있다. 서울과는 약 44km의 거리이다.

  산정은 두 개의 봉우리가 연이어져 있는데 군 시설로 인해 봉수관련 유구는 확인할 수 없다.

◆ 찾아가는 길

문산에서 자유의 다리를 건너 판문점으로 가는 길목의 서편에 있다. 현재 도라산전망대가 설치되어 있는 우측(북쪽)의 봉우리가 봉수지이다.

◆ 기타

도라산은 고려 충렬왕 2년(1276), 왕이 도라산에서 사냥을 한 기사가 2회 확인[115]되며, 같은 왕 3년에는 왕이 공주와 같이 사냥한 기사가 1회 확인[116]된다.

조선 태조대에는 도읍지로도 검토되었는데, 『태조실록』 3년 8월, "민중리閔中理의 말한 바에 의하여 도라산 터를 둘러보고서 임금이 말하였다. "이렇게 더럽고 습한 곳이 어찌 도읍이 될 수 있단 말인가?" 드디어 송경으로 돌아오니, 왕세자는 도중에 나와서 배알하고 각사 〈관원들은〉 천수사天水寺 앞에서 맞이하였다."[117]라고 한 내용이 있다.

이외 조선 후기인 정조대에 도라산 일대는 호랑이가 횡행하는 곳이었다. 호랑이[虎] 관련 장단부長湍府의 향군鄕軍 이태중李太中이 도라산 근처에서 호랑이를 포착捕捉한 기사가 『일성록』에 있다. 이를 소개하면 "금위영이 아뢰기를, 방금 장단 부사長湍府使 이한오李漢五가 보고한 바를 받아 보니, 경내境內에 사나운 호랑이가 멋대로 돌아다녀 사람이 해를 입었는데, 향군 이태중이 자원하여 사냥해서 도라산 근처에서 이달 20일에 중호中虎 1두頭를, 22일에 대호大虎 1두를 잡아서 올려 보냈습니다. 하였습니다. 그동안 잡은 호랑이가 모두 3두입니다. 논상論賞해서 본영本營에서 특례로 목木과 포布를 제급하여 격려하게 하겠습니다."라고 보고하니 임금이 윤허하고 하교하여 "매우 가상하다. 상격賞格은 각별히 넉넉히 지급하고, 특별히 가자하라."[118]고 하였다.

---

115) 『고려사절요』 권20, 충렬왕 2년, 권21, 충렬왕 3년
116) 『고려사절요』 권21, 충렬왕 3년.
117) 『태조실록』 권6, 3년 8월 18일 을유.
118) 『일성록』 정조 7년 3월 26일 정사.

2.) 파주 대산봉수大山烽燧

연번	제3거 직봉(76)	유형	내지봉수
설봉	조선 중기(신증동국여지승람)	폐봉	고종 32년(1895)
문헌별 명칭	**신** 大山烽燧 **여** 大山烽燧 **증** 大山烽燧		
소관	경기감사(京畿監司)		
소재 및 대응봉수	중기(신증동국여지승람)	州西6里. 長湍府 道羅山烽燧(북) → 大山烽燧 → 高陽郡 所叱達山烽燧(남)	
	후기(여지도서)	州西6里. 長湍府 道羅山烽燧(북) → 大山烽燧 → 高陽郡 所叱達山烽燧(남)	
	후기(증보문헌비고)	第3炬 直烽: 道羅山(都羅山)烽燧 → 大山(大母山)烽燧 → 禿山(所叱達山)烽燧	
주소	경기도 파주시 파주읍 봉암리 산77-1 일원		
해발고도	82.4m	산명(山名)	대산(大山)
학술조사	陸軍士官學校 陸軍博物館, 『京畿道 坡州郡 軍事遺蹟 地表調査報告書』, 1994.		
주변경관	봉수는 1번 국도변에 인접한 저지의 산이지만 주위 일대가 평야지대로서 대응봉수간 조망이 양호한 곳임		

◆ 입지

경기도 파주시 파주읍 봉암리 산77-1번지의 해발 82.4m인 대산 정상에 위치한
다. 봉수가 위치하는 대산은 1번 국도변에 인접한 해발 82m인 저지의 산이지
만 주위 일대가 평야지대로서 대응봉수간 조망이 양호한 곳이다. 또한 동북쪽
으로 약 2㎞ 거리를 두고 봉서산성과 마주보고 있다. 남북으로 난 1번 국도와
307번 지방도가 봉수와 산성을 반타원형으로 둘러싸고 있는 형태이다.

◆ 설봉시기와 봉수노선

봉수는 성산봉수가 16세기 초를 전후한 시기에 폐봉되자 설봉되었다.『신증동국
여지승람』(1530)부터 최종 『증보문헌비고』(1908)까지 조선시대 발간의 지지에 기
록이 있다. 노선과 성격은 제3거 직봉의 일흔여섯번째 내지봉수이다. 대응봉수

는 같은 지역의 도라산봉수에서 보내는 신호를 받아 고양 독산봉수에 응했다.

◆ 유구현황

봉수는 대산의 정상부에 위치하였던 것으로 여겨진다. 현재 정상의 분지에는 군 시설이 있다. 군 시설을 구축하면서 봉수 축조 시 사용되었던 석재를 이용한 것으로 여겨진다. 대산 정상의 동측 사면 교통호에서 토기 및 자기가 출토된 점으로 미루어 이곳에 건물이 있었던 것으로 여겨진다.

◆ 찾아가는 길

경기도 파주시 파주읍 봉암리 산77-1번지의 1번 국도변에 인접한 해발 82.4m인 대산 정상에 위치한다.

3) 고양 독산봉수 禿山烽燧

연번	제3거 직봉(77)	유형	내지봉수
설봉	조선 전기(세종실록 지리지)	폐봉	고종 32년(1895)
문헌별 명칭	**세** 所達山烽火 **신** 所叱達山烽燧 **여** 禿山烽燧 **증** 禿山(古名 所叱達山)烽燧		
소관	경기감사(京畿監司)		
소재 및 대응봉수	전기(세종실록 지리지)	縣北. 原平 城山烽火(북) → 所達山烽火 → 京城 母岳烽火(동)	
	중기(신증동국여지승람)	郡北十五里. 坡州 大山烽燧(북) → 所叱達山烽燧 → 京都 母岳烽燧(동)	
	후기(여지도서)	郡西十五里. 坡州 大山烽燧(북) → 禿山烽燧 → 京都 鞍峴 烽燧(동)	
	후기(증보문헌비고)	第3炬 直烽 : 大山(大母山)烽燧 → 禿山(古名 所叱達山)烽燧 → 醯浦(古名 峰峴)烽燧	
주소	경기도 고양시 일산동구 문봉동 26-12 일원		
해발고도	133.4m	산명(山名)	독산(禿山)
문화재지정	경기도 기념물 제193호(2003. 9. 4)		
잔존유구	방호벽, 연조 5기, 고사지 1동, 출입시설 4개소		
주변경관	북쪽으로는 신호를 받는데 있어 노선상에 시야를 가리는 높은 산지가 없어 전망이 용이함. 남쪽으로 4 km 거리에는 제4로 직봉의 고봉봉수가 지척에 있듯이 잘 조망됨		

◆ 입지

경기도 고양시 일산구 문봉동 · 사리현동 · 지영동 경계의 해발 133.4m인 독산 정상에 위치한다. 북쪽으로는 신호를 받는데 있어 노선상에 시야를 가리는 높은 산지가 없어 전망이 용이하다. 남쪽으로 약 4km 거리에는 제4거 직봉의 고봉 봉수가 가까운 거리에서 바라보인다.

◆ 설봉시기와 봉수노선

조선 전기 『세종실록』지리지(1454)부터 최종 『증보문헌비고』(1908)까지 조선 전 시기 발간의 지지에 기록이 있다. 노선과 성격은 제3거 직봉의 일흔일곱번째 내지봉수이다. 대응봉수는 시기에 따라 차이가 있는데 최종 파주 대산봉수에서 보내는 신호를 받아 고양 해포봉수에 응했다.

◆ 봉수명칭

명칭상 전기에는 '소달산봉화所達山烽火 · 소질달산봉수所叱達山烽燧' 등으로 표기
되었으나 후기에는 독산봉수禿山烽燧로 표기 및 지칭되었다.

◆ 유구현황

봉수는 사방으로 주위가 잘 조망되며 서쪽으로 고봉봉수를 바로 마주보고 있
는 곳에 평면 원형의 토 · 석으로 축조되어 있다. 봉수 내 동북쪽에 방호벽과 인
접하여서는 고사지庫舍址로 여겨지는 원형 시설물이 있는데 외부는 석축으로
보강하였다. 직경은 4.2~4.6m, 깊이 0.6~0.7m이며 내에 민묘가 1기 조성되어
있다.

고양 독산봉수 전경

봉수 내·외로는 출입을 위한 계단형의 출입시설이 일정한 간격으로 4개소 있는데 이는 국내에서 유일한 사례이다. 이외에 평상시 매일 평안화平安火를 상징하는 1거와 비상시를 대비하여 설치하였던 주요 거화시설인 연조 5기를 방호벽 내부가 아닌 외부에 토축의 대臺를 마련하고 동-서 1열로 설치한 특이한 형태이다.

봉수의 규모는 동서 23m, 남북 22m, 전체둘레 약 74.6m이며, 방호벽의 높이는 동쪽이 2.5m, 서쪽이 1.3m 가량이다.

고양 독산봉수 출입시설(4개소 중 1개소)

고양 독산봉수 연조(5기 중 1기)

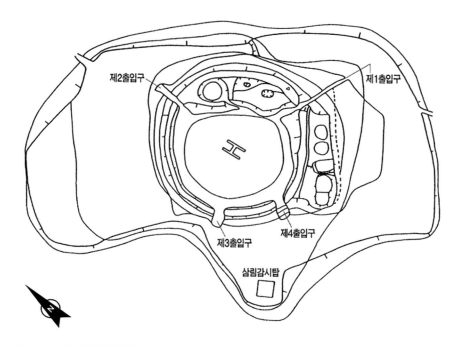

고양 독산봉수 평면도(LH 토지주택박물관)

◆ 찾아가는 길

고양시 고봉동주민센터 정문에서 좌측의 소로를 따라 올라가면 정상부 우측에
일산수요양병원이 있다. 여기에서 좌측으로 난 포장로를 따라 오르면 고봉배
수지가 있다. 여기에 차를 주차 후 좌측으로 난 등산로를 따라 근거리에 봉수가
위치한다.

4) 고양 해포봉수醢浦烽燧

연번	제3거 직봉(78)	유형	연변봉수
초축	조선 전기(세종실록 지리지)	철폐	고종 32년(1895)
문헌별 명칭	**세** 蜂峴烽火　**신** 蜂峴烽火　**여** 醢浦烽燧　**증** 醢浦(峰峴)烽燧		
소관	경기감사(京畿監司)		
소재 및 대응봉수	전기(세종실록 지리지)	縣東. 城山烽火(서) → 蜂峴烽火 → 京城 毋岳(동)	
	중기(신증동국여지승람)	郡東十五里. 高峯烽燧(서) → 蜂峴烽燧 → 京都 鞍峴烽燧(동)	
	후기(여지도서)	郡東南三十里. 高峯烽燧(서) → 醢浦烽燧 → 京都 鞍峴烽燧(동)	
	후기(증보문헌비고)	第3炬 直烽：禿山(所叱達山)烽燧 → 醢浦(峰峴)烽燧 → 毋嶽東烽	
주소	경기도 고양시 덕양구 강매동 193-6 일원		
해발고도	96m	산명(山名)	봉대산(峰臺山)
잔존유구	연대 1기		
주변경관	봉수가 위치하는 곳은 해발고도는 낮지만 주변 일대가 평야지대이고 비고가 상대적으로 높아 사방을 조망하기 용이한 곳임		

◆ 입지

경기도 고양시 덕양구 강매동의 해발 96m인 봉대산峰臺山 정상에 위치한다. 남서쪽으로는 통일신라시대 초축의 행주산성幸州山城과 2km의 가까운 거리이며, 한강을 중간에 두고 남서쪽으로는 제5거 직봉인 개화산봉수開花山烽燧가 4.5km의 가까운 거리에 있다.

해발고도가 낮은 곳에 위치하지만 주변 일대가 평야지대이고 비고가 상대적으로 높아 사방을 조망하기 좋은 곳이다.

◆ 설봉시기와 봉수노선

조선 전기『세종실록』지리지(1454)부터 최종『증보문헌비고』(1908)까지 조선 전 시기 발간의 지지에 기록이 있다. 노선과 성격은 제3거 직봉의 일흔여덟번째 연변봉수이다.

　　대응봉수는 시기에 따라 차이가 있는데 최종 같은 지역의 독산봉수에서 보내는 신호를 받아 서울 무악동봉毋嶽東烽에 응했다.

◆ 봉수명칭

명칭상 전기에는 봉현봉화蜂峴烽火로도 표기되었으나 후기에는 해포봉수醢浦烽 燧로 표기 및 지칭되었다.

◆ 유구현황

봉수는 평면 원형의 토축이다. 북동쪽으로 나지막한 구릉 2개가 이어지고 있는 입지조건이 양호한 곳에 연대煙臺 형태로 설치되어져 있다. 연대 상부는 삭평되어 평평하며 정면에서 바라본 모습은 '凸'자 형태이다. 규모는 높이 3.2~3.5m

고양 해포봉수

내, 직경은 동서 11.5m, 남북 10m, 둘레는 하부 약 50.8m, 상부 39m 가량이다.

연대 상부에 8각 정자와 벤치, 체육시설과 인근에 의자 등이 마련되어 있어 인근 주민들의 체력단련장으로도 이용되고 있다.

◆ 찾아가는 길

고양시 덕양구 강매1리의 남쪽 봉우리에 위치하고 있다. 강매석교에서 0.1km 가량 직진하면 좌측이 등산로 입구가 보인다. 신효 묘와 도로 및 굴다리를 지나면 고양시에서 운영하는 공설묘지 산정부에 봉수가 위치한다.

5) 서울 무악동봉 毋岳東烽燧

연번	제3거 직봉(79)		유형	내지봉수
초축	조선 전기(세종실록 지리지)		철폐	고종 32년(1895)
문헌별 명칭	세 毋嶽東峯　동 毋岳東峯　대 毋岳東所　증 毋嶽東烽			
소재 및 대응봉수	전기(세종실록 지리지)		慕華館之西上, 高陽 所達山烽火 → 毋嶽烽火	
	후기(증보문헌비고)		第3炬 直烽 : 醢甫(古名 蜂峴)烽燧 → 毋嶽東烽 → 木覓山第3	
주소	서울특별시 서대문구 봉원동 산1 일원			
해발고도	295.9m		산명(山名)	안산(鞍山), 안현(鞍峴), 길마재
문화재지정	서울특별시 기념물 제13호 (1993. 9. 20)			
복원정비	1993년 서울 정도 600주년 기념사업의 일환으로 산 정상에 방호벽, 연조 1기 형태로 복원			
주변경관	인왕산이 자리한 북동쪽을 제외한 세방향으로 조망이 가능함			
관련인물	·鄭蘊(1569~1641) ·南以興(1576~1627) ·李适(1587~1624) ·尹愭(1741~1826) ·鞍峴烽將 文世贊(?~?) ·鞍峴牌頭 金二雲(?~?)			
관련사건	·李适의 亂(인조 2년, 1624) ·鞍峴 烽幕 失火 : 고종 7년(1870) 3월, 鞍峴 烽幕의 失火로 여섯 칸의 기와집과 집물이 소실됨			
기타사항	겸재 정선(1676~1759)이 65세인 영조 16년(1740) 양천 현령으로 부임하여 재임시 양천현 관아에서 저녁 무렵에 무악에서 봉화를 올리는 모습을 그린 실경한수화인『경교명승첩(京郊名勝帖)』에 한 폭이 목 멱조돈(木覓朝暾) 제목으로 간송미술관에 소장되어 있음			

◆ 입지

서울특별시 서대문구 봉원동 산1번지 일원의 해발 295.9m인 안산 정상에 위치한다.

◆ 설봉시기와 봉수노선

조선 전기 『세종실록』지리지[1454]부터 최종 『증보문헌비고』[1908]까지 조선 전 시기 발간의 지지에 기록이 있다. 노선과 성격은 제3거 직봉의 일흔아홉번째 내지봉수이다. 대응봉수는 시기별로 지지에 따라 일부 노선의 변동이 있었으나 최종 고양 해포봉수에서 보내는 신호를 받아 최종 경성의 목멱산 제3봉수에 응했다. 『대동지지』에 무악동소毋岳東所는 양서兩西에서 육로陸路로 오는 봉수라 하였다. 명칭 상 지지에 따라 한자표기가 다양하다.

설봉시기관련 기록은 『세종실록』 5년(1423) 2월 26일, 병조의 계에 "경성 남산봉화南山烽火 5소所를 본조本曹가 진무소鎭撫所와 더불어 산에 올라 바라보고 불을 들어 서로 조준照準한 뒤에 땅을 측량하여 설치하였는데, 그 지명과 내력을 아래와 같이 자세히 기록해 올립니다. --(중략)-- 제 3봉화는 훈도방薰陶坊의 동원령洞源嶺에 있는데, 무악毋岳 동쪽 봉우리의 봉화와 서로 마주쳐 평안도로부터 오게 되고, --(중략)-- 위의 봉화를 들어 서로 마주치는 곳이 연대가 오래되면, 혹 변동이 있을까 염려되오니, 청컨대, 한성부로 하여금 대臺를 쌓고 표標를 세워, 서로 마주치는 지명과 봉화를 드는 식례式例를 써서 둘 것입니다." 라고 하니, 임금이 그대로 따랐다.는 내용이다.

◆ 봉수운용

무악동봉과 서봉은 서쪽으로 직선거리가 약 100m 정도 가까이 위치하기에 봉수를 관리하는 시설과 인원이 통합되어 운용되었으리라 여겨진다.

◆ 이괄의 난

인조 2년(1624) 2월 10일, 한양에 들어 온 이괄李适(1587~1624)의 반군을 장만張晩(1566~1629), 정충신鄭忠臣(1576~1636), 남이흥南以興(1576~1627) 등이 안현에 진을 치고 진압하였다. 이때 도원수 장만의 종사관從事官으로 난을 평정하는 데 공을 세운 이민구李敏求(1589~1670)는 그의 문집에 안현의 승전을 기념하여 다음의 시를 남겼다.

鞍峴大捷(안현 대첩)

魚鼎寧淹息　다급한 상황에 어찌 쉴까

鞍峯早合圍　안현을 일찍 에워쌌네

壁堅兼地利　성벽 단단하고 지형도 유리한데

雷疾協天威　거친 우레로 하늘의 위엄마저 도와주네

次第淸丹禁　차례대로 대궐 맑혀

分明對紫微　분명하게 자미성 마주하니

朝來五雲氣　아침에 찾아온 상서로운 오색구름

欲傍翠華飛　어거 곁에서 날려 하네

(『東州集』前集 卷2, 詩 ○從軍錄)

◆ 근무를 소홀히 한 봉수군 처벌

『승정원일기』 영조 5년⁽¹⁷²⁹⁾ 6월 15일, 안현 봉장^{鞍峴烽將} 문세찬^{文世贊,} (?~?)이 저녁에 목멱산봉수가 올라가지 않은 일로 봉수의 일을 소홀히 하였다 하여 종중결곤^{從重決棍119)}되고, 안현 패두^{鞍峴牌頭120)} 김이운^{金二雲,} (?~?) 역시 같이 연루되어 담당 관사로 하여금 종중과치^{從重科治} 되었다.¹²¹⁾

◆ 안현 봉막 실화

고종 7년⁽¹⁸⁷⁰⁾ 3월, 안현 봉막^{鞍峴烽幕}의 실화로 여섯 칸의 기와집과 집물이 소

---

119) 종중결곤^{從重決棍} : 같은 등급의 형벌에서 중한 쪽으로 적용해 곤장을 친다. 『속대전』⁽¹⁷⁴⁶⁾ 봉수에, "일이 없을 때라도 점고에 빠진 자는 '군관·감고·봉군' 말할 것 없이 각각 종중결곤 한다."라고 규정한 용례가 있다.

120) 패두^{牌頭} : 패의 우두머리. 立役할 장정 40~50명을 1패로 만들어 패두가 領率하였다. 원래 壯勇衛의 소속 군사 50명을 인솔하는 군인을 지칭한다.

121) 『승정원일기』 영조 5년 6월 16일.

실되었는데[122], 병조가 아뢰기를, "어제 황혼 무렵에 안현 봉막에서 불이 나서 여섯 칸의 기와집과 있던 집물什物을 모두 태웠으니 매우 놀랍고 송구합니다. 입직한 봉수 장졸들을 본조에서 잡아다가 엄중히 징치하고 집물을 마련하고 봉막을 다시 짓되 수일 안에 경영하여 번을 지켜 경계하게 하는 것이 어떻겠습니까?"하니, 임금이 윤허한다고 전교하였다.

◆ 안현 관련 시

무악봉수와 봉수가 위치한 안현 관련하여서는 사서의 기록과 조선시대 문인들의 문집에 시로 다수 전하고 있다. 연도별로 대표적인 시를 소개하면 다음과 같다.

첫째, 본관이 여산礪山, 자가 명중明仲이고 호는 이암頤庵인 송인宋寅, (1517~1584)의 시 상심헌십경賞心軒十景 중 안산석봉鞍山石烽이다.

> 鞍山夕烽(안산의 저녁 봉화)
> 鞍山亘崇陘　안산은 서울의 길목
> 烽臺凌絶險　봉대는 절벽 위에 있네
> 每夕報平安　매일 저녁 평안을 알리는
> 雲邊星一點　구름 끝 한 점 별이로다.
>
> (『頤菴遺稿』 卷2, 詩 五言絶句)

둘째, 인조반정仁祖反正(1623년) 후 논공에 불만을 품고 난을 일으킨 이괄의 난(인조 2년, 1624) 때에 한양에 들어 온 이괄의 반군을 남이흥이 장만, 정충신 등과 안현에 진을 치고 진압한 후 남이흥의 죽음을 애도하여 정온鄭蘊(1569~1641)은 그의 문집에 다음처럼 시로 남겼다.

---

122) 『승정원일기』 고종 7년 3월 28일.

悼南以興 (남이흥의 죽음을 애도하다.)

愒愒將軍負氣雄　걸걸한 장군이 기운도 웅장한데

幾年關塞習兵戎　변방에서 군사 훈련 몇 해나 했나

誓心鞍峴扶傾社　안현에서 맹세코 기우는 사직을 부지하자 했고

奮義安城挫虜鋒　안성에서는 의기를 떨쳐 오랑캐의 예봉을 꺾었네[123]

援絶雖無卽墨捷　후원이 끊겨서 비록 즉묵의 승첩은 없었지만

死榮終樹睢陽風　죽음으로 끝내 수양의 기풍을 수립하였다네

應知當日投身火　응당 알리라 당일에 투신했던 불길이

轉作西天截雨虹　도리어 서천에 드리운 무지개를 꺾을 줄을

(『桐溪集』 卷1, 七言律詩)

셋째, 호가 무명자無名子인 윤기尹愭(1741~1826)는 18세기에서 19세기 초반에 서울을 중심으로 활동했던 문인이다. 그의 문집에 소개된 성안의 저녁 풍경 5수이다.

城中暮景 五首 (성안의 저녁 풍경[124] 5수)

鞍燈纔過未及鐘　길마재에 봉화[125] 피고 인경 치기 전까지

往來人客不從容　북적이는 인파들 바쁘게 오가네

---

123) 안성安城에서는 … 꺾었네 : 인조 5년(1627) 후금後金이 강홍립姜弘立의 꾐에 빠져 8만여 기의 군사를 거느리고 쳐들어와서 의주義州를 함락하고 계속 침략하였다. 이때 평안 병사 남이흥은 안주 목사安州牧使 김준金浚 등과 함께 안주성安州城에서 이들을 맞아 전투를 벌이다가 불가항력의 싸움임을 알고 화약을 터뜨려 최후를 맞았다.(『대동야승』卷58, 逸史記聞)

124) 성안의 저녁 풍경 : 선생이 52세인 정조 16년(1792)에 지은 시이다. 18세기 서울의 저녁 풍경을 5수의 칠언절구에 담았다. 땅거미가 지기 시작하고 봉화대에 불이 들어오는 시점부터 인경 종이 쳐서 통금이 시작되는 시점까지 시간 순서대로 읊었다.

125) 길마재에 봉화 : 인왕산 줄기가 서쪽으로 뻗어 무악산 건너편에 우뚝 솟은 산이 안산鞍山이다. 말안장 같이 생겼다 하여 안현鞍峴이라고 불렀는데, 이곳이 길마재이다. 여기에 세종대에 두 개의 봉화를 설치하여 매일 저녁시간에 평안화平安火를 상징하는 1거의 봉홧불을 올렸다.

暗中忽見平安報　저녁 어둠 속에서 태평 소식 보나니
紫閣峯頭列四烽　자각봉 꼭대기에 네 개의 봉홧불

紛紛人馬各西東　분분한 인마들 저마다 동서로 가고
寒樹靑山暝色籠　낙엽 진 청산엔 어둠이 내리는구나
鴉隊莫誇昏得意　까마귀들아 캄캄하다 좋아하지 말아라
會看東峀日輪紅　이제 곧 동봉에 뜨는 붉은 해를 보리라

淡月初升星漸多　맑은 달 떠오르고 별들 많아지니
樓臺處處起笙歌　곳곳 누대마다 노랫소리 들리누나
別有搖搖雲外響　구름 너머 들려오는 또 다른 곡조
太平簫弄駱山阿　낙산 모퉁이서 부는 태평소 가락

人稀街路市垂簾　거리에 행인 줄고 점포도 닫았는데
煙霧深籠撲地閻　안개는 짙게 끼어 여염에 자욱하네
惟有酒家遙可辨　멀리서도 술집만은 분별할 수 있으니
紅燈揭戶是靑帘　문 앞에 홍등 걸린 곳이 주막이라오

華堂幾處煖鑪期　기방에서 술 데울 기약 그 몇 곳이며
繡戶何人白馬馳　백마 타고 청루 가는 이 또 몇이랴만
最是整襟明燭地　가장 좋은 이 맛을 그 뉘 알리오
咿唔滋味有誰知　단정히 등촉 켜고 글 읽는 재미

（『無名子集』詩攷 卷3, 詩）

◆ 유구현황

봉수는 서울정도 600주년을 기념하여 1993년 계단시설을 갖춘 2단의 원형 방호벽 위에 백색화강암으로 13단의 연조 형태로 1기가 복원되어 있다. 내에는 벽돌로서 보강하고 있다. 아울러 북쪽 중간부에는 48×1.2m의 화구 1곳이 있는데 하단 5단부터 8단 사이에 마련하였다. 화구벽의 두께는 40cm이며 내부 폭은 110cm로서 화구 내에서 본 상부의 모습은 8각이다. 하단에서 상부로 가면서 점점 좁아지는데 9단부터 뚜렷이 좁아지고 있다. 높이 3.22m, 둘레 6.14m이다.

◆ 찾아가는 길

동봉수로 가는 길은 여러 갈래인데 이중 주로 이용되는 등산로는 봉원사 뒤쪽으로 하여 오르는 길이 있다.

서울 무악동봉

◆ 기타

겸재 정선(1676~1759)이 65세인 영조 16년(1740) 양천 현령陽川縣令으로 부임하
여 재임시 양천현 관아에서 저녁 무렵에 무악에서 봉화를 올리는 모습을 그린
실경한수화인 『경교명승첩京郊名勝帖』에 한 폭이 목멱조돈木覓朝暾 제목으로 간
송미술관에 소장되어 있다.

2. 제3거 관련

1) 파주 성산봉수城山烽燧

연번	제3거 관련		유형	내지봉수
설봉	조선 전기(세종실록 지리지)		폐봉	조선 전기
문헌별 명칭	**세** 城山烽火			
소재 및 대응봉수	전기 (세종실록 지리지)		府西. 臨津 道羅山烽火(서) → 城山烽火 → 高陽 所達山烽火(남)	
주소	경기도 파주시 파주읍 봉서리 산67 일원			
해발고도	–		산명(山名)	–
기타사항	봉서산성 내 위치			

◆ 입지

경기도 파주시 파주읍 봉서리 산67번지 일원의 봉서산성 내에 위치한다.

◆ 설봉시기와 봉수노선

봉수는 조선 전기에 서쪽의 도라산봉수道羅山烽燧에서 보내는 신호를 받아 남쪽의 고양 소달산봉수所達山烽燧에 응하였던 제1거 노선상의 봉수였다.『세종실록』지리지(1454)에 경기 원평도호부原平都護府 서원군瑞原郡 소재 봉화 1처로서 소개되어 있다. 이후 파주 대산봉수가 그 역할을 대신함에 따라 봉수로서의 기능을 상실하고 일찍 폐봉되었다.

◆ 유구 현황

봉수가 있었던 산 정상부는 군시설 설치로 인해 접근이 곤란하며 봉수 관련 유지는 멸실된 것으로 여겨진다.

◆ 찾아가는 길

파주시 월롱면에서 문산읍간 1번 국도를 따라 가다 보면 산 정상에 군 통신시설물이 있는 높은 산이 정면에 보이는데 말안장처럼 비슷한 형태이다. 통일공원 전에 있는 파주농협농산물직판장의 우측 봉서2리^(작전동) 붉은밭마을 샛길로 들어가서 유치원 및 기도원이 있는 공터에 차를 주차시키고 기도원약수터로 해서 올라갈 수 있다.

◆ 기타

봉서산성 내 위치하였던 봉수이다.

5부

제4거 노선

조선 후기『증보문헌비고』(1908)의 제4거 직봉은 평안도 의주 고정주봉수古靜
州烽燧에서 초기初起하는 노선이다. 대응봉수간 차차거화를 통해 서해안을 따라
내려와 무악서봉에서 목멱산 제4봉에 응했다.

제4거 직봉은 모두 71기의 봉수로 구성되어 있다. 그리고 제4거 직봉에는
별도로 3개 노선의 간봉을 두었다. 그리고 이들 노선에 속한 봉수를 통틀어 제3
거 직·간봉 노선과 마찬가지로 달리 서로봉수西路烽燧라고도 하였다.

한반도 남부지역 내 제4거 직·간봉 봉수는 인천 옹진 연평도봉수를 비롯
하여 고양 고봉봉수 등 모두 5기로 구성되어 있다. 이외 파주 검단산봉수는 조
선 전기에 한시적으로 운용되다가 곧 폐봉되었다.

1. 제4거 직봉

1) 인천 옹진 연평도봉수延平島烽燧

연번	제4거 직봉(56)	유형	연변봉수
설봉	조선 후기(여지도서)	폐봉	고종 32년(1895)
문헌별 명칭	**여** 延平 **대** 延平島 **증** 延平島		
소관	황해수사(黃海水使)		
소재 및 대응봉수	후기(여지도서)		在州南120里 北應睡鴨 東報龍媒
	후기(대동지지)		延平島 右水路 元烽
	후기(증보문헌비고)		睡鴨島烽燧 → 延平島烽燧 → 龍媒烽燧
주소	인천광역시 옹진군 연평면 연평리		
관련인물	·金誠一(1538~1593) ·申欽(1566~1628) ·洪世泰(1653~1725) ·李裕元(1814~1888)		

◆ 입지

서해안 경기만에 소재하는 다수 열도列島 중 하나인 대연평도大延坪島에 있다. 남쪽으로는 모이도·구지도외 소연평도와 인접하고 있다.

연평도의 입지관련 이유원李裕元(1814~1888)은 "해주의 연평도가 말도에서 서로 건너다 보이는 곳에 있는데 그 거리가 20리밖에 되지 않는다. 이 때문에 만약 적이 연평도에 들어온다면 이미 강도江都에서 이를 알 수 있다."[126] 라고 하였다.

---

126) 『林下筆記』卷13, 「文獻指掌編」江都所屬關防

◆ 설봉시기와 봉수노선

조선 후기 발간 『여지도서』[(1760)]에 황해도 해주목에 속하여 "주의 남쪽 120리에 있다. 북으로 수압睡鴨에 응하고, 동으로 용매龍媒에 알린다." 라고 하였다. 『대동지지』에는 연평도延坪島 명으로 "수로水路 원봉元烽이다." 라고 하여 노선과 성격상 직봉의 연변봉수임을 알 수 있다. 『증보문헌비고』[(1908)]에는 같은 명칭으로 황해 수사 소관이며 의주 고정주古靜州에서 초기하는 제4거 직봉의 봉수로 최종 무악서봉毋嶽西烽에 응하였다.

　『조선후기 지방지도』[(1872)]의 「해주목지도海州牧地圖」奎[(10554)]와 「해주용매진지도海州龍媒鎭地圖」奎[(10523)]에 표기된 봉수의 표기는 섬 내 산능선부 연대煙臺 위에 길쭉한 촛불 모양으로 표기되어 있다. 표기형태가 앞의 전봉前烽인 수압봉수睡鴨烽燧와 동일하다.

◆ 연평도 관련 인물

학봉鶴峯 김성일金誠一, [(1538~1593)]이 선조 16년[(1583)] 조정의 명으로 황해도를 순무巡撫 하였다. 당시에는 아직 연평도에 봉수가 설봉되기 이전이다. 이때 올린 상소를 보면 연평도 포함 주위의 여러 섬이 수적水賊의 수탈을 자주 받는 곳이었음을 알 수 있다. 상소문을 소개하면 다음과 같다.

　　신이 연해沿海를 순시하면서 변경의 일에 대해 두루 물어 보았더니, 중국인인지 왜인인지 구별이 안 되는 도적들이 바다를 오가면서 날마다 약탈을 일삼고 있는데, 풍천의 초도椒島, 장연의 백령도白翎島 · 대청도大靑島 · 소청도小靑島, 해주의 연평도 등지가 도적들의 소굴이 되어, 어선이나 상선이 그들에게 약탈당하였으며, 이들을 수색하는 배 역시 공격당해 부서졌습니다. 이와 같은 변고가 한 해 사이에 한두 번만 일어나는 것이 아닙니다. 그런데도 변장들은 이런 사실을 숨기기만 한 채 보고하지 않는 것을 능사로 여기고 있으면서 이들을 섬멸할 계책을 세우지 않고 있으니, 더욱더 통분스럽습니다.

이른바 수적水賊이라는 것은 공격을 할 수 있는 무기를 가진 자들이 아니고, 단지 약한 활과 무딘 화살에다가 돌멩이나 나무 몽둥이를 무기로 삼고 있는 군사들입니다. 그러니 변장으로 있는 자가 망보기를 삼가서 하고 병선을 정제해 두고서 그들이 여러 섬에 와서 정박하기를 기다리고 있다가 사방에서 엄습하면, 포획하기가 손바닥을 뒤집는 것보다도 쉬울 것입니다. 그런데도 그들이 마음대로 오가도록 내버려 둔 채 금지하지 않고 있으니, 해적들이 여러 섬에 들락날락하면서 목장에서 기르는 말을 사냥하고 배를 만들 재목을 벌채하기를 일삼는 것은 조금도 괴이할 것이 없습니다.

신의 망녕된 생각으로는, 긴요하지 않은 곳에 배속시킨 자들은 줄이고 줄일 수 있는 요역은 줄여서, 그들로 하여금 방수防守에 전념하도록 하여 전처럼 진영을 비워 두는 폐단이 없게 해야 한다고 생각합니다. 그리고 무예를 훈련하는 등의 일에 대해서는, 감사가 신명申明하여 거행해 군사가 활을 제대로 쏘지 못하거나 무기가 날카롭지 않을 경우에는 중한 자는 파출罷黜하고 가벼운 자는 곤장을 치고 유시하되, 한결같이 군령軍令대로 종사하게 하여야 합니다. 그렇게 하면 군사들이 어찌 훈련을 하지 않는 자가 있겠으며, 무기가 어찌 날카롭지 않을 리가 있겠습니까. 이와 같이 한 다음에야 수적들을 체포할 수 있고 섬오랑캐를 막을 수 있을 것입니다. 만약 오늘날 하는 것처럼 하면서 뒷날에 적을 꺾는 성과를 바란다면, 신은 아마도 맹자가 이른 바 나무에 올라가 물고기를 구한다고 한 것과 불행하게도 비슷할 것이라 여겨집니다.127)

라고 하여 연평도의 현실과 대안을 제시하였다.

---

127) 『鶴峯集』 續集 卷2, 疏 黃海道巡撫時疏 癸未.

◆ 연평도 관련 시

첫째, 조선 중기에 소위 문장 사대가[128]의 한 사람이며 정치가였던 상촌象村 신흠申欽(1566~1628)의 문집인 『상촌집』에 시가 전한다. 이를 소개하면 다음과 같다.

向彌串鎭望遼山(이관곶진을 향해가는 길에 요동 산을 바라보며) 2수

遼山杳杳遼河闊　요동 산은 아스랗고 요동 강물 드넓은데
驅馬今朝又此陲　오늘 아침 또 다시 이곳에서 말을 모네
自笑浮蹤長絶塞　덧없는 자취 변방에 오래 떠돎 우습지만
敢將漂梗嘆明時　밝은 시대에 표경을 어찌 감히 한탄하리
新霜古樹邊風急　서리 내린 옛 숲에 변방 바람 몰아치고
落日遙空朔鴈遲　석양의 머언 창공에 북방 기러기 하느작
萬事悠悠喪亂後　전쟁 재난 겪은 뒤 세상 만사 덧없으니
一官於我亦支離　벼슬살이 이 내몸은 그 또한 지루하기만

二

扁舟去歲延平渡　지난해엔 연평나루 거룻배로 건넜는데
匹馬今年鴨水邊　금년에는 압록강 가 필마로 달려가네
長路倦遊何日定　머언 길 지루한 여행 어느제나 끝이 날지
中秋新月幾回圓　팔월의 산뜻한 달은 몇번이나 둥글었나
歸期又負西窓夜　돌아갈 기약 또 다시 서창의 밤 저버리고
旅夢空尋北鴈前　나그네 꿈 속절없이 기러기 앞 헤매이네

---

128) 문장 사대가文章四大家 : 이정구李廷龜·장유張維·이식李植·신흠申欽.

悄悵無因遣搖落　서글픔에 외로움을 가눌 길이 없는데

滿林寒葉正蕭然　온 숲의 차가운 잎 그야말로 쓸쓸하네

(『象村集』卷13, 詩 ○七言律詩)

둘째, 본관이 남양^{南陽}으로 5세에 책을 읽을 줄 알고 7, 8세에는 글을 지을 만큼 뛰어난 재주를 타고났으나 신분이 역관 출신의 중인층이라 제약이 많았던 홍세태^{洪世泰(1653~1725)}의 옹진을 노래한 다음의 시다. 타고난 시재로 문명을 드높인 그였지만, 집안은 늘 가난했고, 제대로 된 벼슬자리 하나 없었다. 8남매의 자식을 대부분 앞세운 그이기에 현실에 대한 상실감과 괴리감은 누구보다도 컸던 것으로 보인다. 현실과 유리된 삶을 살아야 하는 이에게 대청도, 소청도, 외연도는 그에게 마치 신선이 사는 삼신산이오, 영주, 봉래산이었을 것이다.

甕津歌(옹진에 대한 노래)

甕津城¹²⁹⁾外海漫天　옹진성 밖은 온통 바다인데,

西對花山¹³⁰⁾大似拳　서쪽으로 큰 주먹 같은 화산과 대했네.

三月腥風吹滿縣　3월 바다 비린 바람 고을에 가득하고,

官廳日數賣魚錢　관청은 날마다 고기 판 돈 헤아리네.

其二

長山串口水騰波　장산곶 앞바다 물결은 높다랗고,

大小靑¹³¹⁾邊風力多　대청·소청 바람은 세기도 하구나.

---

129) 황해남도 옹진군 옹진읍 본영리에 있는 옹진고성.

130) 화산^{花山} : 옹진현 동쪽에 있는데, 옹진현의 옛 이름이 화산현이다. 『학봉속집』 제1권, 시에 "화산은 옹진현 동쪽에 있다."라고 하였다.

131) 대청도와 소청도.

側柂欹檣過不得　　돛과 키 기울어 갈 수도 없는데,
舟人到此盡悲歌　　뱃사람 이곳에 슬픈 노래 부르네.

其三
際海黃茅[132]與白沙　　바닷가 누런 초가와 흰 모래,
一村鹽戶[133]對漁家　　촌사람 모두 염호와 고기잡이.
客中不記淸明節　　나그네 청명절도 알지 못해,
春後唯看杜宇花[134]　　봄 지난 뒤 두견화만 보고 있네.

其四
山花落盡大機村[135]　　산 꽃이 다 떨어진 대기촌에서,
萬里傷春獨掩門　　봄 시름 가득해 홀로 문 닫았네.
但見浮雲逐游子　　오직 뜬구름만 나그네를 따르는데,
不聞芳草送王孫[136]　　그리운 이 온다는 말 듣지 못했네.

其五
願借滄溟萬里風　　푸른 바다 만 리의 바람을 빌려서,
掛帆西去到天窮　　돛 달고 서쪽 하늘 끝까지 갈 거나.
披襟魯叟東山上[137]　　옷깃을 헤치고 동산에 올라 볼 거나,

---

132) 황모黃茅 : 누렇게 지붕을 이은 초가집.

133) 염호鹽戶 : 소금 굽는 호역戶役.

134) 김창업, 『노가재집』 권5, 시. "위어(웅어)회를 만들고 나니, 누가 두우화杜宇花를 지져 놓았네."라고 한 것으로 보아, 두우화는 진달래꽃(참꽃)을 이른다.

135) 소청도에 있는 마을이다.

136) 왕손王孫 : 멀리 떠나간 사람을 그리워하는 말. 한나라 회남왕 劉安의 〈초은사〉에 "왕손은 나가서 돌아오지 않건만 봄풀은 돋아나서 무성하구나."라고 하였다.

137) 노수魯叟 : 공자를 일컬음. 《논어》 공야장에 "도가 행해지지 않으니, 내가 장차 뗏목을 타고 바다로 나가볼까 한다."라고 하였다. 또 《맹자》 진심 상. "공자가 東山에 올라가서 굽어보고 노나라를 작다고 여겼고, 태산에 올라가서 굽어보고 천하를 작다고 여겼다고 한다."라고 하였다. 역관 출신인 홍세태는 벼슬을 높이 하지 못하고, 평생을 가난하게 살았다. 뜻을 제대로 펴지 못한 작가의 우울한 심정을 도가 행해지지 않아서 떠나고자 한 공자의 고사에 빗대어 표현한 것이다.

擊劍田橫古島中[138]　　칼 잡은 전횡은 먼 섬에 숨었구나.

(『柳下集』 卷4, 南陽洪世泰道長著 詩)

◆ 유구현황

현재 봉수는 군 시설 내에 위치하여 접근이 곤란하다. 따라서 잔존 유구의 현황
은 자세히 알 수 없다.

해주 연평봉수(『해주용매진지도』)

---

138) 진나라 말기 한고조 劉邦의 장수 韓信이 제나라를 격파하고 제나라 왕을 사로잡아 가자 田橫이 스스로 제나라 왕이
되었다. 그러나 한고조가 제위에 오르자 전횡은 부하 500여 명을 데리고 바다로 들어가 섬에서 버티고 살았다. 제위
에 오른 한고조가 사람을 보내 백방으로 전횡을 설득하여 그를 불러들였다. 전횡은 그를 설득하러 온 사람과 함께 길
을 떠나 낙양 30리 거리에 이르러서는, 자기가 처음에는 한고조와 같이 왕이 되었는데, 이제 신하가 되어 그를 섬긴
다는 것은 견디기 어려운 일이라고 하여 자결하였다. 이 소식을 들은, 섬에 남아 있던 500여 명의 부하들도 다 자결
하여 그 섬을 전횡도라고 부르게 되었다. 지금 외연도를 전횡도라고 한다. 외연도에서는 전횡의 사당을 짓고 전횡의
제를 지내고 있다. 작가는 자신이 전횡처럼 의기 높은 사람이기를 희망하고 있다는 말이다.

2) 파주 형제봉봉수 兄弟峰烽燧

연번	제4거 직봉(69)	유형	내지봉수
초축	조선 후기(여지도서)	철폐	고종 32년(1895)
문헌별 명칭	**여** 兄弟峰　**증** 兄弟峰		
소관	경기감사(京畿監司)		
소재 및 대응봉수	후기(여지도서)	郡西15里. 豊德 德積山烽(서) → 兄弟峰 → 高陽 高峰烽(남)	
	후기(증보문헌비고)	德積山烽燧 → 兄弟峰烽燧 → 高峰	
주소	경기도 파주시 탄현면 법흥리 산128		
해발고도	124m	산명(山名)	형제봉(兄弟峰)
주변경관	형제봉은 해발 124m로 그리 높은 산은 아니나, 산정에서는 사방으로 조망이 양호함		

◆ 입지

경기도 파주시 탄현면 법흥리의 해발 124m인 형제봉 정상에 위치한다. 제4거 직봉의 봉수 중 한반도 남부지역 내 최북단 봉수로, 한반도 북부지역의 고정주 봉수古靜州烽燧에서 초기하여 내려오는 제4거의 남부지역 첫 봉수이다. 형제봉은 해발 124m로 그리 높은 산은 아니나, 산정에서는 사방으로 조망이 양호하다. 동남쪽으로 고봉봉수가 멀리 조망되며 서쪽으로 오두산성, 남서쪽으로 검단산봉수가 조망된다.

◆ 설봉시기와 봉수노선

조선 후기『여지도서』(1760)부터 최종『증보문헌비고』(1908)까지 조선 후기에 한시적으로 운용되었다. 노선과 성격은 제4거 직봉의 예순아홉번째 내지봉수다. 대응봉수는 풍덕 덕적산봉수에서 보내는 신호를 받아 고양 고봉봉수에 응했다.

봉수의 이설사유 및 시기와 관련하여『여지도서』에 원래는 같은 지역의 검단산黔丹山에 있었으나 장릉長陵을 옮긴 후 이곳에 옮겨 설치하였다고 한다.

장릉은 인조와 그의 비 인열왕후 한씨의 능으로 처음에는 파주시 북운천리에 있었으나, 영조 7년⁽¹⁷³¹⁾ 뱀들이 무덤 석물 사이에 집을 짓고 있어 현재의 위치로 옮겨 합장하였다. 따라서 검단산봉수에서 형제봉봉수로 옮긴 것은 영조 7년 전후인 것으로 여겨진다.

◆ 봉수운용

『여지도서』 군병에 봉수군 인원에 대하여 "烽燧別將一人 監官一人 烽燧軍戶保 幷一百二十名"이라 하여 봉수별장 1인, 감관 1인, 120명의 봉수군호보가 소속되어 있었다.

◆ 유구현황

봉수가 있었을 것으로 추정되는 산정은 평탄하게 삭평되어 있으며 군 교통호의 구축 등으로 원래의 지형이 많이 훼손된 상태여서 봉수와 관련된 유구는 확인되지 않는다.

◆ 찾아가는 길

성동IC에서 우측 법흥리 방향으로 진행하다 보면 정면에 보이는 나지막한 봉우리가 봉수가 있었던 곳이다.

3) 고양 고봉봉수 高峰烽燧

연번	제4거 직봉(70)		유형	내지봉수
초축	조선 전기(세종실록 지리지)		철폐	고종 32년(1895)
문헌별 명칭	세 成山烽火 신 高峯城山烽燧 증 高峰烽燧			
소관	경기감사(京畿監司)			
소재 및 대응봉수	전기(세종실록 지리지)		縣西. 交河 檢斷山烽火(북) → 成山烽火 → 蜂峴烽火(동)	
	중기(신증동국여지승람)		郡西15里. 交河 黔斷山烽燧(서) → 高峯城山烽燧 → 蜂峴烽燧(동)	
	후기(증보문헌비고)		第4炬 直烽 : 兄弟峰烽燧 → 高峰烽燧 → 毋嶽西峰	
주소	경기도 고양시 일산동구 성석동 산67-1 일원			
해발고도	208.8m		산명(山名)	고봉산(高峰山)
주변경관	해발고도가 상대적으로 높아 산정에서는 주위 일대가 사방으로 잘 조망됨			
관련설화	한씨미녀(漢氏美女)가 높은 산마루에서 봉화를 피워 고구려 안장왕을 맞이한 곳이기에 이름을 고봉(高烽)이라 하였다는 설화가 전함(『삼국사기』, 『세종실록』지리지 등)			
기타사항	· 고봉산성(高峯山城) 내 위치			

◆ 입지

경기도 고양시 일산구 성석동의 해발 208.8m인 고봉산高峰山 정상에 위치한다. 해발고도가 상대적으로 높아 산정에서는 주위 일대가 사방으로 잘 조망된다. 특히 북동쪽으로 4㎞ 거리에는 제3거 직봉의 독산봉수가 지척에 있듯이 잘 조망된다.

◆ 설봉시기와 봉수노선

조선 전기 『세종실록』지리지(1454)부터 최종『증보문헌비고』(1908)까지 조선 전 시기 발간의 지지에 기록이 있다. 노선과 성격은 제4거 직봉의 일흔번째 내지봉수이다. 대응봉수는 시기에 따라 차이가 있는데 최종 파주 형제봉봉수에서 보내는 신호를 받아 무악서봉에 응했다.

◆ 봉수명칭

명칭상 전기에는 '성산봉화成山烽火·고봉성산봉수高峯城山烽燧' 등으로 표기되었
으나 후기에는 고봉봉수高峰烽燧로 표기 및 지칭되었다.

◆ 관련설화

봉수 명칭관련『삼국사기』에 "달을성현達乙省縣 한씨미녀가 높은 산마루에서 봉
화를 놓고 안장왕을 맞이하던 곳이다. 고로 후에 고봉高烽이라 이름하였다."[139]
라고 하였다. 이후 조선 전 시기 발간 지지에 같은 내용이 실려 있다.[140]

◆ 유구현황

봉수는 고봉산의 정상부에 있었을 것으로 여겨지나 현재 고봉산의 정상부에는
접근이 제한되는 통신시설이 들어서 있다.

◆ 찾아가는 길

일산시에 들어서면 어디서건 봉수가 있는 고봉산이 잘 조망된다. 봉수가 있는
산 정상까지는 왕복 1차선의 포장도로가 잘 나 있고 산 정상에 통신탑이 높게
세워져 있어 멀리서도 쉽게 위치확인이 가능하다.

---

139) 『삼국사기』 권제37, 잡지 제6, 지리4, 고구려
140) 한씨미녀 관련 『동사강목』에는 '한씨의 딸韓氏女'로 표기되어 있다.(『동사강목』 제3상 하5월.)

4) 서울 무악서봉毋嶽西烽

연번	제4거 직봉(71)	유형	내지봉수
초축	조선 전기(세종실록 지리지)	철폐	고종 32년(1895)
문헌별 명칭	세 毋嶽西峯 동 毋岳西峯 대 毋岳西所 증 毋嶽西烽		
소재 및 대응봉수	전기(세종실록지리지)	慕華館之西上. 迎曙驛 西山烽火 → 毋嶽烽火	
	후기(증보문헌비고)	第4炬 直烽 : 高峰烽燧 → 毋嶽西烽 → 木覓山烽燧 第四	
주소	서울특별시 서대문구 봉원동 산1 일원		
해발고도	295.9m	산명(山名)	안산(鞍山), 안현(鞍峴), 길마재
잔존유구	토축의 연대(煙臺) 형태		
주변경관	인왕산이 자리한 북동쪽을 제외한 세방향으로의 조망이 가능함		

◆ 입지

서울특별시 서대문구 봉원동 산1번지 일원의 해발 295.9m인 안산의 동봉 서쪽
에 위치한다.

◆ 설봉시기와 봉수노선

조선 전기『세종실록』지리지(1454)부터 최종『증보문헌비고』(1908)까지 조선 전
시기 발간의 지지에 기록이 있다. 노선과 성격은 제4거 직봉의 일흔한번째 내
지봉수다. 대응봉수는 시기별로 지지에 따라 일부 노선의 변동이 있었으나 최
종 고양 고봉봉수에서 보내는 신호를 받아 최종 경성의 목멱산 제4봉수에 응했
다.『대동지지』에 "무악서소毋岳西所는 양서兩西에서 수로水路로 오는 봉수다." 라
고 하였다.

설봉시기관련 기록은『세종실록』5년(1423) 2월 26일, 병조의 계에 "경성 남
산봉화南山烽火 5소所를 본조本曹가 진무소鎭撫所와 더불어 산에 올라 바라보고
불을 들어 서로 조준照準한 뒤에 땅을 측량하여 설치하였는데, 그 지명과 내력

을 아래와 같이 자세히 기록해 올립니다. --(중략)-- 제 4봉화는 명례방明禮坊의 동원령洞源嶺에 있는데, 무악毋岳 사봉四峯의 봉화와 서로 마주쳐 평안도 · 황해도의 바닷길로 오게 되고, --(중략)-- 위의 봉화를 들어 서로 마주치는 곳이 연대가 오래되면, 혹 변동이 있을까 염려되오니, 청컨대, 한성부로 하여금 대臺를 쌓고 표標를 세워, 서로 마주치는 지명과 봉화를 드는 식례式例를 써서 둘 것입니다."라고 하니, 임금이 그대로 따랐다.는 내용이다.

◆ 유구현황
현재 봉수는 무악 동봉의 서쪽으로 약 100m의 거리를 두고 대형 토축의 연대煙臺 형태로 남아 있다. 통신시설의 설치로 인해 접근이 곤란하다.

◆ 찾아가는 길
서봉수로 가는 길은 여러 갈래인데 주로 이용되는 등산로는 봉원사 뒤쪽으로 오르는 길이 있다.

서울 무악서봉

2. 제4거 간봉

1) 강화 교정 수정산봉수 修井山烽燧

연번	제4거 간봉(3) − 2	유형	연변봉수
초축	조선 전기(세종실록 지리지)	철폐	고종 32년(1895)
문헌별 명칭	**세** 修井山烽火 **신** 修井山烽燧 **여** 修井山烽燧 **경** 修井山烽燧 *경:「京畿誌」의「喬桐府邑誌」		
소재 및 대응봉수	전기(세종실록 지리지)	縣西. 城山烽火(동) → 修井山烽火 → 看月山烽火(북)	
	중기(신증동국여지승람)	修井山烽燧 → 黃海道 延安府 角山烽燧(북)	
	후기(여지도서)	府西20里. 黃海道 延安 看月山烽燧(서) → 修井山烽燧 → 延安 角山烽燧(북)	
	후기(증보문헌비고)	第4炬 間烽(3) : 延安 看月烽燧 → 喬桐 修井山烽燧 → 延安 角山烽燧	
주소	인천광역시 강화군 교동면 서한리 산92		
해발고도	100m	산명(山名)	수정산(修井山)
학술조사	韓國文化財保護財團,「江華外城 地表調査報告書」, 2006.		
주변경관	봉수가 위치하는 곳은 교동도내 최서쪽에 동남−서북으로 엇비슷하게 장축을 이루는 산정상의 북쪽 봉우리로서 경기만을 사이에 두고 황해도의 연안군과 지척에 인접하고 있으며, 사면으로 시야확보가 용이함		

◆ 입지

인천광역시 강화군 교동면 교동도내 서한리의 해발 100m인 수정산 정상에 위
치한다. 교동도 내 최서쪽에 동남−서북으로 엇비슷하게 장축을 이루는 산정상
의 북쪽 봉우리이다. 경기만을 사이에 두고 황해도의 연안군과 지척에 인접하
고 있으며, 사방으로 조망이 용이하다. 서북쪽으로 황해도와 경기도 경계상의
교동도喬棟島에는 동−서로 4.25km의 거리를 두고 화개산봉수가 같이 설치되어

있다. 봉수가 있는 화개산(259.5m)을 제외하면 100m 내의 작은 산과 평야지대 뿐이다.

◆ 설봉시기와 봉수노선

조선 전기 발간의 『세종실록』지리지(1454)부터 최종 『증보문헌비고』(1908)까지 조선 전 시기 발간의 지지에 기록 이 있다. 노선과 성격은 황해도 연안부 소재 간월산看月山에서 초기하는 제4거 간봉(3)의 두번째 연변봉수이다.

　　대응봉수는 전기 『세종실록』지리지에 경기 교동현 소재 봉화 2처 중 1처 인 수정산봉화修井山烽火 명칭으로 현의 서쪽에 소재하며 동쪽으로 성산城山, 북 쪽으로 연안 간월산看月山에 응한다고 하였다. 중기 『신증동국여지승람』(1530) 에는 교동현의 봉수에서 수정산봉수修井山烽燧 명칭으로 종래 동쪽으로 응하던 성산봉수 노선이 철폐되고 북쪽으로 황해도 연안부 각산角山에 응하는 노선이 신설되었음을 알 수 있다.

　　후기 『여지도서』(1760)에는 수정산봉수 명칭으로 부의 서쪽 20리에 소재 하며 간월산 → 수정산 → 각산봉수의 대응관계를 알 수 있다. 이외 『증보문헌비 고』에는 제4로 간봉(3)의 두 번째 봉수로서 "수정봉修井烽은 교동喬桐에서 받는 다."라고 하였다.

◆ 봉수위치 및 명칭

『경기지』「교동부읍지」에 3처의 봉수가 있으며 수정산봉수에 대해 '一處 在西 面亂串里 修井山'이라 하여 "서면 난곶리 수정산에 있다." 라고 하였다. 명칭상 조선 전 시기를 통하여 같은 명칭으로 지칭 및 표기되었다.

강화 수정산봉수 원경

◆ 봉수운용

조선 후기 제4로 간봉(3) 노선의 봉수로서 연안 간월看月에서 초기한 봉수가 동
봉수를 거쳐 연안 각산角山에 이르면 제4거 직봉의 봉재산봉수鳳在山烽燧에 연결
되어 차차 거화하여 최종 무악서봉에서 목멱산 제4봉에 응하였다.

봉수군 인원은 『강화부지』(1783)에 45명의 인원과 같은 책 말미에 통어영
統禦營 소속의 봉수로서 별도로 봉수장烽燧將 1인, 감관監官 5인, 도감고都監考 1인
등을 두어 총 52명의 봉수군이 속해 있었다.

◆ 유구현황

봉수는 교동도내 최서쪽에 동남-서북으로 엇비슷하게 장축을 이루는 산정상의
북쪽 봉우리에 위치하고 있다. 경기만을 사이에 두고 황해도의 연안군과 지척

에 인접하고 있으며, 사면으로 시야확보가 용이하다. 산정부는 원형 구덩이가 수 기 있으며, 서쪽은 소규모의 평지가 삭토되어 있다. 따라서 봉수관련 유구는 뚜렷하지 않다.

◆ 찾아가는 길

교동도 내 난정1리 마을회관에서 정면에 바라보이는 산이 과거 봉수가 있었던 곳이다. 난정1리 저수지에서 오르는 길이 나 있으며 강화나들길 10코스다.

3. 제4거 관련

1) 파주 검단산봉수黔丹山烽燧

연번	제4거 관련	유형	내지봉수
초축	조선 중기 (신증동국여지승람)	철폐	18세기 중엽
문헌별 명칭	**신** 黔丹山烽燧		
소재 및 대응봉수	중기(신증동국여지승람)	豊德 德積山烽燧(서) → 黔丹山烽燧 → 高陽 高峯城山烽燧(남)	
주소	경기도 파주시 탄현면 성동리 688		
해발고도	151.8m	산명(山名)	검단산(黔丹山)
학술조사	陸軍士官學校 陸軍博物館,「京畿道 坡州郡 軍事遺蹟 地表調査報告書」, 1994.		
잔존유구	연조 2기		
주변경관	산정에서는 서쪽으로 삼국시대 테뫼식 석축산성인 오두산성(烏頭山城)과 북동쪽으로 18세기 중엽경 신설된 형제봉봉수(兄弟峰烽燧)가 1.5km 인접하여 있음		

◆ 입지

경기도 파주시 탄현면 성동리의 해발 151.8m인 검단산黔丹山 정상에 위치한다. 산정에서는 서쪽으로 삼국시대 테뫼식 석축산성인 오두산성烏頭山城과 북동쪽으로 18세기 중엽경 신설된 형제봉봉수兄弟峰烽燧가 1.5km 거리에 인접하여 있다.

◆ 설봉시기와 봉수노선

봉수는 조선 중기의『신증동국여지승람』(1530) 편찬을 전후한 시점에 설치되어

18세기 중엽경까지 한시적으로 운용되었다. 서쪽의 풍덕군 덕적산봉수에서 보내는 신호를 받아 남쪽의 고양 고봉성산봉수에 응하였던 제4거 직봉 노선의 봉수였다.

◆ 유구현황

해발 150m의 검단산 정상에는 약 2m 가량의 낮은 둔덕이 마련되어 있다. 여기에 원형과 방형의 연조 가 잔존하고 있다. 동쪽의 원형시설은 치석하지 않은 할석을 이용하여 석축하였다. 크기는 지름이 2.9~3.3m, 높이 1.7m 정도이며, 둘레는 11m다.

서쪽의 방형시설은 서쪽에 8~9단의 석축이 남아 있으며 동쪽은 군 교통호와 연결되는 폭 70cm의 통로가 있다. 규모는 직경이 1.7×2m, 높이 0.9m 정도이며, 둘레는 약 7.5m다. 두 시설은 남-북으로 1m의 거리를 두고 인접하여 있다.

또한 원형과 방형의 연조 둘레에는 담장을 쌓았던 흔적이 남아 있는데, 지름 약 14m다. 동남쪽으로는 멀리 고봉산이 바라보인다.

◆ 찾아가는 길

한강을 따라서 남-북으로 나 있는 문발~성동IC간 77번 국도에서 오른쪽에 인접한 검단사黔丹寺에 진입하면 동북쪽 배후의 산이 봉수가 있는 곳이다.

6부

제5거 노선

조선 후기 발간 『증보문헌비고』(1908)의 제5거 직봉은 여수 방답진 소관 돌산도 봉수에서 시작하여 서울 남산[목멱산]봉수에 이르는 노선으로 모두 62기의 봉수로 구성되어 있다.

최근 조사를 통해 파악한 노선 전체의 길이는 약 703.7km에 달하며 대응봉수간 평균거리는 약 11.54km이다. 제5거 직봉노선에서 대응봉수간 거리가 가장 먼 곳은 해남 관두산봉수館頭山烽燧와 진도 여귀산봉수女貴山烽燧 구간으로 23.47km 정도다. 반면, 대응봉수간 거리가 가장 짧은 곳은 고창 고리포봉수古里浦烽燧와 소응포봉수所應浦烽燧 구간으로 3.14km다.

『증보문헌비고』의 제5거 직봉노선은 조선 후기에 최종 정립된 봉수망으로 조선 전 기간 동안 노선별로 치폐置廢와 이설移設 혹은 복설復設을 통해 수 차례의 조정을 거친 결과다. 노선변화 중 가장 두드러진 내용으로 제5거 직봉노선은 중기까지만 해도 군산지역의 해안을 따라 충청도 내륙으로 신호를 전달하였다. 그러나, 임진왜란 이후에는 부안 계화리봉수에서 만경만을 건너 군산 화산봉수와 오성산봉수로 바로 연결함으로써 최단거리가 되도록 하였다. 이것은 불필요한 봉수의 폐봉을 통해 봉수의 신호 전달을 효율적으로 하기 위하였던 것으로 여겨진다.

1. 제5거 직봉

1) 평택 망해산봉수望海山烽燧

연번	제5거 직봉(43)		유형	연변봉수
설봉	조선 전기 (세종실록 지리지)		폐봉	고종 32년(1895)
문헌별 명칭	**세** 慶陽山烽火 **신** 望海山烽燧 **여** 望海山烽燧 **충** 望海山烽燧 **대** 望海山烽燧 **증** 望海山烽燧 **현** 鷹峰山烽燧 * 충 :『忠淸道邑誌』(1845)			
소관	충청병사(忠淸兵使)			
소재 및 대응봉수	전기(세종실록 지리지)		縣西. 牙山 笠巖烽火(서) → 慶陽山烽火 → 陽城 槐台吉 烽火(북)	
	중기(신증동국여지승람)		牙山縣 燕岩山烽燧(남) → 望海山烽燧 → 陽城縣 槐台 吉串烽燧(북)	
	후기(여지도서)		慶陽面 自官門距四十里. 牙山 鵲岩山烽燧(남) → 望海 山烽燧 → 京畿 陽城 槐台吉串烽燧(북)	
	후기(증보문헌비고)		第5炬 直烽 : 燕巖山烽燧 → 望海山烽燧 → 塊台串(槐 台吉串)烽燧	
주소	경기도 평택시 팽성읍 신대리 산23-5 일원			
해발고도	약 50m		산명(山名)	망해산(望海山)
주변경관	봉수는 주위 평야지대에 해발고도가 낮은 곳이지만 사방을 조망하기 좋은 곳임			

◆ 입지

경기도 평택시 팽성읍 신대리의 해발 약 50m인 산정부이나 접근이 제한되어 있다.

◆ 설봉시기와 봉수노선

조선 전기『세종실록』지리지(1454)부터 최종『증보문헌비고』(1908)까지 조선 전 시기 발간의 지지에 기록이 있다. 노선과 성격은 제5거 직봉의 마흔세번째 연변봉수이다. 대응봉수는 남쪽의 아산 연암산에서 보내는 신호를 받아 북쪽으로 평택 괴태곶에 응하였다. 명칭 상 '바다를 바라보는 산'이란 의미의 망해산望海山을 통해 성격이 연변봉수임을 알 수 있다.

◆ 봉수위치 및 명칭

중기 발간의 『신증동국여지승람』(1530)에 봉수가 위치하는 망해산望海山이 경양현慶陽縣에 있다고 하였다. 명칭은 조선 전기에 일시 경양산으로 지칭되기도 하였으나, 중기 이후 망해산이란 동일 명칭으로 줄곧 표기되었다.

◆ 봉수운용

『여지도서』(1760) 충청도 직산현稷山縣 군병軍兵에 "봉수군 25명, 보保 75명이다." 라고 하였다. 이를 통해 1명의 봉수군에 3명의 보가 배정되어 있었다. 한편, 이보다 더 자세한 사항은 『충청도읍지』(1845)에 망해산봉수望海山烽燧 명칭으로 "경양면慶陽面에 있으며 관문官門에서 서쪽으로 40리의 거리다. 북으로 가서 경기도 양성 괴태길곶봉수에 응하는데 서로 50리의 거리다. 남으로 가서는 아산 연암산봉수에 응하는데 서로 30리의 거리다. 내에는 화대火臺·연대烟臺를 설치하고 집물고什物庫를 건립하고 토성土城을 쌓았다. 별장 1인, 감관 5인, 군사 25명이 번番을 정하여 수직守直하고 요망瞭望한다." 라고 하였다.

◆ 유구현황

현재 봉수는 산정에 인위적인 시설물의 설치로 인해 접근이 제한적이지만, 19세기 중엽 발간의 『충청도읍지』(1845)를 통해 봉수의 시설과 인원을 자세히 알 수 있다.

◆ 찾아가는 길

평택시 팽성읍 신대리는 '1리(새터), 2리(영창), 3리(장단)' 등 세 개의 리로 이루어져 있다. 이중 신대1리는 마을 입구의 유래비를 통해 조선 말기[약 300년 전] 망해산봉수를 지키기 위해 이주해 온 주민들로 마을을 형성하여 새터말이라 하였다고 한다.

신대2리 삼거리에서 보면 좌측과 우측에 해발고도가 비슷한 두 개의 봉우리가 정면에 보이는데 봉수는 이 중 우측의 북쪽 봉우리에 위치한다. 봉수까지는 신대2리 영창마을을 통해 포장도로가 나 있어 접근이 양호하다.

평택 망해산봉수 원경

2) 평택 괴태곶봉수 塊台串烽燧

연번	제5거 직봉(44) 제5거 간봉(2) - 15		유형	연변봉수
설봉	조선 전기(세종실록 지리지)		폐봉	고종 32년(1895)
문헌별 명칭	**세** 慶陽山烽火 **신** 望海山烽燧 **여** 望海山烽燧 **충** 望海山烽燧 **대** 望海山烽燧 **증** 望海山烽燧 **헌** 鷹峰山烽燧 * 충 :『忠淸道邑誌』(1845)			
소관	경기수사(京畿水使)			
소재 및 대응봉수	전기(세종실록 지리지)		沔川 明海山烽火(남) → 槐台吉串烽火 → 水原 興川山烽 火(북)	
	중기(신증동국여지승람)		忠淸道 沔川郡 倉宅山烽燧 又 稷山縣 望海山烽燧(남) → 槐台吉串烽燧 → 水原府 興天山烽燧(북)	
	중기(여지도서)		自縣西距九十里, 沔川 倉宅山烽燧(남) → 槐台串烽燧 → 水原 興天山烽燧(북)	
	후기(증보문헌비고)		第5炬 直烽 : 望海山烽燧 → 塊台串(槐台吉串)烽燧 → 興天山烽燧 第5炬 間烽(2) : 倉宅串烽燧 → 陽城 塊台串烽燧	
주소	경기도 평택시 포승면 원정리 산109-54 일원			
해발고도	83m		산명(山名)	봉화재
문화재지정	평택시 향토유적 제1호			
학술조사	京畿道博物館,『平澤 關防遺蹟』(Ⅰ), 1999.			
잔존유구	연대, 연조			
주변경관	봉수에서는 사방으로 후망이 가능함			
기타사항	군 시설 내에 위치하고 있어 출입시 사전 허가가 필요함			

◆ 입지

경기도 평택시 포승면 원정리 산109-54번지 일원의 해발 83m인 봉화재 정
상부에 위치하고 있다. 남쪽으로 아산만과 북쪽으로 남양만을 조망하기 좋
은 곳이다.

◆ 설봉시기와 봉수노선

조선 전기『세종실록』지리지(1454)부터 최종『증보문헌비고』(1908)까지 조선시

대 발간의 지지에 기록이 있다. 노선과 성격은 여수 방답진防踏鎭 돌산도突山島에서 초기하는 제5거 직봉의 마흔네번째이자, 옥구 화산봉수花山烽燧에서 초기하는 제5거 간봉(2)의 열다섯번째 연변봉수 종착지로서 직봉인 화성 흥천산봉수興天山烽燧에 응했다.

대응봉수는『경기지』의「양성현읍지」(1842~1843) 봉수에 "괴태길곶봉수槐台吉串烽燧 현의 서쪽 100리 괴태산槐台山에 소재한다. 남으로 충청도 면천 창택산倉宅山, 직산 망해산望海山에 응하고 북으로 수원 흥천산興天山에 응한다." 라고 하였다. 최종『증보문헌비고』에는 남쪽의 같은 지역 소재 망해산望海山에서 보내는 신호를 받아 북쪽으로 화성 흥천산興天山에 응하였다.

봉수의 소재지에 대해『여도비지』(1849~1864) 봉수에는 괴태곶槐台串 명으로 "외양동면外良洞面에 있다." 라고 하였고,『대동지지』(1862)에는 같은 명칭으로 "서쪽 100리 지점에 있다." 라고 하였다.

◆ 유구현황

경기도박물관에 의해 1998년과 1999년에 걸쳐 평택 관방유적 조사의 일환으로 정밀지표조사가 이루어졌다. 조사를 통해 봉수는 봉화재 정상부에 동서방향을 장축으로 하는 세장방형의 평면형태를 하고 있다. 상단대지와 하단대지를 갖춘 이단식 구조로 되어있는 까닭에 단면형태는 긴 '凸'자 모양을 하고 있다. 하단대지는 토축으로 조성하였으며, 둘레 239m, 동서길이 89m, 남북길이 30.5m, 높이 3~3.5 m 정도이다.

상단대지는 석축으로 축조하였으며 둘레 138m, 동서길이 63m, 남북길이 12m, 높이 1.5~1.8m 정도이다. 상단대지 중앙부에는 연조 흔적으로 여겨지는 원형의 돌무지가 지름 3.5m, 높이 0.3m 크기로 잔존하고 있다. 이외에 원형의 연조 4기, 건물지 1동, 출입시설 3개소 등의 부속시설물이 있었음이 확인되었다. 또한 하단대지 239m, 상단대지 138m의 규모는 기존에 보고된 다른 봉수유적과 비교하여 초대형이다.

봉수의 구조·형태적 특징은 화성 염불산봉수와 홍천산봉수 및 시흥 정왕산봉수와 더불어 평면형태에 있어서 장축이 단축에 비해 5~6배에 달하는 세장한 모습을 보이는 서해안 연변봉수의 한 형태로서 그 중 최대 규모이다.

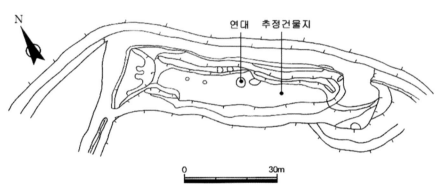

평택 괴태곶봉수 평면도(경기도박물관)

◆ 찾아가는 길

포승면삼거리에서 조암·남양만 방향의 45번 지방도로 우회전하여 7km 정도 진행하면 원정7리에 이른다. 마을의 뒤편에 솟은 봉우리가 봉수가 있는 봉화재이다. 현재는 군 시설과 부근 LNG기지의 철책으로 인해 출입시 군의 사전 허가가 필요하다.

3) 화성 흥천산봉수 興天山烽燧

연번	제5거 직봉(45)	**유형**	연변봉수
설봉	조선 전기(세종실록 지리지)	**폐봉**	고종 32년(1895)
문헌별 명칭	**세** 興天山烽火 **신** 興川山烽燧 **여** 興天山烽燧 **수** 興天山烽燧 **화** 興天山烽燧 **대** 興天山烽燧 **증** 興天山烽燧 *수 :『水原府邑誌』(1792), 화 :『華城誌』(1831)		
소관	경기수사(京畿水使)		
소재 및 대응봉수	전기(세종실록 지리지)	府西, 陽城 槐台吉串烽火(남) → 興天山烽火 → 南陽 念佛山烽火(서)	
	중기(신증동국여지승람)	陽城縣 槐台吉串烽燧(남) → 興天山烽燧 → 南陽府 念佛山烽燧(서)	
	후기(여지도서)	府西南七十五里 鴨長面, 陽城 槐台吉串烽燧(남) → 興天山烽燧 → 南陽府 念佛山烽燧(서)	
	후기(증보문헌비고)	第5炬 直烽 : 塊台串(槐台吉串)烽燧 → 興天山烽燧 → 念佛山烽燧	
주소	경기도 화성시 우정면 화산리 산78-1		
해발고도	61.3m	**산명(山名)**	봉화산(烽火山)
학술조사	한강문화재연구원, 『화성 봉수대 학술지표조사』, 2014. 한국문화유산연구원, 『화성 당성 주변 학술조사 보고서』, 2015.		
잔존유구	연대 1기, 연조 5기		
주변경관	주위 일대는 해발고도 60m 내외의 저평한 충적평야지대이나, 서남쪽의 남양만(南陽灣)을 조망하기에 용이한 이 일대에서 전망이 제일 좋은 곳임		
관련인물	· 유수 朴綺壽(1774~1845)		

◆ 입지

경기도 화성시 우정면 화산리와 장안면 사곡리 경계상의 해발 61.3m인 봉화산 정상에 위치하고 있다. 해발 높이가 낮음에도 주위 일대는 해발고도 60m 내외의 낮고 평평한 충적평야지로서 시야 확보가 좋은 편이다. 특히 주변이 트인 남쪽과 북서쪽으로는 쉽게 조망할 수 있는데 남쪽과 북서쪽은 평택 괴태곶봉수와 화성 염불산봉수가 위치한 곳이다.

◆ 설봉시기와 봉수노선

조선 전기 『세종실록』지리지(1454)부터 최종 『증보문헌비고』(1908)까지 조선 전 시기 발간의 지지에 기록이 있다. 노선과 성격은 여수 돌산도에서 초기하는 제 5거 직봉의 마흔다섯번째 연변봉수다. 대응봉수는 남쪽의 평택 괴태곶봉수에 서 보내는 신호를 받아 서쪽으로 화성 염불산봉수에 응하였다. 주위에 시야를 가리는 높은 지대가 없고 중간에 남양만이 있어 봉수 상호간의 대응에는 지장 이 없는 곳이다.

◆ 봉수운용

봉수의 운용은 조선 후기 발간 지지의 기록을 통하여 추정이 가능하다. 즉,『수 원부읍지』(1792)에는 봉수가 "부의 남쪽 90리 압장면에 소재한다. 남쪽으로 양 성 괴태곶, 서쪽으로 남양 염불산에 응한다. 별장別將 1원員, 감관監官 5인, 군군 25명, 감고監考 1명, 산직山直 5명, 표하군標下軍 10명이며 삭말朔末에 순통영巡統 營에 보고한다." 라고 하였다.

　　　이후 유수 박기수朴綺壽(1774~1845)가 순조 31년(1831) 편찬한 『화성지』에는 이때 신설된 건달산乾達山·안산봉수安山烽燧(화성봉돈) 등과 더불어 봉수가 "부의 남쪽 10리 압정면 구치舊置에 있으며 연조미상年條未詳이다. 남쪽으로 충청·전 라 2도의 봉수를 받아 동쪽으로 양성 괴태곶봉槐台串烽에 응하며 북쪽으로 남양 염불산봉念佛山烽에 응하고 남쪽으로는 본부本府(수원)의 건달산봉乾達山烽에 응 한다. 별장別將 1원員은 한산閑散으로서 차출差出하며 여러 봉수의 감관監官은 같 다. 감관 5원, 군軍 25명이다." 라고 하였다.

◆ 유구현황

일제강점기의 조사 기록인 『조선보물고적조사자료』(1942)에는 "직경 4척, 높이

2척 정도의 토만두[土饅頭]가 5칸 정도의 간격으로 5개 있다. 밖에 소금을 묻었다고 전하는 토총[土塚, 높이 8척, 둘레 4칸] 1개소가 있다." 라고 하였다. 여기서의 토만두는 연조[煙竈]이며, 토총은 연대[煙臺]이다.

봉수는 해발 61.3m의 나지막한 구릉 능선상의 제일 남쪽에 토·석 혼축의 연대 1기와 북쪽으로 일정거리를 두고 5기의 연조가 있다. 연대는 상부 중앙에 삼각점이 설치되어 있으며, 규모는 밑변 둘레 40m, 동서 6m, 남북 5.4m, 높이 3m이다.

연조는 연대에서 북쪽으로 가면서 능선상에 총 5기가 일정 거리를 두고 지표면에 '⌒'자 형태로 남아 있다. 지형은 남쪽에서 북쪽으로 점차 낮아지다가 제5연조부터 다시 높아지고 있다. 각 연조의 중심거리는 11m(연대~1연조), 8.5m(1~2연조), 12.3m(2~3연조), 17m(3~4연조), 29.5m(4~5연조)이다. 연대에서 4연조까지는 능선상에 일정 거리를 유지하며 수평을 유지하고 있으나, 제5연조만이 유독 높은 데 위치하고 있다. 3연조와 4연조의 사이에는 민묘가 조성되어 있으며, 4·5연조는 열에서 약간 이탈하여 있다. 또한 능선을 따라 연조시설을 하였기에 별다른 출입시설은 없으나, 제5연조가 위치하는 곳에는 동·서쪽 좌·우로 단이 떨어지는 중에 폭 120cm의 자연적인 출입시설이 있다.

봉수는 평면형태에 있어서 장축이 단축에 비해 5~6배에 달하는 세장한 모습을 보이는 서해안 연변봉수의 전형을 띠고 있다.

◆찾아가는 길
화성시 우정읍 소재 두레자연중고등학교에서 봉수가 있는 산정까지 등산로가 잘 나 있다

화성 흥천산봉수 연대

화성 흥천산봉수 연대와 연조 전경

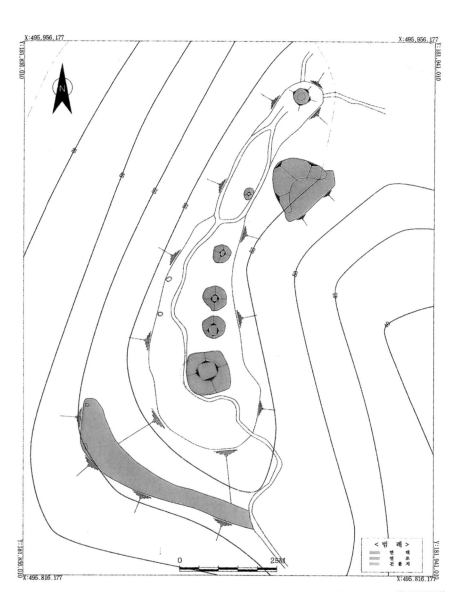

화성 흥천산봉수 평면도 (한강문화재연구원)

4) 화성 염불산봉수 念佛山烽燧

연번	제5거 직봉(46)		유형	연변봉수
설봉	조선 전기(세종실록 지리지)		폐봉	고종 32년(1895)
문헌별 명칭	**세** 念佛山烽火 **신** 念佛山烽燧 **여** 念佛山烽臺 **경** 念佛山烽臺 **증** 念佛山烽燧 **현** 念佛山烽臺 *경 : 『京畿誌』「南陽府邑誌(1842~1843)			
소관	경기수사(京畿水使)			
소재 및 대응봉수	전기(세종실록지리지)		府西. 水原 興天山烽火(동) → 念佛山烽火 → 本府 海雲山烽火(북)	
	중기(신증동국여지승람)		水原 興天山烽燧(동) → 念佛山烽燧 → 海雲山烽燧(북)	
	후기(여지도서)		水原 興天山烽燧 → 念佛山烽臺	
	후기(증보문헌비고)		第5炬 直烽 : 興天山烽燧 → 念佛山烽燧 → 海雲山烽燧	
주소	경기도 화성시 서신면 상안리 산88 일원			
해발고도	170.2m		산명(山名)	봉화산(烽火山)
학술조사	한강문화재연구원, 『화성 봉수대 학술지표조사』, 2014. 한국문화유산연구원, 『화성 당성 주변 학술조사 보고서』, 2015.			
잔존유구	연대 1기, 연조 5기			
주변경관	봉수에서는 사방으로의 조망이 좋으며 동북쪽은 당성, 서북쪽은 화량진성, 동쪽은 해운산봉수가 아련하게 조망됨			

◆ 입지

경기도 화성시 서신면 상안리의 해발 170.2m인 봉화산 정상에 위치하고 있다. 봉수에서는 사방으로의 조망이 좋으며 동북쪽은 당성, 서북쪽은 화량진성, 동쪽은 해운산봉수가 조망된다.

◆ 설봉시기와 봉수노선

조선 전기 『세종실록』지리지(1454)부터 최종 『증보문헌비고』(1908)까지 조선 전 시기 발간의 지지에 기록이 있다. 노선과 성격은 여수 돌산도에서 초기하는 제 5거 직봉의 마흔여섯번째 연변봉수이다. 대응봉수는 동쪽의 같은 지역소재 흥천산興天山에서 보내는 신호를 받아 북쪽으로 역시 같은 지역의 해운산海雲山에 응하였다.

◆ 봉수운용

조선 후기 발간 『경기지』의 「남양부읍지」(1842~1843) 봉수에 염불산봉대念佛山烽臺 명칭으로 "수원 흥천산봉수와 봉로烽路 30리, 육로陸路 70리의 거리를 두고 응하는데 관문官門에서 서쪽으로 40리다." 라고 하였다. 봉수군 인원은 "별장 1인, 감관監官 5인, 봉군호보烽軍戶保 아울러 100명이다." 라고 하였다.

◆ 유구현황

일제강점기의 조사 기록인 『조선보물고적조사자료』(1942)에는 "고려시대의 봉수라고 한다. 경經 약 3칸의 토만두土饅頭 1개가 잔존하고 있을 뿐이다." 라고 하였다. 여기서의 토만두는 연대煙臺를 의미한다.

봉수는 산 정상의 평탄지에 설치된 헬기장을 지나 동-서방향 장축으로 능선을 따라 원형의 작은 봉분 혹은 토만두를 연상하는 4기의 토·석 혼축 연조와, 서쪽 제일 높은 곳의 입지 좋은 곳에 연대 1기가 위치하고 있다. 같은 지역의 흥천산봉수와 마찬가지로 산 정상의 능선상에 연대와 연조시설을 하여 놓았기에 출입시설 등과 같은 부속시설은 마련하지 않았다.

전체적인 형태는 흥천산봉수와 유사하며, 평면형태는 자루가 길쭉한 조롱박의 형태이다. 지형상 좌·우 즉 남·북으로는 급사면이다. 서쪽의 정상부에 동서축 25m, 남북축 21m의 평탄대지를 조성하고 그 가운데에 방형 토축의 연대를 시설하였다. 연대 상부 중앙에는 동서 2.3m, 남북 2.2m, 깊이 0.3m의 원형 연소실이 있다. 규모는 밑변둘레 42m, 동서 5.5m, 남북 5.2m, 높이 3.5m이다.

◆ 찾아가는 길

309번 지방도를 따라 서신면 상안리의 마을회관을 지나면 도로변에 은혜교회가 보인다. 교회의 왼쪽으로는 마을 주민들의 등산코스를 겸한 산길이 잘 나 있다. 또 다른 길은 봉수의 동북쪽에 위치한 당성을 통해 남서쪽으로 뻗은 능선을 따라 약 1.5km 정도 산행하면 핼리포트를 지나 봉화산 정상에 이르게 된다.

화성 염불산봉수 연조군

화성 염불산봉수 연대

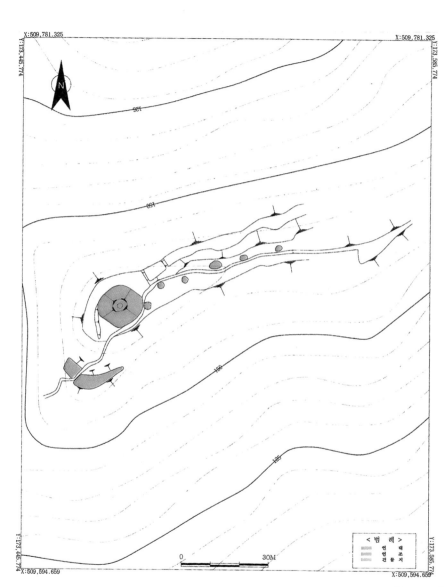

X:509,781.325 Y:173,445.774
X:509,781.325 Y:173,585.774

Y:173,445.774
Y:173,585.774

X:509,594.659 Y:173,445.774
X:509,594.659 Y:173,585.774

0   30M

< 범 례 >
대지
연연전
전용

화성 염불산봉수 평면도(한강문화재연구원)

5) 화성 해운산봉수 海雲山烽燧

연번	제5거 직봉(47)		유형	연변봉수
설봉	조선 전기(세종실록 지리지)		폐봉	고종 32년(1895)
문헌별 명칭	**세** 海運山烽火 **신** 海運山烽燧 **여** 海運山烽臺 **경** 海雲山烽臺 **증** 海雲山烽燧 **현** 海雲山烽臺 *경 :「京畿誌」「南陽府邑誌(1842~1843)			
소관	경기수사(京畿水使)			
소재 및 대응봉수	전기(세종실록 지리지)		府北. 海運山烽火 → 安山 無古里(북)	
	중기(신증동국여지승람)		念佛山烽燧(남) → 海運山烽燧 → 安山郡 吾叱耳島烽燧(북)	
	후기(여지도서)		念佛山(남) → 海運山烽臺 → 安山 正往山(북)	
	후기(증보문헌비고)		第5炬 直烽 : 念佛山烽燧 → 海運山烽燧 → 正往山(古名 吾叱耳)烽燧	
주소	경기도 화성시 송산면 독지리 산3-1 일원			
해발고도	126m		산명(山名)	봉우재
학술조사	한강문화재연구원, 『화성 봉수대 학술지표조사』, 2014. 한국문화유산연구원, 『화성 당성 주변 학술조사 보고서』, 2015.			
잔존유구	연대 1기 및 연조			
주변경관	주위 일대는 해발고도 100m 내외의 저평한 충적평야지대로서 북쪽의 아산만을 조망하기에 용이한 최일선 연변봉수임			
관련행사	과거 광복절날 도지사 · 군수 등이 참석한 가운데 봉화제 행사를 하였으나, 현재는 거행하지 않음			

◆ 입지

경기도 화성시 송산면 독지2리(문지마을)의 해발 126m인 봉우재 정상에 위치하고 있다. 주위 일대는 해발고도 100m 내외의 저평한 충적평야지대로서 북쪽의 아산만을 조망하기에 좋은 곳이다.

◆설봉시기와 봉수노선

조선 전기 『세종실록』지리지(1454)부터 최종 『증보문헌비고』(1908)까지 조선 전 시기 발간의 지지에 기록이 있다. 노선과 성격은 여수 돌산도에서 초기하는 제5거 직봉의 마흔일곱번째 연변봉수이다. 대응봉수는 전 시기를 통해 신호를 받는 남쪽의 염불산봉수 노선은 변동이 없었다. 대신 신호를 보내는 노선은 전기에는 안산 무고리였으나, 후기에는 정왕산으로 조정이 있었다.

◆ 봉수운용

조선 후기 발간『경기지』「남양부읍지」(1842~1843) 봉수에 "해운산봉대海雲山烽臺 염불산念佛山이 남쪽에서 와서 서로 응하는데 봉로烽路 15리, 육로陸路 15리이며 북으로 안산 정왕산正往山에 응하는데 봉로 30리, 육로 90리이며 관문官門에서 서쪽으로 30리의 거리다."라고 하였다. 봉수군 인원은 "별장 1인, 감관監官 5인, 봉군호보烽軍戶保 병幷 100명이다."라고 하였다.

◆ 유구현황

일제강점기의 조사 기록인『조선보물고적조사자료』(1942)에 "고려시대의 봉수라고 한다. 경經 약 1칸 반의 석적石積 5개소와 작은 집터 1개소가 있다."라고 하였다. 여기서 석적石積은 연조煙竈를 의미한다.

이후 더 자세한 조사내용은『한국의 성곽과 봉수』(1990)에 "화성군 송산면 독지2리 산에 있는 이 봉수는 남쪽으로 잇달아 있는 두 봉우리와 함께 예로부터 봉화산(봉우재)이라 불리었다. 산꼭대기에는 돌을 쌓아 놓은 흔적이 3곳(5개소 중 2개가 사라짐)이 있고, 이 중 맨 위쪽에 있는 것이 봉화를 올리던 곳이라 한다. 모두가 흩어져 있던 것을 오래 전에 마을 주민들이 돌더미를 다시 쌓아 놓아 곧 알아 볼 수 있다. 또 이 봉수대 동남쪽으로 30~40m 아래의 아카시아나무 밑에 봉수지기가 거주하던 작은 집터가 남아 있다."라고 하였다.

현재 봉수는 정상부 주위를 따라 동-서 장축 37m, 남-북 단축 18m의 장방형대지를 토·석혼축으로 조성하고 중앙부에 높이 1.5~2m의 석축단을 축조

화성 해운산봉수 연대

하였다. 연조는 이 석축 위에 마련하였다.

　각 연조는 직경 3m 내외의 원형 석축으로 추정되며 서쪽에서 1·2·5연조의 일부가 높이 50cm 정도씩 잔존하고 3·4연조는 대부분 파괴되었다. 3연조와 4연조의 사이에는 직경 3m의 원형 석축을 인위적으로 축조하여 놓았다. 이곳의 동편에 치우쳐 마을주민의 신앙대상으로 이용되는 고목이 남아 있다. 2연조와 3연조 사이의 석축 역시 일부 파괴되었는데 지금은 석축 상면으로 오르는 계단구실을 하고 있다.

　같은 지역 소재의 흥천산·염불산봉수가 산 능선을 따라 1기씩의 연대와 4~5기의 토·석혼축 연조가 있는 반면, 해운산봉수는 장방형의 토·석혼축 대지를 마련하고 그 위에 석축의 원형 연조 시설이 마련되어 있어 그 형태를 달리하고 있다.

◆ 찾아가는 길

화성시 송산면 독지2리(문지마을) 마을회관 앞의 황해를 바라보고 있는 높다란 봉우리 정상이 봉수가 있는 곳이다.

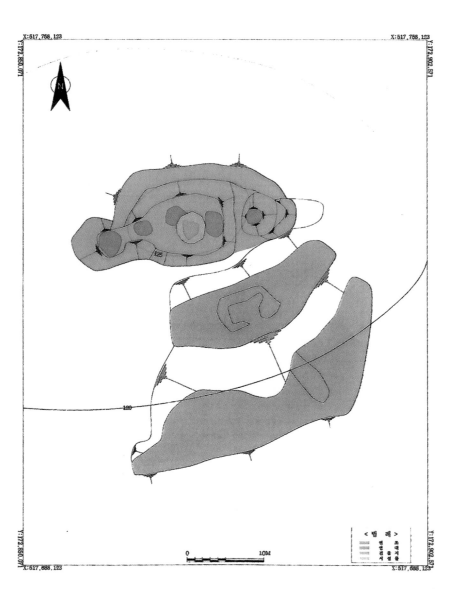

화성 해운산봉수 평면도(한강문화재연구원)

6) 시흥 정왕산봉수正往山烽燧

연번	제5거 직봉(48)		유형	연변봉수
설봉	조선 후기(여지도서)		폐봉	고종 32년(1895)
문헌별 명칭	**여** 正往山烽燧 **경** 正往山烽燧 **증** 正往山烽燧 *경 :『京畿誌』「安山郡邑誌(1842~1843)			
소관	경기수사(京畿水使)			
소재 및 대응봉수	후기(여지도서)	南陽 海運山烽燧(남) → 正往山烽燧 → 仁川 城山烽燧(북)		
	후기(증보문헌비고)	第5炬 直烽 : 海運山烽燧 → 正往山(古名 吾叱耳)烽燧 → 城山(一名 文鶴山)		
주소	경기도 시흥시 정왕동 326-1 일원			
해발고도	115m	산명(山名)		정왕산, 봉화산, 봉우재
학술조사	明知大學校博物館,「始華地區 開發事業區域 地表調查」, 1988. 경기도박물관,「도서해안지역 종합학술조사」I, 2000.			
주변경관	서해를 바라보는 동·남·서쪽은 시야를 가리는 높은 산이 없어 전망이 좋으며, 남서방향 정면에는 형도 봉수(衡島烽燧)가 바라보임.			

◆ 입지

경기도 시흥시 정왕동 봉우재마을의 해발 115m인 정왕산[봉화산] 정상이 과거 봉수터이다. 멀리서 이 산을 바라보면 동–서로 길쭉한 세장방형細長方形으로 정상부가 삭평되어 평평한 형태인데, 과거에는 이보다 더 높았었다. 서해를 바라보는 동·남·서쪽은 시야를 가리는 높은 산이 없어 전망이 좋으며, 남서방향 정면에는 형도봉수衡島烽燧가 바라보인다. 이를 통해 서해를 조망하는 최일선 연변봉수의 좋은 입지이다.

◆ 설봉시기와 봉수노선

조선 후기 발간의 『여지도서』(1760)부터 최종 『증보문헌비고』(1908)까지 한시적으로 운영되었던 봉수다. 노선과 성격은 여수 돌산도에서 초기하는 제5거 직봉의 마흔여덟번째 연변봉수이다. 대응봉수는 남쪽의 화성 해운산에서 보내는 신

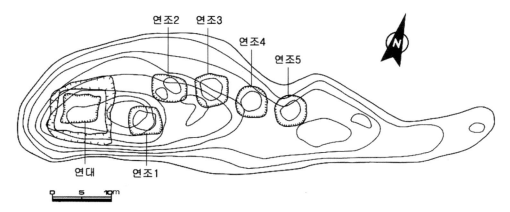

호를 받아 북쪽으로 인천 성산城山 (일명)文鶴山에 응하였다.

◆봉수위치

『경기지』의 「안산군읍지」(1842~43)에 "정왕산봉수 읍에서 서쪽으로 25리의 거리를 두고 마유면馬遊面 정왕산에 있다." 라고 하였다. 이후 발간된 『여도비지』(1849~64)와 『대동지지』(1862) 봉수에는 "정왕산 즉, 의이도衣耳島이다." 라고 하였다.

◆ 봉수명칭

『증보문헌비고』에 "정왕산. 옛 명칭은 오질이吾叱耳로 안산에 속한다. 읍지에는 오질이도吾叱耳島에서 정왕산으로 옮겼다." 라고 하였다.

◆ 봉수운용

조선 후기 발간 『여지도서』(1760) 軍兵(군병)을 통해 당시 안산군에 소속된 총 1,223의 군인 중 봉수군 25인, 별장·감관 합 6인 등 총 31명이 속해 있었음을 알 수 있다.

이후 발간의 『강화부지』(1871)에는 통어영統禦營에 속한 봉수로서 "남쪽으로 해운산, 북쪽으로 인천 성산城山에 응하며 봉수군 100명, 봉수별장 1인, 감관監官 5인, 오장五丈 5인, 군軍 19인, 감고監考 1인이다." 라고 하여 상세하게 기록하고 있다.

◆ 유구현황

봉수는 과거 시화공단조성공사에 필요한 매립용 토취를 위해 산을 삭평함으로써 유지는 멸실되었다. 현재는 한국전력공사 시흥전력지사가 들어서 있다. 멸실되기 전의 1988년 조사결과 보고에 의하면 우선 조선 후기에 오질이도에서 정왕산으로 봉수를 옮긴 이유는 "오질이도의 위치가 서해도서에 위치하고 있어 안개 등 기후적인 요건으로 전라·충청에서 올라오는 서해안의 정황을 남쪽 해운산봉수로부터 전달받아 북쪽 성산봉수로 전달하는데 많은 불편이 있었기 때문"인 것으로 보았다.

또 당시까지 남아 있던 봉수의 구조에 대해 "유지에서 5곳의 연대를 확인할 수 있었다."라고 하였다. "연대 5곳은 국가의 화급상태에 따라서 거화하였던 봉로烽爐가 확실하며 그 배열상태는 건물지를 중심으로 일렬로 각각 120cm의 일정한 간격을 두고 가로 580cm, 세로 420cm의 규모로 각기 축조되어 있었다. 하지만 연대의 높이는 이미 연대가 붕괴되어 측정할 수 없었다."라고 하였으며,

봉수의 축조방법은 "산정상부의 천혜적인 암반을 이용하여 남양 해운산봉수와 인천 성산봉수에 상황을 전달할 수 있는 가장 유리한 지형을 이용한 것으로 보인다."라고 하였다.

이후 경기도박물관의 화성지역을 중심으로 한 도서해안지역 종합학술조사에서는 화성 염불산봉수와 흥천산봉수 및 평택 괴태길곶봉수와 더불어 내지봉수와 구분되는 연변봉수의 특징을 가장 잘 나타낸다고 할 수 있다. 이는 평면형태에 있어서 장축이 단축에 비해 5~6배에 달하는 세장한 모습을 보이는 특이한 구조로 해안지역에 입지한 지형적 결과로 짐작된다고 보고된 바 있다.

◆ 찾아가는 길

현재 봉수 유지는 멸실된 상태이다. 봉수터는 평택시흥고속도로 서시흥TG 인근으로 현재는 한국전력공사 시흥전력지사가 들어서 있다.

7) 인천 성산봉수城山烽燧

연번	제5거 직봉(49)	유형	연변봉수
설봉	조선 전기(세종실록 지리지)	폐봉	고종 32년(1895)
문헌별 명칭	**세** 城山烽火 **신** 城山烽燧 **여** 文鶴山烽燧 **경** 城山烽燧 **증** 城山(一名 文鶴山) **현** 南山, 鶴山, 봉화둑산, 배꼽산 *경 :「京畿誌」의「仁川府邑誌(1842~1843)		
소관	경기수사(京畿水使)		
소재 및 대응봉수	전기(세종실록 지리지)	郡南. 安山 五叱哀烽火(남) → 城山烽火 → 富平 杻串烽火(북)	
	중기(신증동국여지승람)	府南二里. 安山郡 吾叱耳烽燧(남) → 城山烽燧 → 富平府 杻串山烽燧(북)	
	후기(여지도서)	正往山烽燧(남) → 文鶴山烽燧 → 富平 杻串烽燧(북)	
	후기(증보문헌비고)	第5炬 直烽 : 正往山烽燧 → 城山(一名 文鶴山)烽燧 → 杻串烽燧	
주소	인천광역시 남구 문학동 164-69 일원		
해발고도	213m	산명(山名)	문학산(文鶴山)
주변경관	산정에서는 사방으로 후망이 가능함		
관련인물	· 인천도호부사 金玄成(1542~1621) · 제조 閔鎭厚(1659~1720) · 포도대장 李宇恒(?~1722)		
기타사항	삼국시대 축성 테뫼식의 석축산성 내 소재함		

◆ 입지

인천광역시 남구 문학동의 해발 213m인 문학산 정상이 과거 봉수터이다. 문학산성과 봉수 입지관련 문헌의 기록은 『비변사등록』 숙종 37년[(1711)] 3월, 제조提調 민진후閔鎭厚(1659~1720)의 청으로 포도대장 이우항李宇恒(?~1722)이 기전의 해방海防을 살펴보고 돌아와 말한 것 중에 "인천부의 문학산성은 둘레는 비좁긴 하나 입지가 험하고 요긴하며 또 봉대烽臺가 있어 서쪽과 남쪽으로 바다 길이 막힘없이 툭 트였습니다."라고 한 내용이 있다.

◆ 설봉시기와 봉수노선

조선 전기 발간의 『세종실록』지리지⁽¹⁴⁵⁴⁾부터 최종 『증보문헌비고』⁽¹⁹⁰⁸⁾까지
조선 전 시기 발간의 지지에 기록이 있다. 노선과 성격은 여수 돌산도에서 초기
하는 제5거 직봉의 마흔아홉번째 연변봉수다. 대응봉수는 신호를 받는 남쪽이
전기에는 안산 오질이도봉수 였으나, 후기에는 시흥 정왕산봉수로 노선의 이설
이 있었다. 신호를 보내는 북쪽은 동 지역 소재의 축곶봉수로서 노선의 변동 없
이 유지되었다.

◆ 봉수위치 및 명칭

『여지도서』⁽¹⁷⁶⁰⁾ 산천에 봉수가 위치한 문학산에 대해 "부의 남쪽 2리에 있으
며 즉 남산南山이다. 부평富平·계양산桂陽山에서 갈라진 맥脈이 남쪽으로 와서 합
친다."라고 하였다.

　　『경기지』의 「인천부읍지」^(1842~43)에는 성산봉수城山烽燧 명칭으로 "부의
남쪽 1리 문학산성 옛 터에 있다. 남쪽으로 안산 정왕산봉수와 응하는데 수로
30리, 육로 55리이다. 북쪽으로 부평 축곶봉수와 육로 25리에서 응한다."라고
하여 남쪽과 북쪽의 대응봉수 및 대응거리를 기록하고 있다.

　　끝으로 성산봉수의 명칭 관련 『증보문헌비고』⁽¹⁹⁰⁸⁾에는 "성산城山 일명 문
학산文鶴山으로서 여지고興地考와 읍지邑誌에는 모두 문학산을 쓴다."라고 하였
다. 따라서 봉수는 명칭상 산성 내에 위치함에 따라 지지마다 성산봉수로 표기
되기도 하였으나, 일부 지지에는 문학산으로 표기되기도 하였음을 알 수 있다.

◆ 성산봉수의 거화시간

주연야화의 봉수제에서 봉수는 매일 저녁 정해진 시간에 1거의 평안화平安火를

올리던 야화였다. 이는 金玄成(1542~1621)의 문집인『남창잡고』오언율에 선조 32년(1599) 4월, 인천도호부사로 부임하여 재임 중 인천산성[141]에서 매일 저녁 봉화를 올리는데 읍민들이 나발을 불어 응함을 보고 느낀 감회를 읊은 다음의 시를 통해서 알 수 있다.

仁川山城 每夕擧烽 邑人輒以螺殼應之(인천산성에서 매일 저녁 봉화를 올리는데, 읍민들이 문득 나발을 불어 응한다.)

烽臺一點擧 봉대에서 한 점 홰 오르니,
螺殼數聲吹 나발소리 여러 번 울리네.
海戌遠傳信 바다에서 멀리 소식 전하지만,
府庭聊夜知 관아에선 밤에서야 안다네.
星光將減處 별빛 아스라이 스러지고,
龍吼欲殘時 용 울음 잦아들 때지만
詎識宣城守 어찌 사조의 정취를 알랴.
沈吟爲覓詩 오직 시만 탐해 읊조린다네.

(『南窓雜藁』五言律)

◆ 유구현황

봉수는 문학산 마루에 높이 3m의 고분형 축산築山을 하여 만들어졌기 때문에 과거 문학산을 달리 '봉화둑산' 또는 '배꼽산'이라 지칭하기도 하였다. 이외 인천도호부 남쪽에 있다 하여 남산南山, 학의 모양이다 해서 학산鶴山 으로도 지칭되었다.

　　1959년 미군기지 건설이 발의돼 터 닦기에 들어가면서 멸실되었고 1965년에 미군 방공부대가 주둔하면서 출입이 통제되었다. 이후 1977년에 한국 공

---

141) 인천산성仁川山城 : 문학산성文鶴山城을 말한다.

인천도호부사 집무 모습

군 방공포병부대와 그 임부를 교체했고, 2015년 인천시-국방부 간 협약으로 낮 시간대에만 시민출입이 허용되었다.

산정부는 동-서 긴 능선을 이루는 평탄지인데, 정상비가 북쪽에 있으며 문 학산역사관이 남쪽에 있다.

◆ 찾아가는 길

문학산에 오르는 길은 여러 갈래가 있는데, 연수구 장미공원주차장에서 등산로 를 따라 오르는 길이 용이하다.

◆ 기타

삼국시대 축성 테뫼식의 석축산성 내 소재함.

인천 성산봉수 훼손 전 모습(문학산역사관 내)

인천 성산봉수에서 본 시내 전경

인천도호부에서 본 성산봉수 원경

8) 인천 축곶봉수 杻串烽燧

연번	제5거 직봉(50)		유형	연변봉수
설봉	조선 전기(세종실록 지리지)		폐봉	고종 32년(1895)
문헌별 명칭	**세** 杻串烽火　**신** 杻串山烽燧　**여** 杻串山烽燧　**경** 杻串山烽燧　**증** 杻串烽燧 *경 :「京畿誌」의「富平府邑誌(1842～1843)			
소관	경기수사(京畿水使)			
소재 및 대응봉수	전기(세종실록 지리지)		府西. 仁川 城山烽火(남) → 杻串烽火 →金浦 白石山烽火(북)	
	중기(신증동국여지승람)		仁川府 城山(남) → 杻串山烽燧 → 金浦縣 白石山(북)	
	후기(여지도서)		府西十里. 仁川府 城山烽燧(남) → 杻串山烽燧(북) → 金浦郡 白石山烽燧(북)	
	후기(증보문헌비고)		第5炬 直烽 : 城山(一名 文鶴山)烽燧 → 杻串烽燧 → 白石山烽燧	
주소	인천광역시 서구 가정동 산53 일원			
해발고도	79.2m		산명(山名)	
학술조사	인하대학교 박물관,「仁川 杻串烽燧 정밀지표조사 보고서」, 2004.			
잔존유구	연대, 방호벽, 고사지, 건물지, 우물지			
주변경관	봉수 주위 공동묘지로서 산정에서는 서쪽으로 황해와 인접하여 주변이 평야지대이며, 동쪽으로는 305번 지방도와 인접하여 맞은편의 해발 226.5m인 철마산(鐵馬山)과 동−서로 마주 보고 있음			

◆ 입지

인천광역시 서구 가정동 산53번지 일원의 해발 103m인 북망산北亡山 북쪽에 위치한 해발 79.2m 가량의 나지막한 산정상에 있다. 봉수에서 남쪽으로는 약 350m의 거리를 두고 북망산의 가장 높은 봉우리가 정면에 바라보인다. 동쪽으로는 멀리 해발 226.5m인 철마산鐵馬山에 가려 시야확보가 곤란하나, 서쪽으로는 서해 연안에 인접한 까닭에 멀리까지 조망이 가능한 곳이다.

◆ 설봉시기와 봉수노선

조선 전기 발간의 『세종실록』지리지(1454)부터 최종 『증보문헌비고』(1908)까지

조선 전 시기 발간의 지지에 기록이 있다. 노선과 성격은 여수 돌산도에서 초기하는 제5거 직봉의 쉰번째 연변봉수이다. 대응봉수는 조선 전 시기를 통해 남쪽의 성산봉수에서 보내는 신호를 받아 북쪽으로 김포 백석산봉수에 응하는 등 노선의 변동없이 운용되었다.

◆ 봉수위치 및 명칭

『여지도서』(1760)에 봉수는 "부의 서쪽 10리에 소재하며 남쪽의 인천부 성산봉수城山烽燧와 25리, 북쪽의 김포군 백석산봉수白石山烽燧와 25리에서 응한다." 라고 하였다. 명칭상 지지마다 축곶杻串 혹은 축곶산杻串山으로 표기되기도 하였으나 최종 표기는 축곶杻串이다.

◆ 유구현황

봉수는 석축 연대와 주위 타원형의 방호벽을 갖추고 있다. 연대 상부에는 북쪽에 치우쳐 방형 연소실이 잔존하고 있다. 방호벽내 동북쪽으로는 과거 봉수제가 운영되던 당시 봉수의 거화와 방호에 필요한 각종 비품을 보관하였을 고사지庫舍址로 여겨지는 소규모의 평지가 있으나 현재 이곳은 다수의 분묘가 조성되면서 관련된 유구가 멸실된 것으로 여겨진다.

현재 축곶봉수터에 잔존하는 1기의 연대는 석축으로 원형이 많이 훼손된 상태이다. 특히, 주변의 분묘 조성 시 석재를 반출하여 봉분의 주위에 둘러놓는 등 묘역의 공간 구분을 하는데 사용되기도 하였다. 연대의 평면형태는 잔존 기저부의 형태로 보아 하부 방형方形이며 상부 높이 3m 내외로 축조하였다. 잔존연대의 규모는 직경이 동서 8m, 남북 8.2m, 높이는 동북쪽이 1.6~2m, 남서쪽이 1~1.2m 가량이며 연대 하부의 둘레는 27.5m 가량이다.

연소실은 연대 상부 북쪽에 치우쳐 방형의 형태로 남아 있다. 축조상 석축이며 남동쪽의 석축이 온전하게 남아 있는데 13×16, 26×13, 52×44cm 가량의 할석으로 축조하였으며 내부 바닥에는 잡석이 깔려 있다. 잔존 연소실의 규모는 직경이 동서 2.5m, 남북 2.2m, 깊이는 0.7m 가량이다.

방호벽은 토·석 혼축으로 표면이 흙으로 덮혀 있는 상태이다. 전체적인 평면형태는 원형圓形이나 남쪽 방호벽의 경우 민묘 수기가 조성되면서 봉분 후미를 방호벽 석축에 덧대어 일부를 훼손하면서 전체적인 형태가 타원형을 하고

인천 축곶봉수 전경

있다. 방호벽의 규모는 동서길이 26m, 남북길이 22.5m, 높이 0.8~1m, 상부폭 1.6m 가량이며 전체 둘레는 85m 가량이다.

◆ 찾아가는 길

서인천I.C를 빠져 직진하다 심곡동4거리에서 좌회전하여 아파트단지를 지나면 양지초등학교에서 남쪽 정면에 바라보이는 나지막한 봉우리가 봉수가 있는 곳이다. 북쪽 하단부는 송화학습장으로 이용되고 있는데 여기에서 10분 정도 올라가면 산정에 도달할 수 있다.

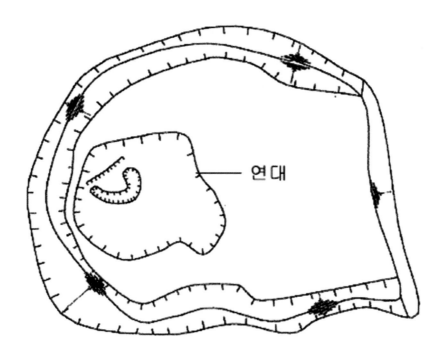

인천 축곶봉수 평면도(인하대학교 박물관)

9) 인천 백석산봉수 白石山烽燧

연번	제5거 직봉(51)	유형	연변봉수
설봉	조선 전기(세종실록 지리지)	폐봉	고종 32년(1985)
문헌별 명칭	**세** 白石山烽火 **신** 白石山烽燧 **여** 白石山烽燧 **증** 白石山烽燧		
소관	경기수사(京畿水使)		
소재 및 대응봉수	전기(세종실록 지리지)	縣西. 杻串烽火(남) → 白石山烽火 → 通津 藥山烽火(북)
	중기(신증동국여지승람)	富平府 杻串山烽燧(남) → 白石山烽燧(북) → 通津縣 守安城山烽燧(북)
	후기(여지도서)	郡西二十里. 富平 杻串山烽燧(남) → 白石山烽燧(북) → 通津 守安山烽燧(북)
	후기(증보문헌비고)	第5炬 直烽 : 杻串烽燧 → 白石山烽燧 → 守安山烽燧
주소	인천광역시 서구 오류동 639 일원		
해발고도	47m	산명(山名)	‒
주변경관	현재는 해안매립 및 개발로 인해 주변이 시가지화되어 있는 상태이나, 전에는 서쪽으로 황해를 조망하던 최일선 연변봉수의 입지임		

◆ 입지

인천광역시 서구 오류동 봉화촌의 해발 47m인 나지막한 구릉에 위치하고 있다. 현재는 해안매립 및 개발로 인해 주변이 거의 시가지화되어 있는 상태이나, 전에는 서쪽으로 황해를 조망하던 최일선 연변봉수의 입지이다.

◆ 설봉시기와 봉수노선

조선 전기 발간의 『세종실록』지리지[1454]부터 최종 『증보문헌비고』[1908]까지 조선 전 시기 발간의 지지에 기록이 있다. 노선과 성격은 여수 돌산도에서 초기하는 제5거 직봉의 쉰한번째 연변봉수이다. 대응봉수는 조선 전 시기를 통해 남쪽의 축곶봉수에서 보내는 신호를 받아 북쪽으로 김포 수안산봉수에 응했다.

◆ 봉수위치

조선 후기 발간의 『여지도서』 (1760) 봉수에 김포군 소재 백석산봉수白石山烽燧 명
칭으로 군의 서쪽 20리에 있으며 남쪽과 서쪽으로 응하는 대응봉수의 명칭을
표기하였다.

◆ 유구현황

현재 봉수터로 추정되는 곳에는 분묘가 조성되어 있는 등 형질변경으로 인해
봉수와 관련된 유구는 확인할 수 없다.

◆ 찾아가는 길

오류동마을회관에서 남쪽 정면에 보이는 나지막한 봉우리가 과거 봉수가 있었
던 곳이다. 해발고도가 낮아 접근이 용이하다.

10) 김포 수안산봉수守安山烽燧

연번	제5거 직봉(52)	유형	연변봉수
설봉	조선 전기(세종실록 지리지)	폐봉	고종 32년(1895)
문헌별 명칭	세 藥山烽火 신 守安城山烽燧 여 守安山烽 경 守安山烽燧 대 守安山烽燧 증 守安山烽燧 * 경 :『京畿誌』의『通津府邑誌』		
소관	경기수사(京畿水使)		
소재 및 대응봉수	전기 (세종실록 지리지)	縣南. 白石山烽火(남) → 藥山烽火 → 江華 大母城烽火(서)	
	중기 (신증동국여지승람)	金浦縣 白石山烽燧(남) → 守安城山城烽 → 江華府 大母山城烽燧(서)	
	후기 (여지도서)	金浦 白石山烽燧(남) → 守安山城烽 → 江華 大母山城烽燧(서)	
	후기 (증보문헌비고)	第5炬 直烽 : 白石山烽燧 → 守安山烽燧 → 大母城山烽燧	
주소	경기도 김포시 대곶면 대능리 산41-1 일원		
해발고도	146.8m	산명(山名)	수안산(守安山)
학술조사	漢陽大學校 博物館, 『守安山城 地表調査報告書』, 1995. 陸軍士官學校 陸軍博物館, 『京畿道 金浦市 軍事遺蹟』, 1998.		
복원정비	원추형 돌탑 2기 시설		
주변경관	산정에서는 강화도와 서울 일부 지역의 조망이 가능한 전망이 좋은 곳임		
기타사항	삼국시대 테뫼식의 석축성인 수안산성[경기도기념물 제159호] 내 위치하고 있음		

◆ 입지

김포시 대곶면 대능리의 해발 146.8m인 수안산守安山 정상부에 위치하고 있다. 산정에서는 강화도와 서울 일부 지역의 조망이 가능하다.

◆ 설봉시기와 봉수노선

조선 전기 발간의 『세종실록』지리지(1454)부터 최종 『증보문헌비고』(1908)까지 조선 전 시기 발간의 지지에 기록이 있다. 노선과 성격은 여수 돌산도에서 초기하는 제5거 직봉의 쉰두번째 연변봉수이다. 대응봉수는 조선 전 시기를 통해 남쪽의 백석산봉수에서 보내는 신호를 받아 북쪽으로 강화 대모성산봉수에 응했다.

◆ 봉수위치 및 명칭

『여지도서』(1760)에 수안산봉수守安山城烽 명칭으로 "부의 남쪽 20리에 있다. 김포 백석산봉수가 남쪽에서 와 응하는데 상거相距 40리이며, 서쪽으로 강화 대모산봉수와 상거 월해越海 20리이다." 라고 하였다. 명칭상 지지마다 초기에는 약산봉화藥山烽火 혹은 삼국시대 테뫼식의 석축성인 수안산성 내에 있어 '수안성산봉수守安城山烽燧 · 수안산성봉守安山城烽' 등으로 표기되었으나 최종 표기는 수안산봉수이다.

◆ 봉수운용

과거 봉수가 운용되던 당시 봉수군 인원은 『강화부지』(1871)에 같은 현의 남산봉수와 같이 통어영統禦營에 속한 수안산봉수 명칭으로 "남쪽으로 백석산白石山에 응하고 서쪽으로 본부本府의 대모산大母山에 응한다. 봉수군 103명, 봉수장 4인, 감관 10인, 감고 2인, 오장 10인, 군 40인이다." 라고 하였다.

◆ 유구현황

현재 봉수터는 벤치 등의 휴게시설이 갖추어져 있고 길쭉하게 원추형 모양의 돌탑 2기가 세워져 있다. 그리고 산정부 주위는 오랫동안 이곳이 율생공동묘지였던 관계로 다수 분묘가 조성되어 있는 등 형질변경으로 인해 봉수와 관련된 유구는 확인할 수 없다.

◆ 찾아가는 길

김포~강화간 48번 국도를 타고 가다보면 누산리에서 대곶 · 양촌 이정표가 나온다. 여기에서 좌회전하여 대곶사거리에서 대곶중학교를 끼고 좌회전하면 바

김포 수안산봉수터 전경

로 정면에 봉수가 있는 수안산이 보인다. 봉수가 있는 산 정상까지는 휴식을 겸
한 체육시설과 등산로가 개설되어 있다.

◆ 기타

삼국시대 테뫼식의 석축성인 수안산성(경기도기념물 제159호) 내 위치하고 있음.

11) 강화 대모성산봉수 大母城山烽燧

연번	제5거 직봉(53)	유형	연변봉수
설봉	조선 전기(세종실록 지리지)	폐봉	고종 32년(1895)
문헌별 명칭	**세** 大母城烽火 **신** 大母城山烽燧 **여** 大母山烽 **강** 大母山烽燧 **증** 大母城山烽燧 * 강 :『江華府志』(1783)		
소관	강화유수(江華留守)		
소재 및 대응봉수	전기(세종실록 지리지)	府南. 通津 藥山烽火(동) → 大母城烽火 → 鎭江山(서)	
	중기(여지도서)	通津 守安城(동) → 大母山烽 → 本府 鎭江烽(서)	
	후기(증보문헌비고)	第5炬 直烽 : 守安山烽燧 → 大母城山烽燧 → 鎭江山烽燧	
주소	인천광역시 강화군 불은면 신현리 산113-16		
해발고도	84.2m	산명(山名)	대모산(大母山)
학술조사	陸軍士官學校 陸軍博物館,『江華郡 軍事遺蹟 地表調査 報告書(城郭 · 烽燧篇』, 2000. 韓國文化財保護財團,『江華外城 地表調査報告書』, 2006.		
잔존유구	연대, 호		
주변경관	산정에서는 동쪽의 해안지역을 제외한 3면이 해발 400m 내외의 산이 가로막고 있어 시야가 제한적이 며, 동쪽의 해안을 조망 · 감시하기 좋은 곳임		

◆ 입지

인천광역시 강화군 불은면 신현리 봉꼴마을의 해발 84.2m인 대모산 정상에 위치하고 있다. 동쪽 바로 인접하여서는 강화군과 김포시를 경계짓는 폭 1km 가량의 황해 지류가 북류하면서 한강과 임진강으로 흐른다. 봉수가 인접한 해안을 따라서는 '초지진草芝鎭 · 덕진진德津鎭 · 광성돈廣城墩 · 오두돈대鰲頭墩臺' 등의 진보와 돈대가 설치되어 있다. 산정에서는 동쪽의 해안지역을 제외한 세 면이 해발 400m 내외의 산이 가로막고 있어 시야가 제한적이며, 동쪽의 해안을 후망하기 좋은 곳이다.

◆ 설봉시기와 봉수노선

조선 전기 발간의 『세종실록』지리지(1454)부터 최종 『증보문헌비고』(1908)까지

조선 전 시기 발간의 지지에 기록이 있다. 노선과 성격은 여수 돌산도에서 초기하는 제5거 직봉의 쉰세번째 연변봉수이다. 대응봉수는 조선 전 시기를 통해 동쪽의 김포 수안산봉수에서 보내는 신호를 받아 서쪽으로 같은 지역 소재의 진강산봉수에 응했다.

좀 더 상세한 내용은 『여지도서』⁽¹⁷⁶⁰⁾에 대모산봉^{大母山烽} 명칭으로 "동쪽으로 통진 수안성^{守安城}, 서쪽으로 본부^{本府} 진강봉^{鎭江烽}에 응한다. 본부의 봉수는 전라도 해남 관두봉^{館頭峯}과 당진에서 기화^{起火}하여 충청도 연해를 따라 올라와 서울에 이르기 전 통진 약산을 거친다."라고 하였다.

◆ 봉수명칭

지지마다 '대모성봉화^{大母城烽火} · 대모산봉^{大母山烽} · 대모산봉수^{大母山烽燧}' 등으로 표기되기도 하였으나 최종 표기는 대모성산봉수^{大母城山烽燧}이다.

◆ 봉수운용

병와^{甁窩} 이형상^{李衡祥}(1653~1733)이 숙종 22년⁽¹⁶⁹⁶⁾ 찬술한 『강도지^{江都誌}』 봉수 사목^{事目}에 '대모산성^{大母山城} · 진강산^{鎭江山} · 망산^{網山} · 하음성산^{河陰城山} · 남산봉수^{南山烽燧}'에 대해 "전에는 군 10명이 번을 섰는데 지금은 정해진 10명 외에 2명이 첨가 되었으며 사람마다 신역^{身役} 30복이 급여되는 일로 갑인년^{甲寅年(현종 15년, 1674)}에 보고하여 법이 정해졌다." 라고 하였다.

이후 발간된 『강화부지』⁽¹⁷⁸³⁾ 봉수에는 봉수군 19명의 인원과 같은 책 말미의 통어영^{統禦營} 소속의 봉수로서 별도로 봉수장^{烽燧將} 1인, 감관^{監官} 5인, 도감고^{都監考} 1인 등을 두어 총 26명의 봉수군이 배속되어 있었다. 또한 '진강산 · 망산 · 하음산 · 남산봉수' 등과 본부^{江華}에 속한다고 하였다.

강화 대모성산봉수 연대

◆ 유구현황

봉수는 산 정상에 높이 1.6m 가량 토·석의 연대 형태로 있다. 연대 상부는 삭평되어 원형을 띠고 있으며, 1987년 재설한 '김포 439'명의 삼각점이 있다. 연대의 규모는 높이가 지형에 따라 다른데 북쪽의 높이 약 1.8m이다. 연대 상부의 직경은 동-서 6m, 남-북 5.6m이다. 지형상 주위 사면은 급사면으로 연대외 타 시설이 들어설 공간이 없다.

호壕는 연대 하단부 사면에서 확인되는데 북쪽이 뚜렷하고 남쪽은 희미하다. 높이는 0.5m이다.

강화 대모성산봉수 호

◆ 찾아가는 길

강화읍내에서 301번 국도를 따라 가다 길상면에서 좌측으로 덕진진간 중간지
점의 나지막한 구릉 정상에 봉수가 위치하고 있다. 신현리 봉꼴마을에서 오를
수 있다.

12) 강화 진강산봉수鎭江山烽燧

연번	제5거 직봉(54)		유형	연변봉수
설봉	조선 전기(세종실록 지리지)		폐봉	고종 32년(1895)
문헌별 명칭	**세** 鎭江山烽火 **신** 鎭江山烽燧 **여** 鎭江山烽 **강** 鎭江山烽燧 **증** 鎭江山烽燧 * 강 :『江華府志』(1783)			
소관	강화유수(江華留守)			
소재 및 대응봉수	전기(세종실록 지리지)	府南. 鎭江山烽火 → 網山烽火(서)		
	중기(신증동국여지승람)	大母城山(동) → 鎭江山烽燧 → 網山烽(서)		
	후기(여지도서)	大母山(동) → 鎭江山烽 → 網山烽(서)		
	후기(증보문헌비고)	第5炬 直烽 : 大母城山烽燧 → 鎭江山烽燧 → 網山(網山)烽燧		
주소	인천광역시 강화군 양도면 능내리 산1-1 일원			
해발고도	443.1m		산명(山名)	진강산(鎭江山)
학술조사	陸軍士官學校 陸軍博物館,『江華郡 軍事遺蹟 地表調査 報告書(城郭 · 烽燧篇』, 2000. 韓國文化財保護財團,『江華外城 地表調査報告書』, 2006.			
잔존유구	요망대, 연조 4기, 건물지 1동			
주변경관	서쪽의 서해를 제외한 3면이 산지지대로서 봉수는 인천시 소재의 봉수 중 해발고도가 제일 높은 곳에 위치함. 서해를 멀리 조망 · 감시하면서 내륙으로 통하는 길목에 위치하고 있어 유사시 망산봉수에 응하기 좋은 곳임			

◆ 입지

인천광역시 강화군 양도면 능내리·삼흥리·도장리 경계의 해발 443.1m인 진강
산鎭江山 정상에 위치하고 있다. 서쪽의 서해를 제외한 3면이 산지로서 인천시
소재의 봉수 중 해발고도가 제일 높은 곳에 위치한다. 서해를 멀리 후망하면서
내륙으로 통하는 교통로에 위치하고 있어 유사시 망산봉수와 대응하기 좋은
곳이다.

◆ 설봉시기와 봉수노선

조선 전기 발간의 『세종실록』지리지(1454)부터 최종 『증보문헌비고』(1908)까지

강화 진강산봉수

조선 전 시기 발간의 지지에 기록이 있다. 노선과 성격은 여수 돌산도에서 초기하는 제5거 직봉의 쉰네번째 연변봉수이다. 대응봉수는 조선 전 시기를 통해 같은 지역 소재의 대모성산봉수에서 보내는 신호를 받아 서쪽으로 망산봉수에 응했다.

◆ 봉수운용
병와 이형상(1653~1733)이 숙종 22년(1696) 찬술한 『강도지』 봉수 사목事目에 '대모산성·진강산·망산·하음성산·남산봉수'에 대해 "전에는 군 10명이 번을 섰는데 지금은 정해진 10명 외에 2명이 첨가 되었으며 사람마다 신역身役 30복

강화 진강산봉수 연조군

이 급여되는 일로 갑인년^{甲寅年}(현종 15년. 1674)에 보고하여 법이 정해졌다."라고 하였다.

　　이후 발간된 『강화부지』⁽¹⁷⁸³⁾에는 봉수군 19명의 인원과 같은 책 말미의 통어영 소속의 봉수로서 별도로 봉수장 1인, 감관 5인, 도감고 1인을 두어 총 26명의 봉수군이 배속되어 있었다.

◆ 유구현황

현재 봉수는 산정 북쪽의 가장 높은 곳에 망대^{望臺}와 하단부에 건물지^{建物址} 및 4기의 연조^{煙竈}가 남아 있다. 이중 망대는 직경이 동서 4m, 남북 5m, 북쪽부분

강화 진강산봉수 건물지

높이 1.5m 가량의 자연적인 바위 암반으로, 상부는 평평하며 삼각점이 설치되어 있다. 요망대의 북쪽으로는 산불감시무인카메라탑이 설치되어 있는 능선을 따라 완만하게 올라올 수 있으나, 서쪽으로는 급사면을 이루고 있어 자연적인 방어조건을 갖추고 있다.

건물지는 산정에서 남쪽으로 저지를 이루고 있는 평탄지에 위치하는데 동쪽과 남쪽에서 석축의 흔적이 확인된다. 동쪽의 석축은 길이 40m내, 높이 30~80cm, 축조 단수 3~7단 가량으로 축조에 정형성은 없으며 크고 작은 석재를 섞어 축조하였는데, 이는 동쪽 하단부로 급사면을 이루는 지형을 보강하고 건물의 경계를 구획하려는 의도에서 축조한 것으로 보인다. 반면, 남쪽은 1열의 석재로 경계만 표시한 상태이다.

　　연조는 요망대 못미처 소로 우측의 수풀속에 동–서 장축 1열로 토+석 혼축의 원형 구조물 4기가 남아 있다. 그중 가장 동쪽에 위치하며 규모가 큰 제1연조는 직경 4m 가량으로 지표에서 높이 1m 가량 잔존하는데 상부 중앙에는 직경150cm, 높이 40cm 가량인 원형 함몰부의 흔적이 있다. 제2연조는 1연조와 서로 5m의 거리를 두고 있으며 직경 3m, 높이 0.8m 가량이다. 상부 중앙에는 1연조와 동일 크기의 원형 함몰부의 흔적이 있다. 또한 1·2연조 공히 상부에는 원형으로 석재를 돌린 흔적이 뚜렷하다. 3연조는 2연조와 서로 3m의 거리를 두고 있으며 직경 2m 가량의 흔적만이 확인된다. 연조의 중앙부에는 수목이 성장하고 있으며 일부 석재가 노출되어 있는데 1·2연조와 달리 윤곽만 확인할 수 있는 상태이다. 4연조는 3연조와 서로 5m의 거리를 두고 있으며 형태와 현상은 3연조와 동일하다. 또한 4연조와 인접한 가장 서쪽에는 직경 2m, 깊이 1m 가량 용도불명의 원형 구덩시설이 인접하고 있다.

◆ 찾아가는 길

강화군 양도면 능내리의 고려 24대 원종비 순경태후 능인 가릉嘉陵에서 올라가거나, 가릉을 지나 탑재삼거리에 좌회전하여 인천가톨릭대학교 전 도장2리 대흥부락의 경로당을 끼고 직진하여 포장도로가 끝나는데서 1시간정도 산행하면 봉수에 이를 수 있다.

13) 강화 망산봉수網山烽燧

연번	제5거 직봉(55)	유형	연변봉수
설봉	조선 전기(세종실록 지리지)	폐봉	고종 32년(1895)
문헌별 명칭	**세**網山烽火 **신**網山烽燧 **여**網山烽 **강**望山烽燧 **증**網山烽燧(輿覽作 網山) **현**德山烽燧 * 강 : 『江華府志』(1783)		
소관	강화유수(江華留守)		
소재 및 대응봉수	전기 (세종실록 지리지)	府西. 網山烽火 → 別立山烽火(북)	
	중기 (신증동국여지승람)	鎭江山烽燧(동) → 網山烽燧 → 喬桐縣 華盖山烽燧(서)	
	후기 (여지도서)	鎭江山(동) → 網山烽 → 喬桐 華盖山烽(서)	
	후기 (증보문헌비고)	第5炬 直烽 : 鎭江山烽燧 → 網山烽燧(輿覽作 網山) → 喬桐 圭山烽燧	
주소	인천광역시 강화군 내가면 외포리 산131 일원		
해발고도	291.4m	산명(山名)	국수산(國壽山) 덕산(德山)
문화재지정	인천광역시 기념물 제64호 (2011. 11. 29)		
학술조사	陸軍士官學校 陸軍博物館,『江華郡 軍事遺蹟 地表調査 報告書(城郭·烽燧篇)』, 2000. 韓國文化財保護財團,『江華外城 地表調査報告書』, 2006. 한울문화재연구원,『江華 網山烽燧遺蹟』, 2013.		
잔존유구	연대 1기, 연조 5기, 방호벽 2개소, 추정 고사지 1동		
주변경관	산정에서는 사방으로 후망이 가능함		

◆ 입지

인천광역시 강화군 내가면 외포리 산131번지 일원의 해발 291.4m인 덕산^{德山}
정상에 위치하고 있다.

◆ 설봉시기와 봉수노선

조선 전기 발간의 『세종실록』지리지⁽¹⁴⁵⁴⁾부터 최종 『증보문헌비고』⁽¹⁹⁰⁸⁾까지
조선 전 시기 발간의 지지에 기록이 있다. 노선과 성격은 여수 돌산도에서 초기
하는 제5거 직봉의 쉰다섯번째 연변봉수이다. 대응봉수는 조선 전기에 일시 별
립산봉수^{別立山烽燧}와 응했으나, 『신증동국여지승람』⁽¹⁵³⁰⁾의 발간 이전 북쪽으

로 응하였던 별립산봉수가 노선의 조정으로 인해 철폐되자 동쪽으로 진강산鎭
江山, 서쪽으로 교동현 화개산華盖山에 응하는 새로운 노선이 설정된 이후 후기
까지 줄곧 유지되었다.

◆ 봉수운용

병와 이형상(1653~1733)이 숙종 22년(1696) 찬술한 『강도지』 봉수 사목事目에
'대모산성·진강산·망산·하음성산·남산봉수'에 대해 "전에는 군 10명이 번을
섰는데 지금은 정해진 10명 외에 2명이 첨가 되었으며 사람마다 신역身役 30복

이 급여되는 일로 갑인년甲寅年(현종 15년, 1674)에 보고하여 법이 정해졌다."라고 하였다.

이후 발간된 『강화부지』(1783)에는 봉수군 16명의 인원과 같은 책 말미의 통어영 소속의 봉수로서 별도로 봉수장 1인, 감관 5인, 도감고 1인을 두어 총 23명의 봉수군이 배속되어 있었다.

◆ 유구현황

봉수는 산정의 서쪽 높은 곳에 연대 1기와 동쪽 낮은 곳에 연조 5기가 있다. 그리고 2010년의 발굴조사를 통해 연대의 최동쪽 제5연조와 인접하여 남-북으로 방호벽 일부와 추정 고사지庫舍址가 확인되었다.

강화 망산봉수 연조 전경

강화 망산봉수 평면도(한울문화재연구원)

　　연대는 자연석 화강암을 이용하여 남북 직경 8.5m, 동서 직경 8m, 하부 둘레 31.9m로 90×30㎝, 60×20㎝, 140×40㎝ 가량의 장방형 석재를 4단으로 쌓아 올렸다. 높이는 동쪽 0.8m, 서쪽 1.1m, 남쪽 1.1m, 북쪽 0.4m로 정방형 기단부 위에 중간 둘레 10.6m, 총 높이 3.9m의 원추형 돌탑 형태이다.

　　연조는 연대의 하단부에 서쪽에서 동쪽으로 낮아지는 지형을 따라 5기의 원형 석축으로 일정거리를 두고 일렬로 배치되어 있다. 일정한 대지의 마련 없이 자연지형을 이용하여 산의 정상부 능선을 따라 나란히 연조시설을 하였다. 전체 길이가 27.5m의 세장방형태로서 고저차가 심하다. 각 연조 중심간 평균 거리는 5~7m 다.

방호벽은 추정 고사지 남측에서 동-서 방향으로 1개소 및 제4·5연조에서 북측으로 약 9.2m의 거리를 두고 동-서 방향으로 1개소 등 부분적으로 2개소 가 확인되었다. 남측 방호벽의 잔존 길이는 8m이다. 북측 방호벽은 제5연조 북 동측의 자연암반에서 시작되어 북서측으로 7.35m 이어지다 서측으로 방향을 꺾어 7m 정도 노출되었다. 잔존 폭은 1~1.3m 정도이다.

추정 고사지는 제4·5연조 남측의 소규모 평탄지에서 다수의 석재들이 확인되었으나 발굴조사를 통해 고사지와 관련된 시설로 판단되는 뚜렷한 유구는 확인되지 않았다.

◆ 찾아가는 길

내가면 고천리의 갈멜산기도원에서 능선을 따라 난 등산로를 타고 오르면 정상에 오를 수 있다.

14) 강화 교동 규산봉수 圭山烽燧

연번	제5거 직봉(56)	유형	연변봉수
설봉	조선 전기(세종실록 지리지)	폐봉	고종 32년(1895)
문헌별 명칭	**세** 城山烽火 **신** 華盖山烽燧 **여** 圭山烽燧 **경** 華盖山烽燧 **증** 圭山烽燧(華盖山) **현** 華盖山烽燧 * 경 :『京畿誌』의『喬桐府邑誌』(1842)		
소관	강화유수(江華留守)		
소재 및 대응봉수	전기(세종실록 지리지)	縣南. 城山烽火 → 江華 別立山烽火(동)	
	중기(신증동국여지승람)	江華府 網山烽燧(남) → 華盖山烽燧 → 河陰城山烽燧(동)	
	후기(여지도서)	府北五里 華盖山. 江華府 網山烽燧(남) → 圭山烽燧 → 河陰山烽燧(동)	
	후기(증보문헌비고)	第5炬 直烽 : 網山(網山)烽燧 → 喬桐 圭山(華盖山)烽燧 → 河陰山烽燧	
주소	인천광역시 강화군 교동면 교동도내 읍내리 산47 일원		
해발고도	250m	산명(山名)	화개산(華盖山)
문화재지정	향토유적 제29호		
학술조사	陸軍士官學校 陸軍博物館,『江華郡 軍事遺蹟 地表調査 報告書(城郭 · 烽燧篇』, 2000. 韓國文化財保護財團,『江華外城 地表調査報告書』, 2006.		
잔존유구	연대 1기		
주변경관	봉수가 위치하는 교동도는 사면이 황해로 둘러싸여 있는 작은 섬이다. 봉수는 동-서 2개소의 뾰족한 봉우리 중 서쪽 봉우리에 있음. 동-서로는 능선을 따라 연이어져 있는 봉우리로 인해 조망이 제한적이나, 남-북으로는 시야가 트여 있어 조망이 용이함. 특히 남쪽으로는 해안을 따라 북상하는 외적의 침입을 조망 · 감시 및 인접한 봉수와 대응하기에 유리한 입지조건임		
관련인물	· 牧隱 李穡(1328~1396) · 四佳亭 徐居正(1420~1488)		
기타사항	화개산성(華盖山城) 내에 위치함		

◆ 입지

인천광역시 강화군 교동면 교동도내 읍내리의 해발 259.5m인 화개산華盖山 정상에서 서쪽으로 약 300m의 거리를 두고 이보다 낮은 해발 250m 가량의 봉우리에 위치하고 있다.

봉수가 위치하는 교동도는 4면이 황해로 둘러싸여 있는 작은 섬이다. 봉수

강화 교동 규산봉수

는 동－서 2개소의 뾰족한 봉우리 중 서쪽 봉우리에 있다. 동－서로는 능선을 따라 연이어져 있는 봉우리로 인해 조망이 곤란하나, 남－북으로는 멀리까지 조망이 용이하다. 특히, 남쪽으로는 해안선을 따라 북상하는 외적의 침입을 조망·감시 및 인접한 봉수와 대응하기에 유리한 입지조건을 갖추고 있다. 같은 섬의 수정산봉수修井山烽燧와는 서쪽으로 4.25km의 근거리에 있다.

◆ 설봉시기와 봉수노선

조선 전기 발간의『세종실록』지리지(1454)부터 최종『증보문헌비고』(1908)까지 조선 전 시기 발간의 지지에 기록이 있다. 노선과 성격은 여수 돌산도에서 초기하는 제5로 직봉의 쉰여섯번째 연변봉수이다. 대응봉수는 조선 전기에 일시 별립산봉수와 응했으나, 이후 남쪽의 망산봉수에서 보내는 신호를 받아 남쪽으로 하음산봉수에 응했다.

◆ 봉수위치 및 명칭

조선 후기 발간의 『여지도서』(1760) 봉수에 주산봉수主山烽燧 명칭으로 부의 북쪽 5리 화개산華盖山에 있으며 남쪽과 동쪽으로 응하는 대응봉수를 소개하고 있다.

　　『경기지』의 「교동부읍지」(1842) 봉수에는 당시 같은 현에 3기의 봉수[수정산修井山·화개산華盖山·남산南山]가 있으며 봉수에 대해 "一處 在南面龍井里 華盖山"이라 하여 "남면 용정리 화개산에 있다." 라고 하였다.

　　조선 전 시기 발간 지지별로 '성산봉화·화개산봉수·주산봉수' 등으로 표기되었으나 최종 지지의 표기는 규산봉수圭山烽燧이다. 『증보문헌비고』(1908)에는 규산을 "輿覽作 華盖山이다." 라고 하였다. 현대에도 규산보다는 화개산으로 더 지칭된다.

◆ 봉수운용

과거 봉수가 운용되던 당시 봉수군 인원은 『강화부지』(1783)에 46명의 인원과 같은 책 말미의 통어영統禦營 소속의 봉수로서 별도로 봉수장 1인, 감관 5인, 도감고 1인 등을 두어 총 53명의 봉수군이 배속되어 있었음을 확인할 수 있다.

◆ 관련 인물

봉수가 위치한 교동 화개산 관련 여말선초의 학자로 본관은 한산韓山. 자는 영

강화 교동 규산봉수 석축세부

숙穎叔, 호는 목은牧隱. 아버지는 찬성사 곡穀인 李穡(1328~1396)이 있다. 경기의 삼각산·감악산紺嶽山·청룡산靑龍山, 충청도 서주舒州의 대둔산大屯山 등지와 강화 교동의 화개산에는 그의 독서처가 있었다.

　『동문선』에 "내가 어렸을 적에 산중에서 글 읽기를 좋아해서 그 옛날 노닐던 곳은 역력히 헤아릴 수 있는데, 금곡金谷에서 밥을 구걸하던 일이 더욱 잊을 수 없다. 현 사헌司憲 한시사韓侍史·민부民部 장의랑張議郎과 나, 세 명이 책을 짊어지고 해중海中에 있는 교동의 화개산에 들어가 보니, 그곳은 외롭게 동떨어져서 인적이 드물기 때문에 마음에 들어오래 묵으려고 했다. 그러나 산중이라 배가 주려서 있을 수가 없어서 서울로 돌아가는 길에, 배[舟] 안에서 서해의 여러 산을 바라보고 말하기를, "평주平州 남쪽 모란산牧丹山도 옛 사람이 글 읽던 곳이니, 그곳으로 가보자." 하여, 드디어 장의랑에게 부탁하여 돌아가서 두 집을 보호하라 하고, 뱃사람에게 간청하여 서해안으로 내려서 갈대밭으로 6, 7리를 가자, 해가 저물고 다리 힘도 더 계속할 수 없어 금곡 역사驛舍의 주인에게 밥을 빌어먹었으니, 한때 피곤에 지쳐 구걸하던 형상은 지금도 생각할수록 우습기만 하다."[142] 라고 하였다.

또, 이색이 교동에 머무는 동안 남긴 시가 있는데 다음과 같다.

喬桐 三首(교동 3수)
海中華蓋揷靑天　바다 속의 화개산은 하늘에 치솟았는데
上有荒祠不記年　산 위의 옛 사당은 언제 지은지 모르겠네
奠罷一杯時北望　제사 뒤에 한 잔 마시고 북쪽을 바라보니
扶蘇山色轉蒼然　부소산 빛은 더욱 푸르기만 하구나

客游山下寄僧房　나그네로 산 아래 승방에 부쳐 놀다 보니
野菓漸肥泉水香　들 과실은 점점 살지고 샘물은 향기롭네
地主有恩須一報　토지 귀신 은혜도 한번 보답해야 하기에
臨風灌地再傾觴　바람 앞에 술잔 붓고 재차 한 잔 마시노라

海門無際碧天低　바닷물은 끝없고 푸른 하늘은 나직한데
帆影飛來日在西　돛단배는 나는 듯이 오고 해는 서산에 걸렸네
山下家家篘白酒　산 아래 집집마다 막걸리를 걸러내어
斷蔥斫膾欲雞栖　파 뜯고 회를 칠 제 닭은 홰에 오르려 하네

（『牧隱集』牧隱詩稿 권6, 詩）

記游喬桐 漁父頗來餉(교동에서의 놀이를 기록하다. 어부가 와서 꽤나 먹여 주었다.)

142)『東文選』卷86, 序 送楊廣道按廉韓侍史序 弘道.

正午潮廻散薄陰　정오에 조수 들고 엷은 그늘 펼쳐질 제
扁舟一放碧江潯　푸른 강 가에 일엽편주를 한 번 띄우니
慶源殿下風初順　경원전 아래는 바람세가 막 순조롭고
華蓋山前日欲沈　화개산 앞에는 해가 뉘엿뉘엿 넘어가네
已喜詩僧長作伴　시승과 길이 동반한 것도 이미 기쁜데
況逢漁父似知音　더구나 친구 같은 어부를 만났음에랴
祇今眼病頻追悔　지금은 다만 안질이 자주 후회스러워라
夜讀殘書月滿林　남은 책 읽다 보니 달이 숲에 가득하네

(『牧隱集』牧隱詩稿 권7, 詩)

　　다음은 조선 세종 때 신흥왕조의 기틀을 잡고 문풍을 일으키는 데 기여한 문신으로 본관은 달성達城. 자는 강중剛中, 호는 사가정四佳亭으로 권근權近의 외손자인 徐居正(1420~1488)이 있다. 그 역시 교동을 방문하여 화개산을 지나가면서 다음의 시를 남겼다.

華盖山途中(화개산 아래 도중에서 짓다.)
南江水色碧於酒　남강의 물 빛은 맑은 청주보다 푸르고
西嶺花開紅似霞　서쪽 산은 꽃이 피어 놀처럼 붉그레한데
蹇驢孤客向何處　나귀 탄 외론 나그네는 어디메로 가는지
青山隔水似君家　물건너 청산 밑이 아마도 그대 집이리

(『四佳集』四佳詩集 卷8, 詩類)

◆ 유구현황

봉수는 동-서 장축의 능선을 따라 평면 장방형의 석축 연대 형태로 축조되어져 있다. 지형상 서고동저西高東低이며 남-북은 경사 가파른 급사면을 이루고 있다. 축조상 서쪽의 석축은 거의 등산로변의 지면과 밀착되어 있으며, 동쪽은 저지低地를 이루는 지형을 고려하여 높이 120cm 가량 석축으로 높여 축조하였다. 연대 축조는 30×27, 36×20, 40×10, 54×12cm 가량의 얇고 납작한 석재를 사용하여 수평에 가깝게 쌓았다. 축조단수는 석축이 잘 남아 있는 동쪽의 경우 11단 내로서 계단식의 인위적인 출입시설이 마련되어져 있다.

규모는 연대의 높이가 동쪽 1.2m, 남쪽 1.3m, 북쪽 1.6m 가량이며, 직경은 동서 7.2m, 남북 5.2m 가량이다.

◆ 찾아가는 길

강화~교동간 연육교를 이용하여 교동면사무소로 이동 후 등산로를 따라 봉수에 이를수 있다.

◆ 기 타

화개산성華盖山城내에 위치한다.

15) 강화 하음산봉수河陰山烽燧

연번	제5거 직봉(57)		유형	연변봉수
설봉	조선 중기 (신증동국여지승람)		폐봉	고종 32년(1895)
문헌별 명칭	**신**河陰城山烽燧 **여**河陰山烽 **강**河陰山烽燧(卽 鳳頭山) **증**河陰山烽燧 **현**奉天山烽燧 奉天臺			
소관	강화유수(江華留守)			
소재 및 대응봉수	중기 (신증동국여지승람)		松岳山烽燧(동) → 河陰城山烽燧 → 喬桐縣 華盖山烽燧(서)	
	후기 (여지도서)		府 南山烽(동) → 河陰山烽 → 華盖山烽(서)	
	후기 (증보문헌비고)		第5炬 直烽 : 喬桐 圭山烽燧 → 河陰山烽燧 → 江華 南山烽燧	
주소	인천광역시 강화군 하점면 신봉리 산63 일원			
해발고도	291.1m		산명(山名)	봉천산(奉天山)
학술조사	陸軍士官學校 陸軍博物館, 『江華郡 軍事遺蹟 地表調査 報告書(城郭·烽燧篇)』, 2000. 韓國文化財保護財團, 『江華外城 地表調査報告書』, 2006.			
잔존유구	奉天臺(연대), 연조 5기			
복원정비	봉천대 복원			
주변경관	산정에서 보면 사방을 잘 조망할 수 있는데, 특히 서쪽으로는 별립산봉수가 가깝게 조망되고 그 너머로 교동도의 화개산이 바라보임. 또한, 북쪽으로는 북한의 황해도 일대와 개성 송악산이 잘 조망됨. 과거에는 산이포나루를 통해 개성과의 직통로가 열려 있어 물물교류가 활발하였다고 함			
관련설화	봉천산은 달리 '봉두산', '봉천대', '하음산', '하음산성'이라고도 하며, 고려때 하음백(河陰伯) 봉천우(奉天佑)가 봉천대를 모으고 그 조상을 도우신 하느님에게 제사를 지냈다고 함			
기타사항	하음산성(河陰山城) 내에 위치함			

◆ 입지

인천광역시 강화군 하점면 신봉리의 해발 291.1m인 봉천산奉天山 정상 하음산성河陰山城 내에 위치한다. 산정에서는 사방이 잘 조망되는데, 특히 서쪽으로는 별립산봉수가 가깝게 조망되고 그 너머로 교동도의 화개산이 바라보인다. 또한, 북쪽으로는 북한의 황해도 일대와 개성 송악산이 조망된다. 과거에는 산이포나루를 통해 개성과의 직통로가 열려 있어 물물교류가 활발하였다고 한다.

강화 하음산 봉천대

◆ 설봉시기와 봉수노선

별립산봉수를 대신하여 조선 중기 발간의 『신증동국여지승람』(1530)에 처음 나타난다. 종래의 별립산봉수와는 서쪽으로 3.75km의 거리에서 마주보고 있다. 이후 최종 『증보문헌비고』(1908)까지 조선 전 시기 발간의 지지에 기록이 있다. 노선과 성격은 여수 돌산도에서 초기하는 제5거 직봉의 쉰일곱번째 연변봉수이다.

◆ 봉수 명칭

조선 전 시기 발간 지지별로 '하음성산봉수河陰城山烽燧 · 하음산봉河陰山烽' 등으로 표기되었으나, 최종 지지의 표기는 하음산봉수河陰山烽燧이다. 이외에 현대에는 달리 '봉천산봉수奉天山烽燧·봉천대奉天臺'로도 지칭된다.

◆ 봉수 운용

병와 이형상(1653~1733)이 숙종 22년(1696) 찬술한 『강도지』 봉수 사목事目에 '대모산성·진강산·망산·하음성산·남산봉수'에 대해 "전에는 군 10명이 번을 섰는데 지금은 정해진 10명 외에 2명이 첨가 되었으며 사람마다 신역身役 30복이 급여되는 일로 갑인년甲寅年, (현종 15년, 1674)에 보고하여 법이 정해졌다."라고 하였다.

이후 발간된 『강화부지』(1783)에는 "河陰山烽燧 卽鳳頭山 西應華盖山還入應本府南山 烽燧軍十六名"이라 하여 하음산봉수가 곧 봉두산이며, 16명의 봉수군외에 별도로 봉수장 1인, 감관 5인, 도감고 1인 등을 두어 총 23인이 배속되어 있었다.

◆ 유구 현황

봉천산 정상부에는 가장 남쪽에 봉천대奉天臺와 가장 북쪽에 봉천정奉天亭이 위치하고 있다. 이중 봉천대는 고려시대의 제사기능이 없어진 조선시대에 봉수대로 전용되어 매일 저녁시간에 1거炬의 거화를 통해 수도 한양에 알렸던 연대煙臺의 기능을 하였다. 사다리꼴 모양의 방대형으로 규모는 밑변의 넓이가 7.2m이며, 상부는 직경이 동서 6.2m, 남북 5.8m로서 총 높이 5.5m 가량이다.

연조는 하음산 정상부의 남쪽 봉천대와 북쪽 봉천정 사이의 남-북 장축을 이루는 능선상에 북고남저의 세장한 지형을 따라 5기의 토·석 혼축 연조흔적이 남-북 1열로 확인된다. 각 연조간 거리는 9~10m로 타 봉수에 비해 2배 이상 넓은 편이다. 잔존상태는 3기의 연조가 갈대로 덮여있거나 삭평 등으로 유지가 뚜렷하지 않고 윤곽만 확인된다. 그러나 나머지 2기 연조는 잔존상태가 비교적 양호하게 남아 있어 구조형태를 파악하는데 지장은 없다.

잔존상태가 양호한 2기의 연조 중 남쪽에서 두 번째에 위치한 연조는 남북직경 3.8m, 동서직경 2.5m가량으로 지표에서 0.44m의 높이로 흔적이 뚜렷하게 남아 있다. 연조 상부 중앙부는 진강산봉수 연조와 마찬가지로 원형 함몰부의 흔적이 있다.

또한 5기의 연조 중 가장 중앙부에 위치하고 있는 연조는 앞에서 설명한 연조보다 규모는 작지만 하부에 방형의 석재 윤곽이 확인되며 흙으로 덮여있는 상태인데, 드문드문 석재가 노출되어 있다. 이를 통해 연조는 구조상 하부 방형에 내부 원형의 2중구조로서 연조 상부 중앙에는 거화를 하기 위한 원형 함몰부의 흔적이 있었으리라 추측된다. 그러나 연조 상부 중앙에는 현재 소나무가 뿌리를 내린 채 성장하고 있다.

한편, 가장 북쪽에는 봉천정 이름의 8각정과 산불감시 초소가 위치하고 있는데 이곳에는 예전에 당집이 있었다고 전한다.

◆ 관련 설화

이유원李裕元, (1814~1888)의 『임하필기』에 "하음산 아래 못가에서 한 할머니가 빨래를 하고 있었는데 돌로 만든 함 하나가 떠내려왔다. 그 가운데 어린아이가 들어 있었는데 왕에게 바쳐 기르도록 하니, 봉우奉佑라는 성명을 하사하였다. 인종 때 관아의 위경尉卿이 되어 봉씨奉氏의 시조가 되었다."[143]라는 유래가 전한다.

---

143) 『林下筆記』 卷18, 「文獻指掌編」 生産.

◆ 찾아가는 길

강화읍내에서 인화~하점행 48번 국도를 타고 가다 보면 봉천산 정상부에 방형의 석축인 봉천대와 8각정 및 산불감시초소가 보여 쉽게 위치를 확인할 수 있다. 봉수는 장정리의 5층석탑 있는 곳에서 오르는 길과 하점면사무소 좌측의 등산로를 따라 오르는 두 길이 주로 이용된다.

◆ 기타

하음산성河陰山城내에 위치한다.

16) 강화 남산봉수 南山烽燧

연번	제5거 직봉(58)	유형	연변봉수
설봉	숙종 3년(1677)	폐봉	고종 32년(1895)
문헌별 명칭	**강1** 南山烽燧 **여** 여南山烽 **강2** 南山烽燧 **증** 江華 南山烽燧 * 강1 : 『江都誌』(1696), 강2 : 『江華府誌』(1783)		
소관	강화유수(江華留守)		
소재 및 대응봉수	후기(강도지)	河陰城山烽燧(서) → 南山烽燧 → 通津 南山烽燧(동)	
	후기(여지도서)	河陰山(서) → 南山烽 → 通津 南山(동)	
	후기(증보문헌비고)	第5炬 直烽 : 河陰山烽燧 → 江華 南山 → 通津 南山(松岳山)	
주소	인천광역시 강화군 강화읍 신문리 산14-1 일원		
해발고도	222.5m	산명(山名)	남산(南山)
학술조사	陸軍士官學校 陸軍博物館, 『江華郡 軍事遺蹟 地表調査 報告書(城郭 · 烽燧篇)』, 2000. 韓國文化財保護財團, 『江華外城 地表調査報告書』, 2006.		
잔존유구	유구 멸실		
주변경관	산정에서는 사방으로 후망이 가능함		
관련인물	· 李衡祥(1653~1733) · 강화부 유수 李義弼		

◆ 입지

인천광역시 강화군 강화읍 신문리의 강화내성내인 해발 222.5m의 남산 정상 남장대 서쪽에 위치하고 있다.

◆ 설봉시기와 봉수노선

조선 후기인 숙종 3년(1677) 강화읍 관청리 소재의 북산에 소재하였던 송악봉 수가 남산으로 이설됨에 따라 신설되어졌다. 병와瓶窩 이형상李衡祥, (1653~1733) 이 찬술한 『강도지』(1696)에 "南山 丁巳年 自松岳移來 西應河陰城山 東傳通津 南山"이라 하여 "남산. 정사년(숙종 3년, 1677) 송악봉수에서 이설하여 서쪽으로 하음성산에 응하고, 동쪽으로 통진 남산에 전한다."라고 하였다.

◆ 봉수 운용

병와 이형상(1653~1733)이 숙종 22년(1696) 찬술한 『강도지』봉수 사목事目에 '대모산성·진강산·망산·하음성산·남산봉수'에 대해 "전에는 군 10명이 번을 섰는데 지금은 정해진 10명 외에 2명이 첨가 되었으며 사람마다 신역身役 30복이 급여되는 일로 갑인년甲寅年(현종 15년, 1674)에 보고하여 법이 정해졌다."라고 하였다.

이후 발간된 『여지도서』(1760)에는 "南山烽 西應河陰山 東應通津南山送 五處烽燧軍合九十名"이라 하여 종전 노선의 변동이 없는 대신 '대모산봉大母山烽·진강산봉鎭江山烽·망산봉網山烽·하음산봉河陰山烽·남산봉南山烽' 등 5처 봉수에 모두 90명의 봉수군이 배속되어 있었다.

끝으로 『강화부지』(1783)에는 "南山烽燧 西應河陰山 東應通津南山 烽燧軍二十名"이라 하여 20명의 봉수군 인원과 별도로 봉수장 1인, 감관 5인, 도감고 1인 등을 두어 총 27명의 봉수군이 배속되어 있었다.

봉수에 대한 실록의 기록은 정조 21년(1797) 강화부 유수 이의필李義弼의 장계에, "이달 7일 본부의 남산봉대에서 봉화를 올리지 않았는데 조사해 보니 봉직烽直이 술에 취하여 실수하였다고 하였습니다. 제대로 단속하고 경계하지 못한 잘못이니 황공하여 처벌을 기다립니다. 하였다. 비변사가 해당 유수를 파직하도록 계청하자 그대로 따랐다."[144] 라고 한 내용이 있다. 이를 통해 술에 취해 근무를 태만히 한 봉직을 감독하지 못한 책임으로 해당 유수가 파직을 당한 일화를 알 수 있다.

---

144) 『정조실록』 권46, 21년 6월 8일 정축.

◆ 유구현황

현재 봉수는 산불감시초소가 있는 남장대의 서쪽 부분으로 추정되는데, 내부는 잡목 등이 무성하며 봉수와 관련된 유지는 확인 할 수 없는 상태이다. 대신 남산 아래에는 과거 봉수가 운영되던 당시 봉군들의 식수로 사용했으며, 현재도 식수로 가능한 '약천정' 명의 우물이 1개소 있다.

◆ 찾아가는 길

산 밑에서 남산을 바라보면 산 정상의 산불감시초소가 보이는데 봉수는 이 초소에서 남서쪽으로 약 20m의 거리에 있다. 강화 읍내에서 봉수가 위치한 남산 내의 남산사南山寺 및 약사사藥師寺 까지는 콘크리트 포장도로가 잘 나 있어 접근이 용이하다. 또한 산의 정상까지는 등산로와 체육시설 등이 갖추어져 있어 등산객들의 내왕이 잦은 편이다.

17) 김포 남산봉수南山烽燧

연번	제5거 직봉(59)		유형	연변봉수
설봉	조선 전기(세종실록 지리지)		폐봉	고종 32년(1895)
문헌별 명칭	**세** 主山烽火 **신** 南山烽燧 **여** 南山烽燧 **강** 南山烽燧 경南山烽燧 **증** 南山烽燧(輿覽作 松岳山) * 강 :「江華府誌」(1783), 경 :「京畿誌」의 「通津府邑誌」(1842~1843)			
이명	군하리봉수			
소관	경기수사(京畿水使)			
소재 및 대응봉수	전기(세종실록 지리지)		(金浦縣) 主山烽火(동) → (通津縣) 主山烽火 → 江華 松岳烽火(서)	
	중기(신증동국여지승람)		距顯五里. 江華府 松岳山烽燧(서) → 南山烽燧 → 金浦縣 北城山烽燧(동)	
	후기(여지도서)		在府南5里. 江華 南山烽燧(서) → 南山烽燧 → 金浦 冷井山烽燧(동)	
	후기(강화부지)		本府(江華) 南山烽燧(북) → 南山烽燧 → 金浦 冷井山烽燧(동)	
	후기(증보문헌비고)		江華 南山烽燧 → 通津 南山(松岳山)烽燧 → 冷井山烽燧	
주소	경기도 김포시 월곶면 군하리 산44-3 일원			
해발고도	180.2m		산명(山名)	주산(主山)
문화재지정	김포시 향토유적 제6호			
학술조사	陸軍博物館,「京畿道 金浦市 軍事遺蹟」, 1998. 한양대학교박물관,「김포시의 역사와 문화유적」, 1999. 국토문화재연구원,「김포 남산봉수 내 유적 시굴조사 약식보고서」, 2020.			
(원)유구	연대, 연조, 방호벽(1954년 항공사진)			
주변경관	산정에서는 동쪽의 산 밑으로 48번 국도가 남-북으로 엇비슷하게 지나고 있고 남쪽으로도 여기에서 갈라진 2차선 도로가 지나고 있음. 서쪽으로는 황해의 지류를 중간에 두고 강화군과 마주 대하고 있음			
관련인물	· 通津縣監 申厚載(1636~1699) · 京畿監司 李在學(1745~1806) · 通津府使 李文協(?~?)			
관련고사	· 書黃承逸急難相救事(황승일의 급박하고 어려운 일을 서로 구제한 일을 쓰다.) · 통진부사 李文協의 파직			

◆ 입지

경기도 김포시 월곶면 군하리의 해발 180.2m의 주산主山 정상에 위치하고 있다. 산정에서는 동쪽의 산 밑으로 48번 국도가 남-북으로 엇비슷하게 지나고

있고 남쪽으로도 여기에서 갈라진 2차선 도로가 지나고 있다. 서쪽으로는 황해
의 지류를 중간에 두고 강화군과 마주 대하고 있다.

◆ 설봉시기와 봉수노선

조선 전기 『세종실록』지리지[(1454)]부터 최종 『증보문헌비고』[(1908)]까지 조선 전
시기 발간의 지지에 기록이 있다. 노선과 성격은 제5로 직봉의 쉰아홉번째 연
변봉수이다. 대응봉수는 시기별로 다르나, 최종 서쪽의 강화 남산봉수에서 보
내는 신호를 받아 동쪽의 김포 냉정산봉수에 응했다.

◆ 봉수 운용

『강화부지』[(1783)]에 동현同縣의 수안산봉수와 함께 통어영統禦營에 속한 봉수로
서 "通津 南山烽燧 北應本府南山 東應金浦冷井山 烽燧軍一百三名"이라 하여
대응봉수의 소개 및 봉수군 103명이라 하였다.

◆ 관련 고사

호가 규정葵亭인 신후재申厚載(1636~1699)가 통진 현감으로 있을 때 書黃承逸急難
相救事(황승일의 급박하고 어려운 일을 서로 구제한 일을 쓰다.)가 그의 문집인 『규정집』[145)]

---

145) 書黃承逸急難相救事
　　黃承逸者,通津烽軍也,而有兄弟四人,而承逸爲之長,事母孝,撫諸弟極其友,鄉黨咸稱之,季弟二福,於香徒會,醉而歐人,無何
所歐人得他病死,承逸謂二福曰彼死固不以歐,歐未久而遽隔,何辭以脫,汝年幼,且母所鍾愛,吾當替汝就死,汝可避之他
邑,二福辭以歐在己,不可使兄死非辜,相讓久之,承逸竟使二福逃去,坐而待捕,官問殺人狀,色不撓,直以乘醉歐人對,余時
爲縣宰,亦以爲承逸果殺人也,他日拷問,亦無異言,久乃廉知之,招使前而言,殺人已承,合置大辟,聞汝與弟代囚,信有之乎,吾
將卽汝弟而捕置之法,汝則竟焉,承逸貌甚慽而曰囚固非歐人者,爲弟之年幼,且母所鍾愛,而不忍其就死,仍請以身代弟,意
懇辭哀,余於是具狀以聞于巡察使,且曰死生之際,可謂難矣,雖使通古今識事理者當之,臨難鮮不動心,而渠以一常漢,篤於
友于,視死如歸,求之古今,實所罕聞,巡察使嘉其行義,卽令解遣,余又遺之以食而復其家,嗚呼,世敎衰矣,民彝斁矣,世家士
族或有鬩墻之變,承逸乃閭閻賤夫也,非有聞見之素,而能不愛其身,以脫其弟之厄,夫所謂人性本善者非耶,詩曰鶺鴒在原,
兄弟急難,承逸有焉,(『葵亭集』卷7,雜著)

에 전한다. 내용은 통진의 봉수군 황승일黃承逸이 향도회香徒會[146)에서 술주정을 하다가 사람을 구타하여 죽게 만들어 사형죄에 처하게 된 막내 아우 이복二福을 다른 고을로 피신 시키고 자신이 아우의 죄를 대신 받으려 했다. 이를 알아 챈 신후재가 순찰사에 아뢰어 풀어주고 그 집을 복호했다는 내용이다.

이하 내용을 소개하면 다음과 같다.

> 황승일이 급난(급박하고 어려운 일)을 서로 구제한 일을 쓰다
> 황승일이라는 사람은 통진(김포)의 봉수군이다. 형제 4인이 있는데, 승일이가 맏이다. 어머니를 효성스럽게 모시고, 여러 동생들을 지극히 우애롭게 어루만져, 고을 사람들이 모두 칭송했다. 막내 아우 '이복'이 향도회에서 술주정을 하다가 사람을 구타했다. 어찌 할 바도 없이 맞은 사람은 병으로 죽었다. 승일은 이복에게, "저 사람이 죽은 것은 진실로 네가 때린 것 때문이 아니다. 그러나 때리고 얼마 되지 않아 급히 죽었으니, 어떻게 벗어날 수 있겠느냐? 너는 나이가 어리고, 또한 어머니가 몹시 아끼니, 내가 마땅히 너를 대신해 죽을 것이다. 너는 다른 고을로 피해라." 라고 말했다. 이복은 자기 자신이 때린 것이고, 형이 허물도 없이 죽게 할 수는 없다고 사양했다. 서로 사양하는 것이 오래된 뒤, 승일은 마침내 이복이를 달아나게 했다. 그리고 자신은 앉아서 체포되기를 기다렸다. 관가에서 살인 상황을 물어도, 얼굴빛이 변하지 않았다. 다만 술기운에 사람을 때린 것이라고만 했다. 내가 그때 고을의 현감이었는데, 또한 승일이가 살인한 것으로 여길 뻔하였다. 다른 날 고문을 해도 또한 말을 바꾸지 않았다. 오래도록 승일이가 살인하지 않은 것을 알고 있었기에, 사신을 부르기 전에 거짓으로 말하기를, "살인은 이미 인정했으니, 사형죄에 해당된다. 듣기에 네가 동생을 위해 대신 죄수가 되었다는데 진실로 그런 일이 있

---

146) 香徒會 : 농민 공동체 조직. 양반과 양인의 공동체 조직도 있었다.

었는가? 내가 너의 동생을 함께 잡아들이고 너는 용서하겠다."라고 하였다. 승일이는 심하게 난처해하면서, "죄수가 진실로 사람은 때린 것은 아닙니다. 동생이 나이가 어리고, 어머니가 몹시 아끼기 때문에 제가 대신 죽고자 한 것입니다."라고 말했다. 그리고 자신이 동생을 대신할 수 있도록 청했다. 그 뜻이 간절하고 말이 매우 슬펐다. 나는 이에 정황을 갖추어 순찰사에게 아뢰면서, "죽고 사는 즈음에 이르러서는 어려운 일이다." 라고 하였다. 비록 고금을 통해 사리를 아는 자가 이 어려움을 당해도 마음을 움직이지 않기가 어렵습니다. 승일이는 일개 상놈으로서 우애가 이처럼 독실하고, 죽음을 편안히 여기니, 고금을 통해 봐도 진실로 드문 일입니다. 순찰사가 그 의리 행함을 가상히 여겨, 즉시 풀어주도록 명했다. 나는 먹을 것을 주고, 그 집을 복호했다. 아! 세상의 가르침이 쇠퇴해지고, 백성들은 도의를 실천하지 않는다. 세상의 사족 양반들도 혹 담장의 경계를 다투는데, 승일이는 항간의 천한 사내로서 평소 견문도 넓지 않은데도, 능히 그 몸을 아끼지 않고, 동생의 화를 벗기려 했으니, 이른 바 '인성본선(성선)'이 아니겠는가! 시경에 말하기를[147] "저 들판의 할미새여, 형제의 위급함이로다!"이 형제를 위하는 마음이 승일에게 있는 것이로다.

다음은 『일성록』 정조 21년(1797) 6월, 전봉前烽인 강화 남산봉수가 거화하지 않는데도 통진 남산봉수가 거화하여 후봉後烽에 알린 일로 경기감사 이재학李在學(1745~1806)의 장계에 의해 통진부사 이문협李文協이 파직된 일화가 있다.[148]

---

147) 시경의 구절은, 전쟁터에서 형제가 죽자, 형제의 시신을 찾는 이가 마치 할미새가 고개를 까딱이면서 이리저리 쫓아다니는 것처럼 형제의 죽음에 임해 어찌할 바를 몰라 하는 애틋한 마음을 말한 것이다.
148) 『일성록』 정조 21년 6월 10일.

◆ 유구 현황

봉수는 한양대학교 박물관에 의해 1999년도 시행한 김포시의 역사와 문화유적 지표조사에 '군하리 봉수대지' 명으로 "표고 180m의 산꼭대기에는 곳곳에 다듬은 석재가 널려있고, 산의 정상부에는 15m²의 평탄한 대지가 마련되어 있다. 현재는 석축이 모두 무너져 내리고 대지臺址만 남아 있다. 더욱이 군사시설의 설치를 위해 콘크리트 작업을 해서 봉수가 있었던 정상부분은 완전히 유실되었고 주변에는 참호를 파 원지형은 거의 찾아볼 수 없다."라고 보고된 바 있다.

이후 문화재 관련기관에 의한 2019~2020년의 시굴조사가 이루어졌지만 봉수와 관련된 유구는 성격 미상의 석렬외 확인되지 않았다.

18) 김포 냉정산봉수冷井山烽燧

연번	제5거 직봉(60)	유형	연변봉수
설봉	조선 전기(세종실록 지리지)	폐봉	고종 32년(1895)
문헌별 명칭	**세** 主山烽火 **신** 北城山烽燧 **여** 冷井山城烽 **강** 冷井山烽燧 **증** 冷井山烽燧		
소관	경기수사(京畿水使)		
소재 및 대응봉수	전기(세종실록 지리지)		縣南. 通津 主山烽火(서) → 主山烽火 → 陽川 開花山烽火(동)
	중기(신증동국여지승람)		通津縣 南山烽燧(서) → 北城山烽燧 → 陽川縣 開花山烽燧(동)
	후기(여지도서)		郡南3里. 通津 南山烽燧(서) → 冷井山烽燧 → 陽川 開花山烽燧(동)
	후기(증보문헌비고)		第5炬 直烽 : 通津 南山(松岳山)烽燧 → 冷井山烽燧 → 開花山烽燧
주소	경기도 김포시 사우동 산31 일원		
해발고도	150.3m	산명(山名)	장릉산(章陵山)
학술조사	陸軍士官學校 陸軍博物館,「京畿道 金浦市 軍事遺蹟」, 1998.		

◆ 입지

경기도 김포시 사우동의 해발 150.3m인 장릉산章陵山 정상에 위치하고 있다.

◆ 설봉시기와 봉수노선

조선 전기 발간의『세종실록』지리지(1454)부터 최종『증보문헌비고』(1908)까지 조선 전 시기 발간의 지지에 기록이 있다. 노선과 성격은 여수 돌산도에서 초기하는 제5거 직봉의 예순번째 연변봉수이다. 대응봉수는 서쪽의 통진 남산봉수에서 보내는 신호를 받아 동쪽으로 양천 개화산봉수에 응했다.

◆ 봉수위치와 명칭

『동국여지지』(1656) 산천에 "북성산北城山 현 남쪽 5리에 있다. 진산鎭山이다. 북

김포 냉정산봉수 장릉에서 본 모습

성산 위에 옛 성이 있는데 산을 둘러싸고 있다. 둘레는 2650자이다." 라고 하였다. 이후 『여지도서』(1760)의 봉수에 냉정산성봉冷井山城烽 명칭으로 김포군의 남쪽 3리에 있으며 서쪽과 동쪽의 대응봉수 명칭을 표기 하였다.

◆ 봉수 명칭

지지마다 '주산봉화主山烽火 · 북성산봉수北城山烽燧' 등으로 표기되었으나 최종 표기는 냉정산봉수冷井山烽燧이다.

◆ 봉수 운용

과거 봉수가 운용되던 당시 봉수군 인원은『강화부지』(1871)에 통어영統禦營 소속의 냉정산봉수冷井山烽燧 명칭으로 서쪽과 동쪽의 대응봉수 소개 및 "봉수군烽燧軍 95명, 봉수장烽燧將 2인, 감관監官 10인, 오장五丈 5인, 군군軍 40인, 감고監考 2인이다."라고 하였다.

◆ 유구현황

봉수가 위치하는 산정은 현재 군 시설물이 위치하여 현황조사가 곤란하다. 과거 조사보고에 의하면 냉정산 산록의 시설물 구축에 의한 심한 훼손으로 인해 그 흔적을 찾을 수 없는 상태로 보고하고 있다.

◆ 찾아가는 길

조선조 제16대 인조의 생부인 원종元宗(1580~1619)과 인헌왕후仁獻王后 구씨具氏의 능인 장릉[사적 제202호]의 배후 산이 봉수가 있는 곳이나, 현재는 출입이 제한되어 있다. 조선왕릉 유네스코 등재에 따라 일대를 공원화 하여 시설투자 및 보존하고 있다. '장릉공원' 주차장에 주차 후 안내판을 따라 5분 정도 걸어거면 장릉에 도달할 수 있다.

19) 서울 개화산봉수 開花山烽燧

연번	제5거 직봉(61)		유형	내지봉수
설봉	조선 전기(세종실록 지리지)		폐봉	고종 32년(1895)
문헌별 명칭	**세** 開花山烽火 **신** 開花山烽燧 **동** 花開山烽燧 **여** 開花山烽燧 **증** 開花山烽燧 **현** 봉화뚝			
소재 및 대응봉수	전기(세종실록 지리지)	縣西. 金浦 主山烽火(서) → 開花山烽火 → 京城 南山(동)		
	중기(신증동국여지승람)	金浦縣 北城山烽燧(서) → 開花山烽燧 → 京都 木覓山 第五烽(동)		
	후기(여지도서)	三井面 開花山. 金浦 冷井山烽燧(서) → 開花山烽燧 → 京城 木覓山烽燧(동)		
	후기(증보문헌비고)	第5炬 直烽 : 冷井山烽燧 → 開花山烽燧 → 木覓山第五		
주소	서울시 강서구 개화동 산91-4 일원			
해발고도	128.4m		산명(山名)	개화산(開火山)
잔존유구	방호벽			
복원정비	강서구에서 2013.11. 봉수 인근 체육공원에 연조 2기를 상징적으로 복원하여 놓음			
주변경관	이 일대에서는 해발고도가 비교적 높은 편으로 사방을 관망하기에 유리한 입지조건임			
관련고사	거화를 소홀히 한 개화산봉수인의 처벌			

◆ 입지

서울시 강서구 개화동과 방화동 경계의 해발 128.4m인 개화산 開花山 정상에 위치하고 있다. 이 일대에서는 해발고도가 높은 편으로 사방을 관망하기에 좋은 곳이다. 지형상 서쪽은 급사면이며 나머지 세 방향은 완만하다.

◆ 설봉시기와 봉수노선

조선 전기 『세종실록』지리지(1454)부터 최종 『증보문헌비고』(1908)까지 조선 전 시기 발간의 지지에 기록이 있다. 노선과 성격은 제5거 직봉의 예순한번째 내지봉수이다. 대응봉수는 서쪽의 김포 냉정산봉수에서 보내는 신호를 받아 최종 목멱산 제5봉에 응했다.

이보다 더 상세한 내용과 폐봉시기는 『양천현읍지』(1899)의 봉수에 "주룡산駐龍山 동봉東峰에 봉수가 일어나는 곳이 있으니 전라도 순천의 돌산도에서 충청·경기의 해로海路를 경유하여 김포 냉정산 북봉北峰에 이르러 서쪽으로 냉정에 응하고 동쪽으로 경도京都 목멱산 제5 서봉西峰에 응하는데, 예전에 봉대의 유지가 있다."라고 하였다. 그리고 말미에 "을미년(1895)에 폐지되었다."라고 하였다.

◆ 봉수운용

『양천현읍지』(1899)의 봉수에 대응봉수 및 폐봉시기 외에 봉수군 100명과 봉대 별장이 있었음을 기록하고 있다.

◆ 개화산봉수인의 처벌

『영조실록』 5년(1729) 6월 15일, 밤에 목멱산에서 봉화를 들지 않은것과 관련 개화산은 목멱산에서 서로 전해 받기를 기다리지도 않고 곧바로 먼저 봉화를 철회했다는 것으로 개화산 봉수인만 죄를 받은 일화가 전한다.

◆ 유구현황

봉수는 산 정상부 군부대내에 토·석의 방호벽 형태로 유지가 남아 있다. 그동안 민간인의 출입이 제한되는 군부대 내에 위치하여 온 관계로 온전하게 보존되어 있다. 봉수는 남-북 장축 평면 타원형이다. 방호벽 북쪽의 경우는 동-서 직선이며 석축은 수직을 이룬다. 규모는 높이가 동쪽 0.9m, 서쪽 1.2m, 남쪽 1.3m, 북쪽 0.6m이다. 길이는 동-서 13m, 남-북 17m로서 전체 둘레 54.5m의 소형이다. 출입시설은 뚜렷하지 않으나 남쪽에 계단식 형태로 추정된다.

동북쪽으로는 단이 떨어지면 평지인데 봉수 관련 부속시설이 있었을 것으로 여겨진다. 강서구청에서 2013년 11월 봉수 인근 체육공원에 연조 중 2기를 상징적으로 복원하여 놓았다.

◆ 찾아가는 길

강서구 개화동 약사사藥師寺(구명) 開花寺 뒤로 난 등산로를 따라 오를 수 있다.

서울 개화산봉수

2. 제5거 간봉

1) 인천 옹진 장봉도봉수 長烽島烽燧

연번	제5거 간봉(3) - 1		유형	연변(권설)봉수
설봉	숙종 11년(1685)		폐봉	고종 32년(1895)
문헌별 명칭	**비** 長峯島烟臺　**만** 長峯島烽燧　**대** 長峯島瞭望　**증** 長烽島烽燧			
소관	長峯鎭			
소재 및 대응봉수	후기(비변사등록)		숙종 10년(1684) 좌참찬 尹趾完(1635~1718)이 長峯과 位文 두 섬[島]에 烽燧 설치 건의	
	후기(비변사등록)		숙종 11년(1685) 尹堦(1622~1692)가 강화유수 재임 시 長峯島에 烟臺 설치	
	후기(만기요람)		第5炬 間烽 : 初起 喬桐長峯島 通于江華	
	후기(대동지지)		長峯島瞭望	
	후기(증보문헌비고)		第5炬 間烽(3) : 初起 長烽島烽燧(水營南海中) → 甫音島烽燧	
주소	인천광역시 옹진군 북도면 장봉리 산96-1 일원			
해발고도	131.5m		산명(山名)	烽火山
복원정비	연조 형태로 1기 복원			
주변경관	주위 사방의 해안이 잘 조망되는 독립봉우리에 위치			
관련인물	강화유수 李敏敍(1633~1688) 李裕元(1814~1888) 좌참찬 尹趾完, 1635~1718) 강화유수 尹堦(1622~1692) 강화유수 申晸(1628~1687)			
기타	조선 후기 제5거 간봉(3) 노선이 초기하는 봉수임			

◆ 입지

봉수는 주위 사방의 해안이 잘 조망되는 장봉도의 머리와 눈에 해당하는 봉화

산 정상부에 위치한다. 장봉도 내에서 두 번째로 높은 산이며 장봉4리의 배후
산이다. 지형상 사방이 사면인데 서쪽과 남쪽으로 긴 능선을 이룬다. 봉수가 위
치하는 장봉도는 옹진군 북도면의 4개 유인도(신도, 시도, 모도, 장봉도) 중 가장 서
쪽의 해상에 있다.

장봉도의 입지 관련『국조보감』에 "장봉도와 자연도紫燕島는 바다 양쪽에
위치하고 있어 마치 문처럼 남쪽 뱃길의 인후咽喉가 되고 있고 ――(하략) ――"[149]
라고 하여 남쪽 뱃길의 목구멍과도 같은 곳이라고 하였다.

이후 이민서李敏敍(1633~1688)는 강화유수로 재임할 때 그의 문집에 "본부
소속의 크고 작은 섬들이 둘레에 퍼져 있어서 본부를 밖에서 호위하는 것은 그
부류가 상당히 많습니다. 그 가운데 장봉도는 자연도와 해구海口에서 마주 보며
우뚝 솟아 있어 교통의 요충이 되니, 목장을 옮긴 후에 민호民戶를 불러 모아 진
鎭을 설치하고 설비를 갖춰 경영하고 공급해서 의뢰할 수 있게 한다면, 지키면
서 망을 볼 수 있는 곳을 얻게 되어 방어하는 데에 힘이 될 것입니다."[150] 라고
하였다.

이외에도 이유원李裕元(1814~1888)은『임하필기』에서 "장봉도와 주문도注
文島 두 섬은 서남쪽 바다 가운데 있는데 서쪽에서 들어오는 적선賊船이 내양內
洋을 경유하려고 할 경우 교동과 말도의 사이를 빠져나와야 하고 남쪽에서 오
는 적이 내양을 경유하려고 할 경우 영종도永宗島와 신도信島 사이를 빠져나와
야 하며 만약 이들이 외양外洋을 경유하려고 한다면 서쪽이나 남쪽을 막론하고

---

149)『國朝寶鑑』卷42, 肅宗朝 2 戊午 4年.
150)『西河集』卷9, 疏箚 論江都制置疏.
　　이민서는 숙종 9년(1683) 6월 26일, 강화유수직에 제수되었는데 이 상소는 같은 해 8월 3일에 올린 것이다.(『숙종실
　　록』9년, 8월 3일.)

모두 장봉도와 주문도의 사이를 빠져나와야 한다. 이와 같이 이 두 섬은 요충이 되는 곳이다. 그러므로 전에 설치한 이곳의 목장을 혁파하고 새로 별장別將을 차출하여 임명한 다음 백성들을 모집하여 들어서 방수防守의 임무를 다하도록 하여야 할 것이다."[151]라고 하여 해상의 요충임을 강조하였다.

◆ 설봉시기와 봉수노선

장봉도봉수의 최초 설봉이 논의된 시기는 『비변사등록』 숙종 10년(1684) 8월, 좌참찬 윤지완尹趾完(1635~1718)이 "장봉長峯과 위문位文 두 섬은 지형으로 논하자면 진보를 설치하지 않을 수 없습니다마는 다만 염려되는 것은 군병을 적게 배치하면 힘이 될 수 없고 군병을 많이 두려면 형편이 닿지 않는 점입니다. 차라리 봉수를 설치하여 변경邊警을 알리는 장소로 삼는 것이 좋을 듯합니다."[152]라고 아뢴 내용을 통해 17세기 말이다.

좀 더 구체적인 내용은 같은 책 숙종 11년(1685) 3월, 강화유수 윤계尹堦(1622~1692)가 아뢴 내용에 "장봉도와 주문도注文島 두 섬은 바로 강도의 울타리이니 진보를 설치함이 마땅합니다. --(중략)-- 전날 등대하였을 때에 연대烟臺를 설치하여 장교를 파견하고 별장이라 호칭하여 후망候望을 맡기기로 탑전에서 결정한 뒤에 연대를 설치하고 별장을 파견하였으나 주문도의 연대는 후망할 사람이 없어 연대는 설치하였어도 도움된 바는 없습니다." 라는 내용을 통해 윤계가 강화유수 재임 시 설봉되었음을 알 수 있다.

이후 조선 후기 『만기요람』(1808)부터 최종 『증보문헌비고』(1908)까지 조

---

151) 『林下筆記』 卷13, 「文獻指掌編」 江都所屬關防.
152) 『備邊司謄錄』 卷38, 肅宗 10年 8月 6日.

장봉도 바다에서 본 모습

선 후기 발간의 일부 지지에 기록이 있다. 『만기요람』에는 제5거 간봉이 초기하는 곳으로서 강화로 통한다고 하였다. 『대동지지』(1866) 진보에는 요망 명칭으로 장봉도와 말도末島, 볼음도乶音島에 요망이 있다고 하였다. 『증보문헌비고』에는 제5거 간봉(3)이 초기初起하는 곳으로서 세주에 "수영의 남쪽 해중에 있다." 라고 하였다.

성격은 연변봉수이며, 대응봉수는 서북쪽 해중의 보음도봉수甫音島烽燧이다.

◆ 봉수 운용

윤계가 강화유수 재임 시 설봉된 장봉도봉수에는 주문도봉수와 마찬가지로 무사 중에 임명된 감관監官이 주야晝夜로 수직守直하고 있었다. 이는 『비변사등록』 숙종 12년(1686) 9월, 강화유수 신정申晸(1628~1687)이 "강도江都의 요망瞭望하는 곳은 두 곳이 있는데 장봉도는 삼남의 수로水路를 망보고, 주문도注文島는 서쪽 변방의 수도를 망보는 곳이어서 무사 가운데서 부지런한 자를 감관으로 임명해 밤낮으로 지켜 그 역이 매우 고달픕니다. 돈대장墩臺將은 임명해서 3년의 임기가 만료된 후 6품으로 옮겨주는 규정이 있으나 이 감관은 별달리 격려하는 일이 없으니, 돈대장의 예에 의해 일체로 시행하는 것이 어떻겠습니까?" 하니, 임금이 아뢴대로 하라고 하였다. 라는 기사를 통해서이다.

이외 이형상李衡祥(1653~1733)이 숙종 22년(1696) 찬술한 『강도지』진보 사목事目에 "교동에서 모든 군무에 관한 것은 상의해서 책응策應을 하는데 말도·보음도·장봉도 등의 곳에서는 2월부터 11월까지 매월 입방군入防軍 1명씩을 윤

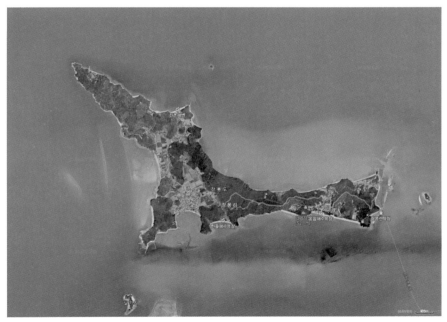

장봉도 위성사진

장봉도봉수 복원된 모습

회輪廻로 정해서 보내고 수영으로부터는 연화燗火로 연락을 취하여 빠르게 본부에 보고할 것"이라고 하였다.

◆ 관련 문인의 시詩

본관이 전주全州, 자는 이중彛仲, 호는 서하西河, 이극강李克綱의 증손으로, 할아버지는 이유록李綏祿. 아버지가 영의정 이경여李敬興인 이민서李敏敍(1633~1688)가 숙종 9년(1683) 강화부유수 부임 시 장봉도에 들러 달을 감상하며 음주 후 취해 배 안에서 잠을 잤음을 그의 문집인 『서하집』에 시로 남겼다.

> 長峯島賞月 仍宿舟中(장봉도에서 달을 감상하고 그대로 배 안에서 잠을 자다)
> 風潮泊泊暗前洲　조수가 철썩철썩 어두운 앞 물가에 들이쳐,
> 薄暮移舟夜未休　저물녘 배 옮기느라 밤에도 못 쉬었네.

已掃浮雲淸海宇　이미 뜬구름 걷혀 온 바다 맑아졌는데,
更留明月挂船頭　다시 밝은 달 남아 뱃머리에 걸렸네.
憑虛不借扶搖力　회오리바람의 힘 빌리지 않고 허공에 기대니,
得意眞如汗漫遊　참으로 한만의 유람 같은 뜻 얻었구나.
醉臥不知星斗沒　취해 누워 북두성 지는 줄도 모르고,
曉來同夢有沙鷗　새벽에 모래 위 갈매기와 함께 꿈꾸네.

(『西河集』卷5, 七言律詩)

◆ 유구 현황

봉수는 사방의 해안이 잘 조망되는 봉화산 정상부에 위치하며 주위에 8각정자가 마련되어 있다. 방형의 대臺를 마련 후 연조 형태로 1기를 복원하여 놓았다.

　　대는 직경이 동서 3.2m, 남북 3.6m이다. 연조는 화강암 할석을 시멘트로 접착하여 내부가 빈 형태로 조잡하게 복원하였다. 규모는 직경이 1.4m, 높이 2m 가량이다. 거화구는 북쪽 지표면에 1개소를 마련하였는데 0.6×0.4m의 규모이다.

◆ 찾아가는 길

인천 영종도 삼목선착장에서 배를 타면 신도를 거쳐 장봉도 응암선착장에 하선한다. 공영버스를 타고 장봉4리에서 하차하면 봉수가 있는 봉화산으로 오르는 등산로를 따라 오를 수 있다.

◆ 기타

조선 후기 제5거 간봉(3) 노선이 초기하는 봉수다.

2) 강화 보음도봉수 甫音島烽燧

연번	제5거 간봉(3) - 2		유형	연변(권설)봉수
설봉	조선 후기(강화부지)		폐봉	고종 32년(1895)
문헌별 명칭	**강** 甫乙音島烽燧(一名 望島) **만** 甹音島烽燧 **대** 甹音島瞭望 **증** 甫音島烽燧 **현** 甹音島烽燧			
소관 鎭	장봉진(長峯鎭)			
소재 및 대응봉수	후기(강화부지)		一名 望島. 在府治西 一百里	
	후기(만기요람)		第5炬 間烽 : (甹音島)	
	후기(대동지지)		甹音島瞭望	
	후기(증보문헌비고)		第5炬 間烽(3) : 初起 長烽島烽燧(水營南海中) → 甫音島烽燧 → 末叱島烽燧	
주소	인천광역시 강화군 서도면 볼음도리 산7-21			
해발고도	82.8m		산명(山名)	봉화산(烽火山)
학술조사	陸軍士官學校 陸軍博物館,『江華郡 軍事遺蹟 地表調査 報告書(城郭 · 烽燧篇)』, 2000.			
주변경관	봉수터에서는 주위 사방으로 해안이 잘 조망됨			
관련인물	李敏敍(1633~1688) 李裕元(1814~1888)			

◆ 입지

봉수가 위치하는 곳은 볼음도 내 중앙부 북쪽으로 주위 사방의 해안이 잘 조망
되는 봉화산 정상부이다. 볼음도의 입지와 관련한 문헌의 기록은 이유원 李裕元,
(1814~1888) 의 문집인 『임하필기』에 "황해도 경계의 바다 가운데에 말도 末島가
있는데 말도에서 보음도까지의 거리가 5리이고 보음도에서 서검도 西檢島까지
의 거리가 10리이며, 서검도에서 미법도 彌法島까지의 거리가 10리이고 미법도
에서 석모로도 席毛老島까지의 거리가 10리이며, 석모로도에서 본부의 삼암돈 三
巖墩까지의 거리가 또 10리이다. 그러므로 만약 적이 해서 海西 지방으로부터 들
어온다면 이들 여러 섬들이 차례차례로 그 보포 報炮를 울려서 적들이 40리 밖

강화 보음도봉수 바다에서 본 모습(가운데가 봉화산)

에 있는데도 영문營門에서는 미리 알고 이에 대한 준비를 할 수 있다."[153] 라고
하였다.

◆ 설봉시기와 봉수노선

조선 후기 『강화부지』[1783]부터 최종 『증보문헌비고』[1908]까지 조선 후기 발
간의 일부 지지에 기록이 있다.

　　『강화부지』 도서에 "보을음도 일명 망도이다."라고 하였다. 『만기요람』에는

---

153) 『林下筆記』 卷13, 「文獻指掌編」 江都所屬關防

강화 보음도봉수에서 본 주문도 봉구산강화 보음도봉수 바다에서 본 모습(가운데가 봉화산)

보음도봉수의 구체적인 명칭이 없지만, 전봉前烽인 장봉도봉수長峯島烽燧가 제 5거 간봉이 초기하는 곳으로서 강화로 통한다고 하였기에 이의 대응봉수였던 것으로 여겨진다. 『대동지지』(1866) 진보에는 요망 명칭으로 볼음도외 장봉도, 말도에 요망이 있다고 하였다. 『증보문헌비고』에는 제5거 간봉(3)이 초기初起하는 장봉도봉수의 대응봉수로 소개되어 있다.

성격은 연변봉수이며, 대응봉수는 남동쪽 해중의 장봉도봉수에서 보내는 신호를 받아 서북쪽 해상의 말도봉수末叱島烽燧에 응하였다.

강화 보음도봉수터

◆ 봉수 운용

이형상(1653~1733)이 숙종 22년(1696) 찬술한『강도지』진보 사목事目에 "교동에서 모든 군무에 관한 것은 상의해서 책응을 하는데 말도·보음도·장봉도 등의 곳에서는 2월부터 11월까지 매월 입방군入防軍 1명씩을 윤회輪廻로 정해서 보내고 수영으로부터는 연화烟火로 연락을 취하여 빠르게 본부에 보고할 것"이라고 하였다.

이후 발간된『강화부지』(1783) 도서 보을음도에 "요망장瞭望將 1인, 군軍 10명을 두었다." 라고 하였다. 따라서 요망장 1인의 책임하에 군 10명이 교대로 번을 이루어 해상을 후망하였던 것으로 여겨진다.

◆ 관련 문인의 시詩

본관이 전주全州. 자는 이중彛仲, 호는 서하西河. 이극강李克綱의 증손으로, 할아버지는 이유록李綏祿. 아버지가 영의정 이경여李敬輿인 이민서李敏敍(1633~1688)가 숙종 9년(1683) 강화부유수 부임 시 장봉도에 이어 망도로부터 배를 돌려 올 때 배 안에서 본관이 밀양密陽, 자는 징지澂之인 박징朴澂에게 보여준 시이다.

自望島回舟 舟中示經歷(망도로부터 배를 돌려 올 때 배 안에서 지어 경력에게 보여 주다)[154]
舟行兩日不辭勞 이틀 동안 배 타며 수고로움 사양 않고,
醉倚篷窓逸興高 취한 채 선창에 기대니 멋진 흥취 높구나.
峯出海中皆戴石 바다 가운데 솟은 봉우리 모두 바위를 이었고,
水涵天際似無潮 하늘가 담은 물은 조수가 없는 듯하네.
世間佳境在深處 세간의 아름다운 지경 깊은 곳에 있으니,
分外奇遊自我曹 분에 넘치는 빼어난 놀이 우리들부터로다.
領略下流形勝盡 하류의 형세 다 훑어보았으니,
歸來且復講弓刀 돌아와 또다시 무예를 익히리라.

(『西河集』 卷5, 七言律詩)

◆ 유구 현황

현재 봉화산 정상부에는 봉수와 관련된 유구를 확인할 수 없다. 봉수터에서는

---

154) 망도望島로부터 … 주다 : 망도는 『강도지江都志』에 보음도甫音島라고 표기되어 있고, 주문도注文島의 서쪽에 있는데, 좌수영左水營과 둔전屯田이 있었고 목장이 있었다. 『대동여지도』에 보을음도甫乙音島라고 표기되어 있다. 조선 인조 때 명나라로 가던 임경업林慶業 장군이 풍랑을 만나 이곳에 체류하던 중 보름달을 보았다 하여 만월도滿月島라고 하다가, 이후 보름달의 발음을 따서 볼음도라고 하였다.(『한국지명유래집』 중부편, 국토지리정보원, 2008. 제3부 인천광역시 강화군) 경력은 박징朴澂으로, 본관은 밀양, 자는 징지澂之이다. 1672년(현종13) 별시 문과에 병과로 급제하였다. 벼슬은 사헌부 장령 등을 역임하였다. 『승정원일기』 숙종 9년 7월 6일 기사에 박징이 강화 경력으로 하직한 일이 보인다.

사방으로의 조망이 가능한 곳이며, 동남쪽 정면에 주문도 봉구산이 조망된다.

◆ 찾아가는 길

강화군 화도면 선수선착장에서 주문(살곶이)행 배를 타고 경유지인 볼음도 선착장에 하선한다. 여기서 차량이나 도보로 봉수가 있는 봉화산까지 접근이 가능하다. 강화나들이길 13코스에 해당한다.

3) 강화 말도봉수末叱島烽燧

연번	제5거 간봉(3) - 3		유형	연변봉수
설봉	조선 후기(만기요람)		폐봉	고종 32년(1895)
문헌별 명칭	만 末島烽燧　대 末島瞭望　증 末叱島烽燧　현 末島烽燧			
소관	통어영(統禦營)			
소재 및 대응봉수	후기(강화부지)		在府治西 一百二十里	
	후기(만기요람)		第5炬 間烽 : (末島)	
	후기(대동지지)		末島瞭望	
	후기(증보문헌비고)		第5炬 間烽(3) : 甫音島烽燧 → 末叱島烽燧 → 鎭望山烽燧	
주소	인천광역시 강화군 서도면 말도리 산68-1			
해발고도	109.6m		산명(山名)	
학술조사	陸軍士官學校 陸軍博物館,「江華郡 軍事遺蹟 地表調査 報告書(城郭·烽燧篇)」, 2000.			
주변경관	군 시설내 위치하여 접근 곤란으로 인한 주변경관 관찰이 곤란함			
관련인물	李裕元(1814~1888)			

◆ 입지

말도의 입지에 대해 이유원李裕元(1814~1888)은 『임하필기』에 "황해도 경계의 바다 가운데에 말도末島가 있는데 말도에서 보음도甫音島까지의 거리가 5리이고 보음도에서 서검도西檢島까지의 거리가 10리이며, 서검도에서 미법도彌法島까지의 거리가 10리이고 미법도에서 석모로도席毛老島까지의 거리가 10리이며, 석모로도에서 본부의 삼암돈三巖墩까지의 거리가 또 10리이다. 그러므로 만약 적이 해서海西 지방으로부터 들어온다면 이들 여러 섬들이 차례차례로 그 보포報炮를 울려서 적들이 40리 밖에 있는데도 영문營門에서는 미리 알고 이에 대한 준비를 할 수 있다."155)라고 하여 해상의 요충임을 강조하였다.

---

155) 『林下筆記』 卷13,「文獻指掌編」江都所屬關防

◆ 설봉시기와 봉수노선

조선 후기 『강화부지』(1783)부터 최종 『증보문헌비고』(1908)까지 조선 후기 발간의 일부 지지에 기록이 있다.

『만기요람』에는 말도봉수의 구체적인 명칭이 없지만, 제5거 간봉이 초기하는 장봉도봉수長峯島烽燧가 강화로 통한다고 하였기에 이의 대응봉수였던 것으로 여겨진다. 『대동지지』(1866) 진보에는 요망 명칭으로 말도와 장봉도, 볼음도乶音島에 요망이 있다고 하였다. 『증보문헌비고』에는 제5거 간봉(3)에 속한 보음도봉수의 대응봉수로 소개되어 있다.

성격은 연변봉수이며, 대응봉수는 동쪽 해중의 보음도봉수에서 보내는 신호를 받아 북동쪽 해상의 교동 진망산봉수鎭望山烽燧에 응하였다.

◆ 봉수 운용

이형상(1653~1733)이 숙종 22년(1696) 찬술한 『강도지』 진보 사목事目에 "교동에서 모든 군무에 관한 것은 상의해서 책응을 하는데 말도·보음도·장봉도 등의 곳에서는 2월부터 11월까지 매월 입방군入防軍 1명씩을 윤회輪廻로 정해서 보내고 수영으로부터는 연화烟火로 연락을 취하여 빠르게 본부에 보고할 것"이라고 하였다.

이후 발간된 『강화부지』(1783) 도서 말도에 "요망장瞭望將 1인, 군軍 10명을 두었다."라고 하였다. 따라서 요망장 1인의 책임하에 군 10명이 교대로 번을 이루어 해상을 후망하였던 것으로 여겨진다.

◆ 유구 현황

봉수는 군 부대 내에 위치하여 현황조사가 곤란할 뿐만 아니라, 자세한 유구 현황을 알 수 없다.

◆ 찾아가는 길

말도는 비무장지대에 위치한 섬들 중 제일 바깥쪽에 위치한 막내 섬이다. 따라서 입도入島 시에는 과거 서도면사무소에 사전 연락하여 1주 2회 왕래하는 행정선을 이용하여 군 부대의 사전 출입 승인이 필요했다. 현재는 행정선 편수가 매주 월~목 4회로 늘었으나 승선은 보험문제로 말도 주민만 가능하다.

4) 강화 교동 진망산봉수鎭望山烽燧

연번	제5거 간봉(3) - 4		유형	연변(권설)봉수
설봉	조선 중기(여지도서)		폐봉	고종 32년(1895)
문헌별 명칭	**여** 鎭望山烽燧 **증** 鎭望山烽燧 **현** 南山烽燧			
소관	통어영(統禦營)			
소재 및 대응봉수	후기(여지도서)		府西2里. 江華 末島烽燧 → 鎭望山烽燧 → 本營(서)	
	후기(증보문헌비고)		第5炬 間烽(3) : 末叱島烽燧 → 江華 鎭望山烽燧 → 統禦營	
주소	인천광역시 강화군 교동면 읍내리 571-6			
해발고도	53m	산명(山名)	남산(南山)	
학술조사	대한불교조계종 문화유산발굴조사사단, 『강화의 문화유적』, 2002. 韓國文化財保護財團, 『江華外城 地表調査報告書』, 2006.			
주변경관	봉수가 위치하는 곳은 해발고도가 매우 낮은 곳이지만 주위 일대를 조망하기에 유리한 곳임			
관련민속	고려시대에 송(宋) 사신들이 무사항해를 기원하며 제사를 지내던 사신당지(使臣堂址)가 있는 곳으로 약 30여년전 개축한 당집이 1동 남아 있음			
관련인물	李裕元(1814~1888)			
기타사항	조선 후기 강화 본영(本營)에만 응하였음			

◆ 입지

인천광역시 강화군 교동면 교동도 내 읍내리의 해발 53m인 남산南山 정상에 위치한다. 봉수는 남산포선착장이 있는 산정상부로 해발고도가 매우 낮은 곳이지만 주위 일대를 조망하기 좋은 곳이다. 동쪽으로 강화도와 가까우며, 서쪽으로 멀리 약 50㎞ 거리의 해상에 연평도, 남쪽으로 석모도·미법도·서검도·말도·볼음도·주문도 등의 크고 작은 섬과, 북쪽으로 북한의 황해도 연안군이 바라보인다. 동쪽으로 약 1㎞의 거리에는 통어영이 인접하고 있다.

◆ 설봉시기와 봉수노선

조선 중기 발간의 『여지도서』(1760)부터 최종 『증보문헌비고』(1908)까지 한시적

강화 진망산 원경

으로 운용되었던 봉수다. 노선과 성격은 장봉도^{長烽島}에서 초기하는 제5거 간봉⁽³⁾의 4번째 권설봉수^{權設烽燧}이다. 대응봉수는 말도봉수에서 보내는 신호를 받아 서쪽으로 본영인 통어영에 응하였다.

◆ 봉수위치 및 명칭

『여지도서』「강도부지」 교동 봉수에 "부의 서쪽 2리에 소재하며 강화 말도봉수에서 서쪽으로 와 본영에만 응한다." 라고 하였다.

이후 『경기지』의 「교동부읍지」⁽¹⁸⁴²⁾ 봉수에는 당시 같은 현에 수정산^{修井山}, 화개산봉수^{華蓋山烽燧}와 더불어 진망산봉수에 대해 '一處 在南山'이라 하여 남산에 소재한다고 하였다.

『속수증보 강도지』⁽¹⁸⁷⁰⁾에는 화개산 서남쪽에 소재하며 장봉^{長峯}에서 초기한 봉수가 망도^{望島} → 말도^{末島}를 경유하여 진망산봉수에 이르면 구 교동의 본영에 전달한다고 하였다.

『증보문헌비고』에는 진망산봉수가 제5거의 간봉⁽³⁾으로서 수영^{水營} 남해

南海중에 설치되어 장봉도봉수長烽島烽燧에서 초기初起하여 보음도봉수浦音島烽燧 → 말도봉수末叱島烽燧 → 강화 진망산봉수鎭望山烽燧로 연결되는 대응관계 및 "이하 여러 봉수는 별도로 설치하였다."라고 하였다.

◆ 봉수운용

조선 후기 제5거 간봉(3) 노선의 봉수가 집결하는 곳이다. 남쪽 해상의 장봉도에서 초기한 봉수가 보음도를 거쳐 말질도에 이르면 여기에서 보내는 신호를 받아 본영인 통어영에 응하였다.

◆ 유구현황

봉수가 있었던 곳은 소나무가 울창하고 앞의 바닷바람이 매우 상쾌하여 '진망납량'이라 하여 교동8경 중의 하나로 꼽히던 곳이었다. 현재 봉수가 있던 곳은 인위적인 교통호의 설치 등으로 지형이 교란되어 관련유지를 확인할 수 없다.

3. 제5거 관련

1) 오산 독산성봉수 禿山城烽燧

연번	제5거 관련	유형	권설봉수
설봉	숙종 16년(1690)	폐봉	정조 20년(1796)
문헌별 명칭	**숙** 禿城山城煙臺 **비** 禿山山城間峯 *숙 : 숙종실록		
소재 및 대응봉수	후기(숙종실록)	禿城山城煙臺 → 槐台烽燧(남), 天柱烽燧(서) *제5거 직봉에 대응	
	후기(비변사등록)	禿山山城間峯 → 竹山 佐贊 *제2거 직봉에 대응	
주소	경기도 오산시 지곶동 산120-1 일원		
해발고도	207.6m	산명	독산(禿山)
잔존유구	연대(세마대) 1기		
주변경관	산정에서는 동쪽으로 1번 국도가 남-북으로 엇비슷하게 지나고 343번 지방도가 독산성을 에워싸듯이 지나는 것이 보임. 이 343번 지방도 안쪽으로는 서쪽에 황구지천이 북에서 남으로 흐르며 지나고 있음. 주위에는 성황산(134m)·양산봉(180.8m)·여계산·노적봉(160.4m) 등이 조망됨		
관련설화	임진왜란 때 권율(權慄) 장군이 독산성에서 왜군과 대치하여 물이 부족한 상태에서 세마대에서 군마에 흰쌀을 말에 끼얹으며 말을 씻는 시늉을 함으로서 왜구를 퇴각시키게 한 설화가 전함.		
관련인물	· 전라도 관찰사 권율(權慄, 1537~1599) · 신익성(申翊聖, 1588~1644) · 이민구(李敏求, 1589~1670) · 호조참판 이의징(李義徵, 1643~1695) · 총융사 장붕익(張鵬翼, 1674~1735) · 황경원(黃景源, 1709~1787) · 正祖(1752~1800) · 암행어사 홍재(洪梓, ?~?)		
기타사항	독산성(禿山城, 사적 제140호) 내에 위치함		

◆ 입지

경기도 오산시 지곶동의 해발 207.6m인 산정상에 소재하며 독산성禿山城(사적
제140호) 내에 위치한다. 산정에서는 동쪽으로 1번 국도가 남-북으로 엇비슷하
게 지나고 343번 지방도가 독산성을 에워싸듯이 지난다. 이 343번 지방도 안쪽
으로는 서쪽에 황구지천이 북에서 남으로 흐르며 지나고 있다. 주위에는 성황
산(134m)·양산봉(180.8m)·여계산·노적봉(160.4m) 등이 조망된다.

독산성의 입지에 대해 이유원李裕元(1814~1888)은 『임하필기』에 이정귀李廷龜
의 독성산성기禿城山城記를 빌어 "이 산성은 넓은 들판의 한가운데 위치하고 있
어 험고한 지형지물이 없으며, 도로 기슭에 산자락이 우뚝 치솟아 있으나 이 또
한 나무가 없어서 바라보면 빤질빤질하였다. 그래서 이를 이름하여 독성禿城이
라고 한다. 그런데 사람들이 이를 심상하게 보아서 별로 이상하게 생각하지 않
았는데, 임진년에 왜구들이 크게 몰려왔을 때에 도원수 권율權慄(1537~1599)이
싸움을 계속하면서 이 성으로 들어와서 여기에 웅거하여 여러 차례 적병들을
물리쳤으므로 그때서야 사람들이 비로소 이 성이 지형의 편리함을 얻어서 나
라의 요충要衝이 된다는 사실을 알게 되었다."[156] 라고 하였다.

◆ 설봉시기와 봉수노선

숙종 16년(1690) 호조참판 이의징李義徵(1643~1695)의 건의로 안산봉수(화성봉돈)
에 응하기 위해 설봉되었다. 『숙종실록』16년(1690) 4월, "봉화烽火를 삼가고 척
후斥候를 멀게 하는 것은 변사邊事에 대비하는 장책인데, 수원은 경기의 중진重鎭
인데도 봉수가 허술함을 면하지 못합니다. --(중략)-- 본부에서 남으로 5리 떨

---

156) 『임하필기』 권13, 「文獻指掌編」 禿城山城

어진 안에 독성산성이 있고 그 봉우리가 가장 높은데 연대를 설치하면 남으로 괴태봉수에 응하고 서쪽으로 천주봉수와 맞추어 삼남에서 경급을 알리는 일이 일각에 문득 이르므로, 50리 떨어진 곳에서 천주봉수의 봉군이 와서 알리는 것을 기다려서야 비로소 경급을 아는 것보다 훨씬 낫기만 한 것이 아닐 것입니다."라고 하니 "임금이 독성에 연대를 더 설치하라고 명하였다."[157]라고 한데서 연유한다.

이후 『비변사등록』 영조 4년(1728) 4월, 총융사 장붕익張鵬翼(1674~1735)이 "본부의 남쪽 10리 쯤에 독산산성이 있습니다. 만약 이 산에 간봉間峯을 설치하여, 죽산竹山 좌찬佐贊과 봉수를 서로 응하게 하면 진실로 변보邊報가 있더라도 수원에서도 즉시 알 수 있을 것입니다."라고 하여 간봉의 설치가 건의되었다.[158] 이는 이인좌李麟佐(1695~1728)의 난때 청주·죽산 모든 곳의 봉수가 한번도 보경報警한 적이 없으므로 향후 이와 같은 일의 예방차원에서 건의되어진 것으로 여겨진다.

『영조실록』 30년(1754) 7월, 호남어사 홍재洪梓가 복명하고 일곱가지의 서계별단書啓別單을 바쳤는데, 그중에 "셋째, 완영完營. 全羅監營과 수원 독성산성에 봉수를 설치하여 경보의 도구를 엄하게 하소서"라고 하였는데, 임금이 모두 비국으로 하여금 품처하게 하였다.[159]

이후, 정조 20년(1796) 화성봉돈이 축조되어 제2거는 용인 석성산봉수에 응하고, 제5거는 흥천산에서 서봉산 → 건달산봉수를 거쳐 화성봉돈에 응하였으므로 독산성봉수는 그 기능을 상실하였다.

157) 『숙종실록』 卷22, 16年 4月 23日 甲申. 『증보문헌비고』 卷123, 兵考15, 烽燧.
158) 『비변사등록』 영조 4년, 4월 27일.
159) 『영조실록』 권82, 30년 7월 23일 경자.

◆ 독산성 관련 고유문告由文과 시詩

봉수는 독산성 내에 있다. 조선 전 시기 발간 문인들의 문집을 살펴 보면 봉수 외에 성과 관련하여 이곳을 거쳐간 문인들의 다수 시를 발견하게 된다. 심지어 정조正祖(1752~1800)의 문집인 『홍재전서』에는 성을 수리할 때 토지신에게 고유한 글이 있다. 이때 제물로는 양羊과 돼지豕를 각 1마리씩 바쳤다. 이를 소개하면 다음과 같다.

水原禿城山城修改時告土神文(수원의 독성산성을 수리할 때 토지신에게 고유한 글)
嶽不必鉅　산이 꼭 큰 것도 아니요
墉不必崇　담이 꼭 높은 것도 아니건만
爲鎭爲翰　진산鎭山이 되고 울타리가 되어
靈在其中　신령이 그 가운데에 있다네
環山百雉　산을 빙 두른 백 치의 성
上應槐槍　위로 전쟁의 징조에 응하니
龍蛇奇績　임진왜란 중의 기이한 공적 가운데
孰如禿城　독성만 한 것이 어디 있었으랴
矧玆拱護　더구나 이 성이 에워싸고 보호하는 것으로
密邇珠丘　주구가 매우 가까이에 있으니
昔方於楚　옛적엔 초 나라의 방성方城이었고
今豐于周　지금은 주 나라의 풍읍豐邑이라네
而時出之　때때로 나오는 것이
佳氣祥雲　아름다운 기운과 상서로운 구름이니
如朝如覲　제후가 춘추로 천자의 조정에 조회 가는 듯
肸蠁氤氳　인온의 기운이 성대하네

築之登登　영차영차 성을 쌓기를

始于中唐　중당에서 시작하여

峙乃楨榦　양쪽 모서리의 나무 기둥을 세우니

屹彼金湯　저 금탕이 높이 치솟네

肇稱脩典　비로소 성대한 전례를 거행함에

羊一豕一　양 한 마리 돼지 한 마리를 쓰니

於千萬年　아, 천만년이 지나도록

永垂冥騭　길이 복을 내리기 바라네

(『弘齋全書』 卷22, 祭文 4)

다음은 성을 수리한 뒤 성황에게 고유한 짧은 글이다. 이를 소개하면 다음과 같다.

禿城山城修改後城隍告由文(독성산성을 수리한 뒤 성황에 고유한 글)

諏日之吉　길일을 물어서

迺營疆理　이에 수리하는 일을 시작했네

迺告厥成　그 일을 마치기를 고하니

百堞千雉　성의 벽과 담이 백이며 천일세

地以增重　땅이 이로써 무게를 더하게 되니

儼若大都　엄연히 큰 도시와 같다네

維萬斯年　이에 만년토록

壯我鴻圖　우리 왕업을 웅장하게 하소서

(『弘齋全書』 卷22, 祭文 4)

이어 문인들의 문집에 소개된 시를 몇가지 소개하면 첫째, 본관이 평산

平山. 자는 군석君奭, 호가 낙전당樂全堂·동회거사東淮居士로 아버지가 상촌象村 신흠申欽이며 병자호란 때 척화오신斥和五臣의 한 사람이었던 신익성申翊聖 (1588~1644)의 다음과 같은 시가 있다.

過禿城有感(독성을 지나다가 감회가 일어)
赤縣關防此最雄 경기의 관방 중에 이곳이 가장 웅장하니
譙樓隱隱倚晴空 어렴풋한 성루는 맑은 하늘에 의지해 있네空
先朝籌畵干戈後 전조에서 전란 뒤에 방비계책을 세우니
萬古山河指顧中 만고불변의 산하 눈앞에 펼쳐져 있네
曉色欲分雲似海 새벽 빛 밝아오자 구름은 바다처럼 짙게 보이고
秋聲忽厲雁嘶風 가을 소리 문득 스산해지자 기러기 바람에 우네
休言病客低垂甚 병든 나그네 축 늘어졌다 말하지 마오
腰下吳鉤氣吐虹 허리에 찬 오구에서 무지개 기운 뿜으니

(『樂全堂集』 卷3, 詩 七言律)

둘째, 본관이 전주全州, 자는 자시子時, 호가 동주東洲로 아버지가 이수광李晬 光인 이민구李敏求(1589~1670)의 다음과 같은 시가 있다. 인조 2년(1624) 수원 부 사 이시백李時白(1581~1660)과 함께 성에 올라 해가 저물녘의 풍경을 읊은 내용 이다.

同李水原時白登禿城(수원 부사 이시백160)과 함께 독성에 오르다)
孤城徑路繞寒雲 외로운 성 오솔길에 구름 덮였는데

---

160) 이시백李時白 : 1581~1660. 본관은 연안延安, 자는 돈시敦詩, 호는 조암釣巖, 시호는 충익忠翼이다.(『壽谷集』 卷6, 外曾 祖議政府領議政延陽府院君李忠翼公墓表) 이시백을 수원 부사에 임명한다는 내용이 『인조실록』 2년 8월 24일 기 사에 보인다.

飛騎相隨李使君	이 부사와 함께 말을 달려가네
山向海門低處盡	바다 향해 뻗은 산은 저 멀리서 끊어지고
水從原野畵中分	물은 들 복판을 가로질러 흐르네
禪林爽籟傳虛磬	선림의 시원한 바람 풍경 소리 전하는데
客榻秋光對暮曛	객탑 가을 풍광에 저녁노을 마주했네
蕭瑟百年臨眺恨	소슬한 백년 인생 돌아봄에 한스러워
斷鴻殘角倚樓聞	외기러기와 나발 소리 누대에 기대 들노라

(『東州集』 卷4, 詩 嘉林錄)

셋째, 본관이 장수長水, 자는 대경大卿, 호는 강한江漢, 시호는 문경文景으로 도암陶庵 이재李縡의 문인으로, 이천보李天輔 · 오원吳瑗 · 남유용南有容과 더불어 영조 시대의 4대 문장가로 꼽히던 황경원黃景源(1709~1787)의 다음과 같은 시가 있다.

陪幸禿城 望海門(성상의 독성 행차를 수행하다 바다 어귀를 바라보다)[161]

禿城鄰太虛	독성은 하늘과 가까이 있어
彤雲上斐亹	채색 구름 찬란하게 떠 있구나
澗門肅羽林	산골 어귀에는 근위병들 삼엄하고
苔茵儼繡宸	이끼 덮인 곳에는 비단 병풍 엄숙해라
大海潏其西	큰 바다가 서쪽으로 흘러가는데

---

161) 이 시는 영조 26년(1750) 9월 26일에 있었던 일을 읊은 것으로 당시 황경원의 나이 42세였다. 『영조실록』에 임금이 수원을 지나면서 독성산성에 올라 해문海門을 바라보면서 승지 황경원에게 "해문에서 등주登州까지의 거리가 몇 리나 되는가?"라고 물었다. 황경원이 "동강東江에서 등주까지 3천 9백 58리입니다."라고 하니 임금이 탄식하며 "남한산성이 포위당하자 총병관摠兵官 김일관金日觀이 산동山東 제진諸鎭의 수군을 거느리고 가서 구원하려 했는데, 군사가 이르기 전에 성이 이미 함락되어 비록 성공하지는 못했으나 내가 어찌 차마 황제皇帝의 은혜를 잊겠는가?"라고 하였다. 김일관은 청나라 태종太宗이 조선을 정벌하였을 때 조선에서 위급함을 알리자 등주와 내주萊州에서 출병하여 싸우다 장산長山에서 전사하였다.

湯湯汎箕尾　넘실넘실 기미성이 떠있네

昃景指登州　기우는 해는 등주를 향해 가고

廻風吹白葦　회오리바람은 흰 갈대에 부누나

冀方久已淪　기주가 오래전에 윤몰하였으니

織文爲誰筐　무늬 넣은 비단 누구 위해 광주리에 담을꼬

河淸不可期　황하가 맑아지는 것은 기약하기 어렵고

遺老今無幾　유로들도 지금 얼마 남지 않았구나

苞栩有嘉實　상수리 숲에는 좋은 열매 맺히고

時菊亦韡韡　제철 국화 역시 활짝 피었네

扈從歲將暮　성상을 호종하노라니 한 해가 저물어

拊弓一噓唏　활을 어루만지며 한바탕 한탄하노라

(『江漢集』 卷2, 詩)

◆ 관련 설화

임진왜란 때 전라도 관찰사 권율權慄은 명군明軍과 호응하여, 서울수복을 위해 병마절도사 선거이宣居怡를 부사령관으로 삼아 2만여 명의 군사로 산성에 진을 치고 있었다. 전라도 군사가 수원에 진을 쳤다는 소식을 들은 한양의 왜군 수만 명이 독성으로 내려왔다. 이곳은 왜군 방어에 중요한 위치였지만 물이 없어 주둔이 어려운 상황이었다. 왜장 가토加藤淸正는 산에 물이 없을 것을 짐작하고 첩자를 시켜 물 한 지게를 산상에 올려보냈다. 이를 눈치 챈 권율은 성 내 서장대에 장막을 치고 잔치를 열면서 군마를 끌어내어 흰쌀을 말에 끼얹으며 말을 씻는 시늉을 하였다. 이를 지켜본 왜적은 성내에 물이 많은 것으로 알고 서둘러 퇴각하였다. 이때부터 성안의 서장대를 '세마대'라 부르게 되었다.

오산 독산성봉수

◆ 유구 현황

현재 봉수가 있었던 산 정상에는 높이 3m 가량의 연대 상부를 평평하게 정지
한 후 1957년 건립된 세마대洗馬臺가 있다. 주위에는 120×90cm 가량의 화강
암 석재 5~6기가 흩어져 있다. 세마대의 남쪽에는 35×10cm, 35×15cm, 55×
25cm 크기의 석재를 이용하여 높이 2m 가량 11단으로 석축하였고, 남쪽과 북
쪽으로는 너비 8.5~9m 가량의 순환로를 겸한 평지가 조성되어 있다.

오산 독산성봉수 세마대 현판

◆ 찾아가는 길

독산성 세마대지 주자장에서 서문을 지나 봉수터인 세마대에 이를 수 있다.

◆ 기타

독산성禿山城(사적 제140호) 내에 위치한다.

2) 안산 무응고리봉수 無應古里烽燧

연번	제5거 관련		유형	연변봉수
설봉	조선 전기(세종실록 지리지)		폐봉	조선 전기
문헌별 명칭	**세** 無應古里烽火			
소재 및 대응봉수	전기(세종실록 지리지)		郡西. 無應古里烽火 → 海運山烽火(남)	
주소	경기도 안산시 신길동			
해발고도	63m		산명(山名)	–
학술조사	경기도박물관. 『도서해안지역 종합학술조사』Ⅰ, 2000.			
주변경관	주변에 시야를 가로 막는 높은 산이 없고 서쪽으로는 바로 서해가 조망되는 연변봉수의 입지조건임			

◆ 입지

경기도 안산시 신길동과 시흥시 죽율동 경계의 해발 63m인 나지막한 구릉 정상이 과거 봉수터이다. 주변에 시야를 가로 막는 높은 산이 없고 서쪽으로는 바로 서해가 조망되는 연변봉수의 입지조건이다.

◆ 설봉시기와 봉수노선

조선 전기 발간의 『세종실록』지리지(1454)에 경기 안산군 소재 2처의 봉화 중 1처로서 기록되어 있다. 여기에는 봉화가 "군의 서쪽에 소재한다. 남쪽으로 남양 해운산에 응한다."라고 하였다. 후에 오질애봉수 吾叱哀烽燧가 그 기능을 대신함에 따라 폐봉되었다.

◆ 유구현황

1987년 착공된 시화지구 공단조성공사 시 큰 봉우리 2개소만 빼고 산 자체가 삭평되어 평평한 채 유지가 멸실된 상태이다.

◆ 찾아가는 길

시흥3교를 건너 만해마을로 가기 전 도로변에 남-북으로 길게 이어져 있는 산 정부가 과거 봉수가 위치하였던 곳이다.

3) 시흥 오질이도봉수 吾叱耳島烽燧

연번	제5거 관련	유형	연변봉수
설봉	조선 전기(세종실록 지리지)	폐봉	효종 7년(1656)
문헌별 명칭	**세** 吾叱哀烽火　**신** 吾叱耳島烽燧		
소재 및 대응봉수	전기(세종실록지리지)	郡西. 無應古里烽火(남) → 吾叱哀烽火 → 仁川 城山烽火(북)	
	중기(신증동국여지승람)	南陽 海運山烽燧(남) → 吾叱耳島烽燧 → 仁川 城山(북)	
주소	경기도 시흥시 정왕동 1073-5 일원		
해발고도	72.9m	산명(山名)	당봉
학술조사	경기도박물관, 『도서해안지역 종합학술조사』, 2000.		

◆ 입지

경기도 시흥시 정왕동 오이도 당봉의 해발 72.9m인 산정상이 과거 봉수터이다. 1987년 착공된 시화공단조성공사로 인해 연육되기 전까지는 서해에 연한 작은 섬으로서 서해를 조망하던 최일선 연변봉수의 입지이다.

◆ 설봉시기와 봉수노선

조선 전기 발간의 『세종실록』지리지(1454)에 처음 나타나며 17세기 중엽을 전후한 시기에 정왕산봉수로 이설移設함으로써 폐봉되었다. 대응봉수는 신호를 받는 남쪽이 전기에는 안산 무응고리봉화였으나 중기에는 남양 해운산봉수였다. 신호를 보내는 북쪽은 인천 성산(문학산)봉수로서 같다.

　　대응봉수의 거리는 조선 전기 남쪽의 무응고리와 5.75km, 북쪽의 성산(문학산)봉수와는 10km, 조선 중기에 봉수노선의 변화로 인해 남쪽으로 응하였던 해운산봉수와는 9.15km의 거리에 있는 등 모두 10km 이내의 가시권 내에서 운용되었다.

시흥 오질이도봉수터

◆ 봉수명칭

시기에 따라 '오질애봉화^{吾叱哀烽火}·오질이도봉수^{吾叱耳島烽燧}' 등으로 한자표기
의 차이는 있으나 모두 같은 봉수에 대한 명칭이다.

◆ 유구현황

경기도 시흥시 정왕동 오이도 당봉의 해발 72.9m인 산 정상에 과거 봉수가 있
었으나, 현재는 군 시설물의 설치로 인해 유지가 멸실되었다.

◆ 찾아가는 길

시화지구개발사업기념공원에서 북쪽 방향으로 약 700m 떨어진 거리에 있는
산이 봉수터이다.

4) 화성 형도망대衡島望臺

연번	제5거 관련		유형	망대
주소	경기도 화성시 송산면 독지리 산200−5 일원			
해발고도	126.5m(멸실 전)		산명(山名)	
학술조사	慶熙大學校中央博物館,「華城郡의 歷史와 民俗」, 1989. 경기도박물관,「도서해안지역 종합학술조사 I」, 2000. 한국토지공사 토지박물관,「화성시의 역사와 문화유적」, 한양문화재연구원,「화성 봉수대 학술지표조사」, 2014.			
주변경관	동쪽과 남쪽으로의 조망은 곤란한 반면, 서쪽과 북쪽의 해상을 조망하기 좋은 입지이다.			

◆ 입지

과거 육지와 인접한 서해상의 곶串에 위치하는 작은 섬 형도에 설망과 폐망시기 미상의 봉수가 운용되고 있었다. 동쪽과 남쪽으로의 조망은 곤란한 반면, 서쪽과 북쪽의 해상을 조망하기 좋은 입지다.

◆ 설봉시기와 봉수노선

설망시기는 문헌기록이 없어 자세히 알 수 없으며 이 망대와 응하는 대응노선은 확실하지 않다. 다만, 가까운 봉수와의 거리를 볼 때 남쪽으로 해운산봉수와는 2.75km, 북쪽의 오질이도봉수와는 7km의 거리에 있다.

◆ 유규현황

1987년 착공된 시화호 간척사업 시에 바다를 메우기 위한 토석채취장으로 결정되어 채석 과정에서 멸실되었다. 방조제공사 전에는 섬 정상에 석축의 봉수대가 양호하게 남아 있었는데 이 석축봉돈은 바닥이 5×5m 규모의 정방형으로 되어 있고 위로 갈수록 줄여 쌓은 단이 있었으며 북서쪽 일부만 무너져 있었

다.[162] 라고 하였다.

◆ 찾아가는 길

송산면 독지2리 문지마을을 지나 시화호 방조제 공사 시 개통한 길을 따라 망대가 위치한 형도까지 갈 수 있다.

---

162) 慶熙大學校 中央博物館, 『華城郡의 歷史와 民俗』, 1989, pp.38~39.

화성 형도망대 항공사진(한강문화재연구원)

5) 화성 제부도망대濟扶島望臺

연번	제5거 관련		유형	망대
주소	경기도 화성시 서신면 제부리 산14-3			
해발고도	62.4m		산명(山名)	당산(堂山)
학술조사	한국토지공사 토지박물관, 『화성시의 역사와 문화유적』, 한양문화재연구원, 『화성 봉수대 학술지표조사』, 2014.			
복원정비	연조 형태로 1기 복원			
주변경관	동쪽과 북쪽으로의 조망은 곤란한 반면, 남쪽과 서쪽의 해상을 조망하기 좋은 입지이다.			
기타사항	섬 주민들에 의해 구전으로 봉수라 전하고 있음			

◆ 입지

과거 육지와 인접한 서해상의 곶岬에 위치하는 작은 섬 제부도에 설망과 폐망 시기 미상의 망대가 운용되고 있었다. 동쪽과 북쪽으로의 조망은 곤란한 반면, 남쪽과 서쪽의 해상을 조망하기 좋은 입지이다.

◆ 설망시기와 목적

설망시기는 문헌기록이 없어 자세히 알 수 없다. 설망목적은 조선 후기 황당선 이나 이양선의 출현에 대비한 망대로서의 기능을 위해 단기간 운용되었을 가 능성이 있다.

◆ 유구현황

망대터에서는 뚜렷한 유구의 흔적을 확인할 수 없다.

◆ 찾아가는 길

서신면 송교리 제부도유원지에서 제부도까지 바닷물이 갈라지는 썰물때만 통 행이 가능한 노두길이 잘 나 있다.

화성 제부도 항공사진(한강문화재연구원)

화성 제부도망대(한강문화재연구원)

6) 인천 영종진 백운산봉대白雲山烽臺

연번	제5거 관련		유형	권설봉수
설봉	고종 5년(1868)		폐봉	고종 32년(1895)
문헌별 명칭	**영** 白雲山烽臺 * 영 : 『永宗地圖』:奎10347)			
전거	『고종실록』, 『각사등록』			
소관	永宗鎭			
주소	인천광역시 중구 운남동 산121-1 일원			
해발고도	255.5m		산명(山名)	백운산(白雲山)
학술조사	인하대학교 박물관, 『영종지역 군사시설 이전부지내 문화유적 지표조사 보고서』, 2001.			
잔존유구	망대터 3개소			
복원정비	연조 형태로 3기 복원			
주변경관	봉수는 영종도 내 한가운데 솟은 산정에 위치함에 따라 주변 인천 송도국제도시와 청라신도시 및 멀리 김포와 강화의 일원까지 조망이 양호함			
관련인물	·興宣大院君 李昰應(1820∼1898) ·京畿水軍節度使兼三道統禦使喬桐都護府使 金箕弘(?∼?) ·永宗鎭僉使 梁柱顯(?∼?) ·白雲山烽燧將 李枝善(?∼?)			

◆ 입지

인천광역시 중구 영종면 운남동·운서동 일원의 해발 255.5m인 백운산 정상에 위치한다. 봉수는 영종도 내 한가운데 솟은 산정에 위치함에 따라 주변 인천 송도국제도시와 청라신도시 및 멀리 김포와 강화의 일원까지 사방을 조망하기에 좋은곳이다.

◆ 설봉 시기

봉수는 『고종실록』 5년(1868) 4월에, 의정부에서 "영종과 교동은 하나의 작은 섬에 지나지 않으니, 적을 방어할 계책을 전적으로 책임지우기는 어렵습니다. 또 서양 배들의 왕래가 최근에 더욱 출몰하고 있으니, 봉대를 설치하여 강화부

인천 영종진 백운산봉대 연조 복원 모습

와 서로 호응하게 하여 비상사태를 만나면 가서 원조할 수 있도록 할 일을 진무
사^{鎭撫使}와 방어사^{防禦使}에게 분부해야 되겠습니다. 봉대를 쌓는 데 소용되는 물
력은 영건도감^{營建都監}에 있는 돈 중에서 획송^{劃送}하는 것이 어떻겠습니까?" 라
고 아뢴 계로 교동의 봉대와 같이 설봉되었다.[163]

　　이후 고종 9년⁽¹⁸⁷²⁾ 제작의 조선후기 지방지도인 『영종지도』^(奎10347)에는
구담사^{瞿曇寺} 뒤의 높다란 산 봉우리에 '백운산봉대^{白雲山烽臺}' 명칭으로 3개소의

---

163) 『고종실록』 권5, 5년 4월 28일 병오.

봉대가 뚜렷하게 채색되어 있다.

이보다 앞서 18세기 중엽경 제작된 영종진『해동지도』에는 녹색으로 채색된 3개의 산봉우리에 "백운산白雲山 구담사瞿曇寺"라고 표기되어 있어 이 당시까지만 해도 아직 봉수의 설치는 없었음을 알 수 있다.

◆ 봉수 위치

『여지도서』(1760)에 "白雲山 在鎭西十里 禁山"이라 하여 봉수가 있는 백운산이 진의 서쪽 10리에 소재하는데 금산禁山이라 하였다.

◆ 봉수 운용

『여지도서』의 사찰寺刹에 "瞿曇寺 在白雲山 西距十里 僧將一人 料來每○六斗式 自備局會減上下 瞭望幕在白雲山上 瞿曇寺僧徒中一名 瞭望於西南海察 其荒唐船 漂迫有無"이라 하여 "구담사는 백운산에 소재하는데 서쪽으로 10리의 거리이며 승장 1인을 두어 백운산 정상에 장막을 설치하여 요망하게 하였는데 구담사 승도 중 1명으로 하여 서남해안을 요망하면서 황당선의 왕래 유무를 관찰하게 하였다."라고 하였다. 이를 통해 봉수는 19세기 말 이전에는 단순히 백운산 정상에 장막을 설치하고 구담사 승려 1명에 의해 요망瞭望의 역할만 하였던 곳이나, 19세기 말을 전후하여 구한말 흥선대원군興宣大院君 이하(李昰應, (1820~1898)의 쇄국정책 강화에 따라 비로소 연대가 설치되었음을 알 수 있다.

이외 좀 더 구체적인 내용은『각사등록』의 고종 16년(1879) 6월 28일, 오시午時에 2범죽帆竹 화륜선火輪船 1척이 팔미도八尾島 외양에서 연기를 일으키며 나타났음을 백운산봉수장白雲山烽燧將 이기선李枝善(?~?)의 보고로 영종진 첨사

인천 영종진 백운산봉대에서 본 서해안

양주현梁柱顯을 통해 삼도통어사三道統禦使 김기홍金箕弘에게 보고한 기사가 있다.[164]

　　위 내용은 종전 백운산 구담사의 승도가 하던 서남해안 해상의 황당선 출현 요망을 정식으로 봉수에 봉수군과 봉수장을 배치하여 해상을 요망하였고 신속한 보고체계가 갖추어져 있었음을 알 수 있다.

◆ 유구 현황

봉수가 있는 산정부는 동-서로 긴 능선을 이루며 세 개의 봉우리로 형성되어 있다. 가장 동쪽에 위치한 봉대1은 1960년 초 봉우리 상부에 헬기장을 조성하면서 평평해져 있다. 동남쪽 아래로는 인천대교가 멀리 조망된다. 서쪽은 봉대2에 가로막혀 조망이 곤란하다.

　　봉대2는 백운산의 가장 높은 봉우리로 현재 '백운정' 명의 6각 정자가 들어서 있다. 동쪽을 제외한 세 방향으로의 조망이 가능하다.

---

164) 『各司謄錄』京畿道篇1, 京畿道右防禦營啓牒謄錄, 己卯7月初1日亥時.

봉대3은 가장 서쪽에 위치하며 해발고도 또한 가장 낮은 곳이다. 전망대로 활용되고 있으며 방부목 데크가 조성되어 있다. 동쪽을 제외한 세 방향으로의 조망이 가능하다.

봉수는 봉대2와 봉대3 사이 우측 아래에 연조 형태로 3기가 복원되었다. 거화구炬火口는 방형으로 지표면에 남쪽을 향해 마련하였는데 방부목으로 마무리를 하였다. 크기는 0.4×0.5m이다. 연조煙竈는 동-서 1열로 배치되어 있으며, 내부가 관통되어 있다. 축조는 크고 작은 판석을 섞어 쌓아 올리고 석재 사이에는 시멘트로 접착한 습식공법이다. 연조 각각의 높이는 2m, 직경은 1.6m로 각 연조간 중심 거리는 2.7m, 기저부간 1~1.1m이다. 바닥은 박석을 깔았다. 복원된 시기는 2018년 6월로 봉대 3기외 정상부 주변 바닥 포장 108.9㎡ 및 돌담(앉음벽) 93m가 설치되었다.

◆ 찾아가는 길

백운산 아래 용궁사에서 뒤쪽으로 난 등산로를 따라 봉수가 있는 산정에 이를 수 있다.

인천 영종진 백운산봉대 아래의 용궁사

7) 인천 옹진 덕적진 덕적도봉수 德積島烽燧

연번	제5거 관련	유형	권설봉수
설봉	영조 16년(1740)	폐봉	고종 32년(1895)
문헌별 명칭	**비** 덕적도봉대(德積島烽臺)		
소재 및 대응봉수	후기(비변사등록)	德積鎭烽臺 → 長峯鎭烽臺(북) → 水營	
소관 鎭	덕적진(德積鎭)		
주소	인천광역시 옹진군 덕적면 진리 산35-4		
해발고도	313.8m	산명(山名)	망재
잔존유구	연조 2기		
주변경관	산정부에서는 사방으로의 조망이 가능하다.		
관련인물	· 특진관 이완(李浣, 1602~1674) · 교동수사 김유(金濰, 1653~1719) · 제조 민진후(閔鎭厚, 1659~1720) · 좌의정 민진원(閔鎭遠, 1664~1736) · 강화유수 권적(權適, 1675~1755) · 어영대장 이봉상(李鳳祥, 1676~1728) · 우의정 송인명(宋寅明, 1689~1746) · 좌참찬 조현명(趙顯命, 1690~1752) · 포도대장 이우항(李宇恒, ?~1722)		

◆ 입지

덕적도는 경기만의 덕적군도를 이루는 섬[島] 중 가장 큰 섬이다. 서남쪽 해중에는 '가덕도·백아도·선갑도·굴업도' 등이 있고 동쪽에 '대이작도·승봉도·자월도' 등의 섬이 있다. 봉우리 정상에서는 서쪽을 제외한 세 방향으로의 조망이 가능하다.

◆ 설봉시기와 봉수노선

봉수의 설봉은 덕적진德積鎭의 설진設鎭과 관련이 있다. 진의 배후 척후와 요망을 위해 필요하였기 때문이다. 덕적진의 설진은 『효종실록』 3년(1652) 1월에

"특진관 이완李浣(1602~1674))이 아뢰기를, 안산에 덕물도德物島가 있는데 토질이 비옥하고 지형이 험준합니다. 백성을 모집하고 둔屯을 설치하여 강도江都의 문호로 삼으소서. 하니, 상이 윤허하였다."[165]라고 한 내용이 있다. 『대동지지』에는 "효종 3년 덕물도에 둔을 설치하고 만호를 배치하였다. 숙종 34년(1708) 첨사僉使로 승격시켰다. 관원官員 수군첨절제사水軍僉節制使 1원員이다"[166]라고 한 내용이 있다.

덕적진에 설봉 관련 논의는 『비변사등록』 숙종 37년(1711) 3월, 포도대장 이우항李宇恒(?~1722)이 제조 민진후閔鎭厚(1659~1720)의 청으로 기전의 해방을 살펴보고 돌아와 "덕적에 봉수를 설치하고 자월紫月·연흥延興·대부大阜 등을 경유하여 남양의 염불봉念佛烽에 이르고 인천의 문학봉文鶴烽에 이르게 하면 경보를 알리는 방도에 있어서는 빈틈이 없다 하겠습니다."[167]라고 한 내용이 있다.

같은 책 영조 1년(1725) 8월 19일, 어영대장 이봉상李鳳祥(1676~1728)이 아뢴 말에 "己丑年(기축년, 숙종 35, 1709)에 조정에서 (덕적)진보를 설치하고 만호를 두었다."라고 한 내용과 좌의정 민진원閔鎭遠(1664~1736)이 "신이 강화유수로 있을 때에 바라다보니 큰 바다[大洋] 가운데에 자그마한 하나의 고도孤島였습니다. 비록 군비를 갖추어준다 하더라도 일 변장邊將으로는 사실 적선賊船을 방비할 능력은 없고 기껏해야 요망瞭望할 뿐인데 망보는 것은 이 밖에도 다른 진보가 많이 있습니다."[168]라고 아뢴 내용을 통해서이다.

이후 덕적진은 계묘년癸卯年(경종 3, 1723)에 일시 폐진되었으나, 다시 복진

165) 『효종실록』 권8, 3년 1월 18일 신묘.
166) 『대동지지』 권4, 인천도호부 덕적도진.
167) 『비변사등록』 숙종 37년 3월 17일.
168) 『비변사등록』 영조 1년 8월 19일.

인천 옹진 덕적진터

復鎭 논의가 영조 15년⁽¹⁷³⁹⁾ 6월, 우의정 송인명宋寅明(1689~1746)과 좌참찬 조현명趙顯命(1690~1752)에 의해 제기되었다. 이때 송인명은 "설진하기로 확정된 뒤에야 절목을 따로 만들겠으나 봉화를 설치하여 경보하는 일은 그만 둘 수 없습니다. 봉수를 설치하면 해로의 어느 봉화에 접속시켜 전달이 되도록 할 것인지 아러한 정황도 헤아려보지 않을 수 없으니 장계할 때에 이러한 일도 아울러 논계하라는 뜻으로 분부하는 것이 어떻겠습니까?" 라고 하니 임금이 그렇게 하라고 하였다.¹⁶⁹⁾

이에 같은 왕 16년⁽¹⁷⁴⁰⁾ 7월, 덕적도설진절목德積島設鎭節目이 비변사에 의해 마련되었다. 절목 내용에 "본진을 다시 설치한 것은 경기 연해지역의 해안방어가 허술하여 시급할 때 급보를 보고하는데 힘을 얻으려고 한 것입니다." "선

---

169) 『비변사등록』 영조 15년 5월 1일.

창감관船淦監官 1명, 도사공都沙工 1명, 대변격군待變格軍 5명, 봉수감관烽燧監官 1명, 군軍 2명 등 도합 10명은 수군포水軍布를 매월 지급할 것." "이번 진을 설치하는 것은 먼 곳을 바라보고 적정을 보고하려고 한 것이다. 그렇다면 봉수는 설치하지 않을 수 없는 일이므로 본도本島에서 가장 높은 산봉우리에 먼저 봉대를 설치하여 북쪽으로 장봉진長峯鎭의 봉대와 접하고 바로 수영으로 통하게 하고 또 첨사가 본진으로 부임한 후 형편을 살펴 보고하게 하고 점차로 많은 봉수를 설치하여 경성으로 보고하게 할 것." [170] 등이 주요 내용이다.

　같은 왕 18년(1742) 11월, 좌의정 송인명이 입시하여 "덕적도는 해방의 중진이므로 이미 비국에서 낭청을 보내서 적간하였는데 진보의 모양이 갖추어지

---

170) 『비변사등록』 영조 16년 7월 8일.

지 않은 것이 아직도 많습니다. 그 중에 봉수를 설치하지 않을 수 없는데 본진에서 긴 봉수를 직접 받기가 어렵고 그 사이에 또 불가불 봉수 하나를 더 설치해야 하는데 그렇게 되면 새로 설치할 곳이 두 군데가 됩니다. 두 군데에 봉수를 설치한 뒤에는 복호復戶를 해주고 보인保人을 주고 하는 등 사세가 전례를 상고하여 거행해야 하겠으니 그렇게 분부하는 것이 어떻겠습니까?"라고 하니 임금이 그리 하라고 말하였다.[171]

◆ 덕적진德積鎭

옹진군 덕적면 진1리 구舊 면사무소 뒤의 현 김종훈씨 가옥이 과거 수군첨절제사가 머무르던 곳이다. 덕적진터에서 북동쪽 정면에 망재가 바라보인다.

그리고 진1리 맞은편 솔밭에 조성된 기미3·1운동기념공원 내의 기념비 앞에는 석비 3기가 동-서 1열로 북향한 채 입석되어 있다. 왼쪽비는 순국열사 임용우 영세불방비, 중간은 비신의 마모로 미상이며, 오른쪽은 수군첨절제사 김학성 영세불망비다.

기미3·1운동기념공원은 1919년 4월 9일 덕적면에서 전개된 만세운동을 기념하기 위해 2020.9.5~2021.1.22일간에 걸쳐 조

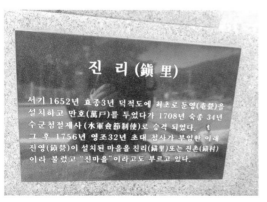

인천 옹진 진리 마을비

171) 『비변사등록』 영조 18년 11월 24일.

인천 옹진 진리 석비

성되었다.

◆ 봉수 운용

『비변사등록』 영조 16년(1740) 덕적도설진절목을 통해 봉수감관 1명, 군 2명이
배치되었으며, 군역의 대가로 수군포를 매월 지급받았다.

◆ 유구 현황

봉수는 인천광역시 옹진군 덕적면 진리항 서북쪽 배후의 망재에 연조 형태로
2기가 위치하고 있다. 연조 1은 석축 원형으로 망재의 동–서 능선상에 위치한
다. 남북은 사면을 이루며 서쪽이 높고 동쪽이 낮은 지형이다. 이곳에서는 서쪽
을 제외한 세방향으로의 조망이 가능하다. 특히 동쪽 해상의 소야도가 가까이

인천 옹진 덕적도 바다에서 본 모습

조망된다. 축조는 할석 허튼층쌓기이며 석축의 방호벽이 남-북사면에서 확인
된다. 연조의 상부 중앙부는 속이 빈 원형 구조로 직경은 0.5~0.6m이다. 규모는
높이 1m, 둘레 5.4m 가량이다. 방호벽은 직경이 동서 14m, 남북이 3.5~4.8m 가
량이다.

　　연조 2는 연조 1에서 서쪽으로 계속 오르면 망재의 정상부에 위치한다.
석축 방형으로 남북은 사면을 이루며 북쪽은 등산로변이다. 연조 남쪽부의 경
우 암반 상부에 축조하였다. 할석을 이용한 상부수직쌓기 하였으며 내부가 빈
형태이다. 축조 시 석축의 곡면을 직각으로 처리하였다. 규모는 직경이 동서

인천 옹진 덕적도봉수1에서 본 소야도

1.8m, 남북 1.6m이며 높이 0.5m이다. 석축단수는 3~4단이다.

◆ 찾아가는 길

방아머리선착장에서 덕적도 진리항 선착장에 내리면 서북쪽 배후에 송도전화국덕적중계소가 바라 보인다. SK덕적주유소로 이동하여 중계소까지 난 임도를 따라 오르면 중계소 맞은편 망재 능선부와 정상에 연조 2기가 일정거리를 두고 인접하여 있다.

인천 옹진 덕적도봉수1 전경

인천 옹진 덕적도봉수1 연조

인천 옹진 덕적도봉수1 방호벽

인천 옹진 덕적도봉수2 연조

인천 옹진 덕적도봉수2 석축 곡면

8) 인천 옹진 자월도 국사봉봉수國思峰烽燧

연번	제5거 관련		유형	권설봉수
설봉	영조 16년(1740)		폐봉	
문헌별 명칭	**비** 자월도봉수			
소재 및 대응봉수	후기(비변사등록)		德積島烽燧 → 紫月島烽燧 → 靈興島烽燧	
소관 鎭	덕적진(德積鎭)			
주소	인천광역시 옹진군 자월면 자월리 109			
해발고도	166.7m		산명(山名)	국사봉(國思峰)
잔존유구	봉수			
주변경관	봉우리 정상부에서는 사방으로의 조망이 가능하다.			
관련인물	· 제조 閔鎭厚(1659~1720) · 포도대장(?~1722)			

◆ 입지

자월도는 경기만의 덕적군도에 딸린 작은 섬[島]의 하나이다. 주위 큰 섬으로는 서쪽에 덕적도, 동쪽에 영흥도, 남쪽에 대이작도가 있다. 봉수는 인천광역시 옹진군 자월면 자월리 자월도내의 최고봉인 해발 166.7m의 국사봉 동쪽 봉우리에 위치한다. 이곳에서는 사방으로의 조망이 가능한데, 서쪽으로 해중의 덕적도가 바라보인다.

◆ 설봉시기와 봉수노선

봉수의 설봉시기는 『비변사등록』 숙종 37년(1711) 3월, 포도대장 이우항李宇恒(?~1722)이 제조 민진후閔鎭厚(1659~1720)의 청으로 기전의 해방을 살펴보고 돌아와 "덕적에 봉수를 설치하고 자월紫月·연흥延興·대부大阜 등을 경유하여 남양

인천 옹진 자월도봉수 국사봉에서 본 모습

인천 옹진 자월도 국사봉에서 본 덕적도

의 염불봉念佛烽에 이르고 인천의 문학봉文鶴烽에 이르게 하면 경보를 알리는 방도에 있어서는 빈틈이 없다 하겠습니다."[172]라고 한 내용이 있다.

이후 봉수가 이우항이 아뢴데로 설봉되었는지는 문헌기록이 없어 설봉 여부는 미상이다. 다만, 앞에서 소개한 덕적도봉수가 영조 16년(1740) 설봉되어 한동안 운영되었기에 설봉시기는 18세기 중엽경으로 여겨진다.

봉수노선은 이우항이 건의한데로 덕적도봉수에서 보내는 신호를 받아 연흥도(현)靈興島의 해발고도가 제일 높은 국사봉(112m)에 응한 것으로 여겨진다.

◆ 유구 현황

봉수는 전체적인 평면이 방형으로 속이 빈 석축 형태이다. 석질은 이곳에서 산출되는 섬장암이며, 남쪽에 출입구가 나 있다. 규모는 직경이 내부 2.4~2.5m, 외부 4.7~5.6m, 높이는 내부 1.2~1.9m, 외부 1.1~2.1m 가량이다. 봉수는 하부에 외부 기저부를 마련하였는데 규모는 동쪽 2m, 서쪽 1.7m, 남쪽 1.1~1.3m, 북쪽 2.7m 가량이다.

출입구는 봉수 남쪽에 개방형으로 1개소가 나 있는데 허튼층 상부들여쌓기 하였고 사이 틈새는 작은 돌로 채워 넣었다. 석축 단수는 6~7단이다. 규모는 폭이 하부 0.8m, 상부 1.3m이다. 높이는 1.2~1.3m다.

◆ 찾아가는 길

안산 방아머리선착장에서 승선하면 가장 먼저 닿는 섬이 자월도이다. 선착장에 내리면 바로 북쪽 정면에 보이는 산이 봉수가 있는 국사봉이다. 선착장 옆길로

---

172) 『비변사등록』 숙종 37년 3월 17일.

해서 국사봉에 오르는 등산로가 잘 나 있다. 국사봉 못미쳐 동쪽 봉우리가 봉수
가 있는 곳이다.

인천 옹진 자월도 국사봉봉수 근경

9) 강화 별립산봉수別立山烽燧

연번	제5거 관련		유형	연변봉수
설봉	조선 전기(세종실록 지리지)		폐봉	조선 전기
문헌별 명칭	**세** 別立山烽火			
소재 및 대응봉수	전기 (세종실록 지리지)		府北. 別立山烽火 → 本府 松岳烽火(동)	
주소	인천광역시 강화군 양사면 인화리 560-39			
해발고도	416m		산명(山名)	별립산(別立山)
학술조사	韓國文化財保護財團, 『江華外城 地表調査報告書』, 2006.			

◆ 입지

인천광역시 강화군 하점면 별립산(416m) 정상에 위치하고 있다.

◆ 설봉시기와 봉수노선

봉수는 조선 전기 『세종실록』지리지(1454)에 경기 강화도호부 소재 5처의 봉화 중 1처인 별립산봉화別立山烽火 명칭으로 "부의 북쪽에 있으며 동쪽으로 본부 송악봉화松岳烽火에 응한다." 라고 하였다.

　　봉수노선과 성격상 제5거 노선의 연변봉수로서 남쪽의 망산봉수와는 7.5km, 동쪽의 송악봉수와는 10km의 거리를 두고 서로 대응하였다.

◆ 유구현황

봉수가 있었던 산정상부는 현재 군 시설이 있어 유구현황은 자세하지 않다.

◆ 찾아가는 길

강화군 하점면 창후리 신화유스호스텔에서 산으로 오르는 들머리가 나 있다.

10) 강화 송악산봉수 松岳山烽燧

연번	제5거 관련	유형	연변봉수
설봉	조선 전기(세종실록 지리지)	폐봉	숙종 3년(1677)
문헌별 명칭	**세** 松岳烽火 **신** 松岳山烽燧		
소재 및 대응봉수	전기 (세종실로 지리지)	府東. 松岳烽火 → 通津縣 主山烽燧(동)	
	중기 (신증동국여지승람)	河陰城山烽燧(서) → 松岳山烽燧 → 通津縣 南山烽燧(동)	
주소	인천광역시 강화군 강화읍 관청리		
해발고도	120m	산명(山名)	북산[北山. 舊名 松岳山]
학술조사	韓國文化財保護財團,「江華外城 地表調査報告書」, 2006.		
잔존유구	연대 1기		
주변경관	산정에서는 서쪽 정면에 멀리 별립산과 하음산이 조망되며 반대방향으로는 멀리 김포 방면이 조망됨		
관련인물	강화유수 許秩		
기타사항	강화 남산성(南山城)내에 위치하고 있음		

◆ 입지

인천광역시 강화군 강화읍 관청리 강화내성의 해발 120m 가량인 북산北山 정상에 위치하고 있다. 산정에서는 서쪽 정면에 멀리 별립산과 하음산이 조망되며, 반대방향으로는 멀리 김포 방면이 조망된다. 동-서는 산지로 막혀 있기에 남-북 두방향으로 조망이 가능하다.

◆ 설봉시기

봉수가 위치하는 북산은 달리 '송악산·기당산' 이라고도 한다. 고려 고종 19년(1232) 몽고난을 피하여 도읍을 관청리로 옮기고 개성을 염모하여 송악산이라 하였다. 따라서 봉수의 설봉은 13세기 초 이후 중엽 경이다.

◆ 봉수폐봉 및 이설

숙종 3년(1677) 6월 26일, 임금이 인견引見할 때에 강화유수 허질許秩이 입시하여 "본부의 봉수가 고을 뒤편에 있는데, 앞뒤가 막혀 멀리 망을 볼 수가 없으므로 봉군이 소리를 질러 전하는 것으로 의지하고 있으니 그 일이 극히 허술합니다. 앞산의 한 봉우리가 높고 사면이 막힌데가 없어 뒷산의 봉수를 이 봉우리에 옮기면 변통하는데에 편리할 것입니다." 라고 아룀에 따라 강화읍 신문리의 남산南山으로 이설되어짐에 따라 철폐되었다.

◆ 유구현황

현재 봉수는 고려궁지의 배후 산으로 동-서 장축을 이루는 북산[舊名 송악산松岳山]의 서쪽 봉우리에 토축 연대 1기가 위치하고 있다. 형태상 남-북 장축의 말각장방형이며 높이 3m 가량이다. 연대 상부 중앙부의 내부는 깊이 1m 가량 폐타이어를 이용하여 군참호가 구축되어 있으나, 단면에 석축이 확인된다. 연대의 동쪽으로는 평탄지가 형성되어 있고, 주위는 잡목이 무성하게 성장하고 있다.

◆ 찾아가는 길

강화산성(사적 제132호) 주차장에서 오르는 길이 용이하다. 강화 남산성南山城 내에 위치하고 있다.

11) 강화 주문도봉수 注文島烽燧

연번	제5거 관련		유형	권설봉수
설봉	숙종 11년(1685)		폐봉	숙종 38년(1712)
문헌별 명칭	**비** 注文島烽燧, 注文島烟臺			
소관	주문도진(注文島鎭)			
소재 및 대응봉수	후기(비변사등록)		注文島烽燧 → 統禦營	
주소	인천광역시 강화군 서도면 주문도리 산93-1			
해발고도	146.9m		산명(山名)	봉구산(烽丘山)
학술조사	陸軍士官學校 陸軍博物館, 『江華郡 軍事遺蹟 地表調査 報告書(城郭·烽燧篇)』, 2000.			
주변경관	섬의 중심부 가장 높은 봉우리에 위치하여 주위 사방의 해상이 잘 조망됨.			
관련인물	· 강화유수 尹堦(1622~1692) · 좌참찬 尹趾完(1635~1718) · 강화유수 趙泰耉(1660~1723) · 李裕元(1814~1888)			

◆ 입지

봉수는 주위 사방의 해안이 잘 조망되는 주문도의 중심부 가장 높은 봉우리로 해발 146.9m인 봉구산烽丘山 정상부에 위치한다. 주문도 느리선착장에서 남쪽 정면에 보이는 산이다. 서쪽 해상에 말도·볼음도·아차도 등 크고작은 섬들과 나란히 열지어 동쪽의 석모도를 배후에 두고 있다. 북쪽으로는 서검도·미법도를 중간에 두고 교동도와 남동쪽으로는 장봉도가 바라보인다.

주문도의 입지와 관련한 문헌의 기록은 『비변사등록』숙종 38년(1712) 5월, 강화유수 조태구趙泰耉(1660~1723)가 "철곶첨사鐵串僉使를 주문도에 옮겨 설치했습니다. 대체로 주문도는 해문海門에 자리하여 실은 관방關防의 요해지要害地입니다."[173]라고 아뢴 내용이 있다.

---

173) 『비변사등록』 숙종 38년 5월 6일.

이유원李裕元(1814~1888)은『임하필기』에서 "장봉도와 주문도注文島 두 섬은 서남쪽 바다 가운데 있는데 서쪽에서 들어오는 적선賊船이 내양內洋을 경유하려고 할 경우 교동과 말도의 사이를 빠져나와야 하고 남쪽에서 오는 적이 내양을 경유하려고 할 경우 영종도永宗島와 신도信島 사이를 빠져나와야 하며 만약 이들이 외양外洋을 경유하려고 한다면 서쪽이나 남쪽을 막론하고 모두 장봉도와 주문도의 사이를 빠져나와야 한다. 이와 같이 이 두 섬은 요충이 되는 곳이다. 그러므로 전에 설치한 이곳의 목장을 혁파하고 새로 별장別將을 차출하여 임명한 다음 백성들을 모집하여 들여서 방수防守의 임무를 다하도록 하여야 할 것이다."[174]라고 하여 해상의 요충임을 강조하였다.

◆ 설봉시기와 봉수노선

주문도봉수의 최초 설봉이 논의된 시기는『비변사등록』숙종 10년(1684) 8월, 좌참찬 윤지완尹趾完(1635~1718)이 "장봉長峯과 위문位文[175] 두 섬은 지형으로 논하자면 진보를 설치하지 않을 수 없습니다마는 다만 염려되는 것은 군병을 적게 배치하면 힘이 될 수 없고 군병을 많이 두려면 형편이 닿지 않는 점입니다. 차라리 봉수를 설치하여 변경邊警을 알리는 장소로 삼는 것이 좋을 듯합니다."[176]라고 아뢴 내용을 통해 17세기 말부터 봉수 설치가 논의되어졌다.

좀 더 구체적인 내용은 같은 책 숙종 11년(1685) 3월, 강화유수 윤계尹堦(1622~1692)가 아뢴 내용에 "장봉도와 주문도 두 섬은 바로 강도의 울타리이니 진보를 설치함이 마땅합니다. --(중략) -- 전날 등대하였을 때에 연대烟臺를

---

174)『林下筆記』卷13,「文獻指掌編」江都所屬關防
175) 위문(位文) : 주문도(注文島).
176)『비변사등록』권38, 숙종 10년 8월 6일.

강화 주문진터

설치하여 장교를 파견하고 별장이라 호칭하여 후망候望을 맡기기로 탑전에서 결정한 뒤에 연대를 설치하고 별장을 파견하였으나 주문도의 연대는 후망할 사람이 없어 연대는 설치하였어도 도움된 바는 없습니다.”라는 내용을 통해 윤계가 강화유수 재임 때 설봉되어 별장을 파견하였으나, 후망할 사람이 없어 실질적인 운영이 안되고 있었음을 알 수 있다.

◆ 주문진注文鎭

강화군 서도면 주문도리 600번지 일원의 구舊 서도초등학교 부지가 과거 봉수

를 관장하였던 주문진터이다. 그리고
서도면사무소 내에는 철종 9년⁽¹⁸⁵⁸⁾
12월 2일, 입석된 절제사 현득유 불망
비와 1920년 5월, 입석된 유학 박용태
의 불망비가 남향한 채 나란히 세워져
있다.

강화 주문진 절제사 현득유 불망비

◆ 봉수 운용

봉수는 『비변사등록』 숙종 11년⁽¹⁶⁸⁵⁾
3월, 강화유수 윤계의 건의와 같은 왕 38년⁽¹⁷¹²⁾ 5월, 강화유수 조태구가 아뢴
내용을 통해 별장 혹은 요망장이 해상을 후망하면서 변경을 통어영에 알렸다.

◆ 폐봉시기

봉수는 『비변사등록』 숙종 38년⁽¹⁷¹²⁾ 5월, 강화유수 조태구趙泰耉(1660~1723)가
"철곶첨사鐵串僉使를 주문도에 옮겨 설치했습니다. 대체로 주문도는 해문海門에
자리하여 실은 관방關防의 요해지要害地입니다. --(중략)-- 주문도에 첨사를 두
었으니 요망장瞭望將은 폐지할만 합니다."[177]라고 아뢴 내용이 있다. 이를 통해
숙종 11년⁽¹⁶⁸⁵⁾ 강화유수 윤계의 건의로 설봉되어 숙종 38년⁽¹⁷¹²⁾ 5월, 첨사
진인 주문진의 설진에 따라 폐봉되기까지 27년간 한시적으로 운용되었다.

◆ 유구 현황

봉수가 있었던 산정상부는 현재 약 20여년 전 시설된 '주문도리 해상기지국'의

177) 『備邊司謄錄』 卷38, 肅宗 38年 5月 6日.

설치로 인해 원지형이 훼손됨에 따라 유구의 흔적을 확인할 수 없다. 기지국은 산정부의 반정도를 3m 내외로 절개하여 평지조성 후 시설되어 있다. 산정부는 동-서로 긴 능선을 이루며, 남-북은 사면을 이루고 있다.

◆ 찾아가는 길

2021년 3월 1일, 기존의 외포~주문 항로가 수심이 얕아 여객선의 입출항에 어려움이 있음에 따라, 상시 입출항이 가능한 선수~주문 단축·분리항로가 개통되었다. 종착지도 기존의 주문도 느리 이외에 살곶이를 추가해 삼보해운 393t급과 429t급 여객선이 선수~볼음도~아차도~주문도(느리) 항로와, 선수~주문도(살곶이) 항로로 나눠 1일 3차례씩 운항한다.

　　따라서 새로 개통된 항로 중 선수~주문도(느리) 직통 항로를 이용하여 느리선착장에 하선하면 남쪽 정면에 기지국이 설치되어 있는 곳이 봉수터다. 해발고도가 낮으며 등산길이 나 있어 접근이 용이하다.

강화 주문도 바다에서 본 모습

강화 주문도 봉구산봉수터

12) 강화 어류정요망대 魚遊井瞭望臺

연번	제5거 관련		유형	요망대
설망	조선 후기(속수증보 강도지)		폐망	고종 32년(1895)
소관	統禦營			
문헌별 명칭	속魚遊井瞭望臺 현烽火山 * 속 :『續修增補 江都誌』			
소재 및 대응요망	–		魚遊井瞭望臺 → 統禦營	
주소	인천광역시 강화군 삼산면 매음리 산 399 일원			
해발고도	52m		산명(山名)	–
학술조사	陸軍士官學校 陸軍博物館,『江華郡 軍事遺蹟 地表調査 報告書(城郭 · 烽燧篇』, 2000.			
잔존유구	요망대 1기			
주변경관	입지상 북쪽으로는 해발 308.9m의 해명산(海明山)에 가로 막힌 반면 나머지 삼면으로는 해상을 후망하기 용이함			
관련민속	예전에는 요망대에 올라 고기잡이 나간 가족의 배가 돌아오기만을 기원하였던 곳이라고도 함			

◆ 입지

인천광역시 강화군 인천광역시 강화군 삼산면 매음리 석모도내의 해발 52m인
나지막한 봉우리에 위치한다.[178] 요망대는 동-서로 장축을 이루는 나지막한 구
릉의 능선 정상부에 유지가 잘 남아 있는데 남-북으로는 사면을 이루고 있다.
입지상 북쪽으로는 해발 308.9m의 해명산海明山[179]에 가로 막혀 시야가 제한적
인 반면 나머지 삼면으로는 해상을 후망하기 좋은 곳이다. 서쪽 해상에는 '주문
도·볼음도·말도'가 해중에 있다.

---

178) 요망대는 본래 석모도 남쪽에 있었던 작은 섬인 어유정도魚遊井島에 속해 있었다. 현재의 강화군 삼산면 매음리의 남
서부 지역이다.『대동여지도』에는 섬의 이름이 '어리정魚里井'으로 표기되어 있다. 일제 강점기인 1930년대에 시행된
간척사업으로 석모도에 합쳐졌다. 조선 시대에 간척사업으로 강화도에 합쳐진 고가도와 이 섬 사이의 물길을 '가릉
포嘉陵浦'라고 했다.
179) 해명산海明山 : 강화의 6대산 중 하나로 석모도의 주봉이다.

◆ 설망 시기와 목적

『속소증보 강도지續修增補江都誌』(1870)의 편찬시점인 19세기 말을 전후하여 신설된 요망대이다. 설망 목적은 조선 후기 이양선異樣船의 출현을 후망하기 위해서이다. 또한, 유사시에는 자체 거화나 방포放砲를 통해 인근 요망대와 돈대 및 해당 영營에 알려 대비하기 위한 목적으로도 활용되었을 것으로 여겨진다.

◆ 요망대 운용

『속수증보 강도지』에 '말도末島 · 보을음도甫乙音島 · 황산도黃山島' 등과 4처의 요망대 중 1처로서 각 요망대에는 요망장瞭望將 1인과 요망군瞭望軍 10인을 두었다.

◆ 유구 현황

요망대는 평면 원형의 석축 연대형태로 상부 중앙부에는 깊이 0.6~0.7m, 직경

강화 어류정요망대 상부 연소실

이 동서 3.6m, 남북 3.2m 가량의 내부는 원형이나 외부는 방형의 연소실이 마련되어 있다. 바닥에는 잡석이 평평하게 깔려 있다. 망대 상부 남쪽 아래에도 작은 연소실이 있는데 직경은 1.8×1.6m 가량이다.

요망대의 축조는 허튼층 할석쌓기로 정형성이 없으며 45° 각도로 비스듬하게 상부 들여쌓기 하였다. 규모는 높이가 동쪽 1.9m, 서쪽 2m, 남쪽 2.1m, 북쪽 2.2m 가량이며, 하부 둘레는 약 38.2m이다.

오랜 세월 방치되는 동안 석재가 노출되고 일부 유실되었지만 요망대와 연소실의 잔존상태가 온전하게 남아 있다.

◆ 찾아가는 길

2017년 6월 28일, 강화 본섬과 석모도를 잇는 연육교가 개통되어 승용차나 도보로 언제든지 드나들 수 있게 되었다. 종전에는 강화 외포리항에서 배편을 이용하여 석모도 석포리 선착장에 하선하였다. 어류정항에 주차 후 남쪽에 보이는 '어유정' 명의 정자 맞은편에 등산로가 잘 나 있어 접근이 용이하다.

7부

목멱산봉수

목멱산봉수는 봉수제가 국가의 기간통신망으로 운영되던 조선왕조 시대에 전국 각 처 5거의 봉수가 집결하는 종착지였다. 도성의 백성들은 매일 저녁 황혼 무렵에 정해진 시간에 목멱산(남산)에서 올라가는 봉화를 바라보고 일상을 마무리 하였다. 이는 본문에서 소개하듯이 조선 전全 시기 다수의 저명한 문인들이 남긴 문집의 시詩를 통해 확인 할 수 있다. 이중에는 시를 통해 봉화가 역참驛站보다 빠르게 만리에 통한다고 하여 봉화의 신속성과 나라의 평안을 임금의 은혜에 비유하였다. 또는, 변방에 귀양 가있는 자신의 처지를 봉화에 의지하여 고향에 돌아가고 싶은 염원을 담기도 하였다.

봉수가 있는 목멱산은 각종 국가 제사의 장소였다. 도성 축조와 수축, 왕실의 질병 치료 기원, 기우제, 기설제, 개천 준설제 등이 거행되었다. 심지어는 임진왜란 중에 죽은 백성의 추모를 위해서도 거행되었다.

때로 목멱산에서는 봉수제가 운영되던 조선시대는 물론이고 고종 32년(1895) 윤5월 6일, 봉수제가 최종 폐지된 이후에도 끊임없이 봉수나 근처에 불을 놓는 방화가 일어났다. 이는 일반 백성들이 야밤에 '상언장上言狀 · 정원장情冤狀 · 명원장鳴冤狀' 등을 소지하고 목멱산에서 방화를 통해 억울함을 호소하기 위해서였다. 현대의 국민신문고와 같은 기능과 역할을 하였음을 알 수 있다.

목멱산에서 매일 저녁 황혼무렵에 올라가는 봉화는 구한말 조선을 방문한

서양인에게는 경외로움 그 자체였다. 따라서 그들은 귀국 후 본 바를 기행문으로 엮어 발간하였다.[180]

대표적으로 영국 외교관 George N. Curzon[1859~1925]의 기행문인 『극동의 제문제-Problems of the Far East』[1894]에 언급된 '봉화'이다.

> 남산의 정상에는 4개의 봉화대가 있다. 이것은 온돌로 지은 원통형의 구조물인데 안에는 땔감들이 높이 쌓여 있어서 밤마다 불을 지피고 수도 서울에 평화와 안녕, 혹은 그 반대의 메시지를 전한다. (중략) 저녁 무렵 이런 것에 익숙치 않은 외국인은 신기한 신호에서 눈을 뗄 줄 모르고 각 봉우리마다 피어오르는 불꽃을 쳐다 보게 된다.

위의 내용에 '남산의 정상에는 4개의 봉화대가 있다.'라고 하였다. 이는 고종 19년[1882] 10월, 어윤중[魚允中, 1848~1896]이 서북경략사西北經略使[181]로 임명 후 어사로서 파견되었다. 이때 처리한 여러 내용 중, 평안도의 18개 진보鎭堡를 폐진·폐보하면서 소속된 봉수도 폐봉하였기 때문이다.

다음은 영국인 화가이자 민속학자인 Arnold H. Savage-Landor[1865~1924]가 1890년대 조선을 여행하고 발간한 기행문인 『고요한 아침의 나라, 조선-Choson, The Land of Morning Calm』[1895]에 언급된 '남산'이다.

> 서울의 남쪽을 향하여 도시의 성 안에 남산이라고 불리는 높은 언덕이 원추

---

180) 본문에 소개하는 서양인들의 남산봉수 내용은 각 저자별 신복룡 역주, 『한말 외국인 기기록』, 2019, 집문당.에서 필요한 내용을 발췌하였다.

181) 서북경략사西北經略使 : 고종 19년[1882]부터 1884년까지 함경도·평안도 지역의 국경무역문제 처리와 지방관의 행정 감독을 위한 임시관직.

모양으로 솟아 있다. 여러 가지 이유로 사람들은 이 언덕에 관해 흥미를 느끼지 않을 수 없다. 첫째, 그것은 마치 그림 같다. 둘째, 남산처럼 도시 한 가운데에 산이 솟아 있는 경우는 드문 일이다. 셋째, 이 특별한 언덕의 정상에서 왕국의 일상사가 늘 감시되고 있다.

다음은 같은 책에서 '봉화'를 언급한 내용이다.

(전략) 남산 꼭대기에 감시인이 살고있는 보잘 것 없는 오두막집이 자리하고 있다. 이 앞에는 다섯 개의 돌무더기가 세워져 있는데 그 위로 횃불의 수단을 통해 신호가 조선 왕국의 한쪽 끝단에서부터 다른 끝단까지 전달된다. 말하자면 고요한 아침의 나라의 안전이 이 다섯더미의 돌에 달려 있어 어두워진 두 밤의 적막 속에서 타오르는 돌 위의 불들을 지켜보는 것은 아름답고 기묘한 모습이었다.

조선의 모든 최고봉 위에는 이와 마찬가지로 지정된 장소들이 있어 다른 횃불 신호 방식으로 가장 먼 지방에서 신호를 보내면, 다시 그것을 전달하고 응답하는 식으로 몇 분 안에 궁궐에 있는 왕은 수도로부터 몇 백 마일 떨어진 곳에서 무엇이 일어나고 있는가를 계속 파악하고 있다. 먼저 불을 통해 신호가 발산되는 것은 궁전에서부터이고 다른 산꼭대기로부터 불을 통한 신호를 마지막으로 받는 곳도 역시 궁궐이다. 조선의 해안선을 따라서 주요 갑(岬)에 설치된 봉화대는 오랫동안 해안에 약탈자가 접근해 온다든가 그 밖의 침략이 있을 때 수도에 알려주기 위해 이용되었다.

(중략) 불을 이용해서 신호하는 방법의 큰 결점은 신호가 오직 밤에만 명확하게 전달될 수 있다는 것이다. 필요할 경우 낮 시간에는 연기를 이용해서 신호를 전달했는데 불을 이용한 만큼 정확하지는 않았다. 젖은 짚단 더미들을

태워 흰 연기를 날려 보내면 이것은 나라가 위험에 처해 있다는 경보가 된다. (하략)

위의 내용에서 세비지 랜도어는 '남산 정상에서 왕국의 일상사가 늘 감시 되고 있다.', '고요한 아침의 나라의 안전이 이 다섯더미의 돌에 달려 있다.'라고 하였다. 이를통해 지금까지 일반 독자들이 미쳐 몰랐던 목멱산봉수의 설치목적 과 기능 및 중요성을 서양인의 여행기를 통해 알 수 있다.

연번 (『증보문헌 비고』)	제1거 직봉 (122) 제2거 직봉 (44) 제3거 직봉 (80) 제4거 직봉 (72) 제5거 직봉 (62)	유형	경(京)
설봉	세종 5년(1423)	폐봉	고종 32년(1895)
문헌별 명칭	**증** 木覓山烽燧 **현** 南山烽燧		
소재 및 대응봉수	전기 (세종실록 지리지)	楊州 蛾差山烽火 → 烽火 第1所 廣州 穿川山烽火 → 烽火 第2所 母嶽東烽火 → 烽火 第3所 母嶽西烽火 → 烽火 第4所 陽川 開花山烽火 → 烽火 第5所	
	후기 (증보문헌비고)	楊州 蛾嵯山烽 → 木覓山烽燧 第1 廣州 天臨山烽 → 木覓山烽燧 第2 母嶽 東烽 → 木覓山烽燧 第3 母嶽 西烽 → 木覓山烽燧 第4 陽川 開花山烽 → 木覓山烽燧 第5	
주소	서울특별시 중구 예장동 8-1 일원		
해발고도	232.1m	산명(山名)	목멱산(木覓山), 남산(南山), 인경산(引慶山), 종남산(終南山), 잠두봉(蠶頭峯)
문화재지정	서울특별시 기념물 제14호 (1993. 9. 20)		
학술조사	서울역사박물관, 『남산 봉수대지 지표조사보고서』, 2007. 서울역사박물관, 『남산 봉수대지 발굴조사보고서』, 2009.		
복원정비	1993년 9월 20일 수원의 화성봉돈과 유사하게 복원됨		
주변경관	봉수는 남산에서 해발고도가 가장 높은 곳으로 서울 일대와 대응봉수가 잘 조망됨		
기타사항	· 전국의 모든 봉수가 집결하는 종착지였으며, 각종 국가제사를 목멱산에서 거행함 · 고종 32년(1895) 5월, 봉수제의 최종 폐봉 이후에도 일반 백성들의 억울함 호소의 장소로서 거짓으로 봉화를 올리거나 방화함		

◆ 입지

서울특별시 중구 예장동의 해발 232.1m인 남산 정상에 위치하고 있다. 봉수는 남산에서 해발고도가 가장 높은 곳으로 이곳에서는 서울 일대와 대응봉수가 잘 조망된다.

◆ 설봉시기와 봉수노선

세종 5년⁽¹⁴²³⁾ 초축되어 고종 32년⁽¹⁸⁹⁵⁾ 5월, 폐지 될때 까지 조선 왕조 500여 년간 전국 각 처 5거의 봉수가 집결하였던 곳이다. 남산 일대에 제1봉화 명철방 동원령, 제2봉화 성명방 동원령, 제3봉화 훈도방 동원령, 제4봉화 명례방 동원령, 제5봉화 호현방 동원령에 5소의 봉수를 두어 국경이나 해안의 이상 유무를 병조에서 확인하여 조정에 보고하였다. 축조 시 병조와 진무소鎭撫所가 산에 올라 바라 보고 불을 올려 조준照準한 뒤에 땅을 들어 측량하여 설치하였다.

조선 최후기의 봉수망을 알 수 있는 『증보문헌비고』⁽¹⁹⁰⁸⁾에 목멱산봉수 제1은 양주 아차산봉峩嵯山烽, 제2는 광주 천림산봉天臨山烽, 제3은 무악 동봉毋嶽 東烽, 제4는 무악 서봉毋嶽西烽, 제5는 양천 개화산봉開花山烽에서 오는 신호를 받 았다.

◆ 봉수운용

봉수는 한성부漢城府에서 관할하는 지역이었다. 봉수를 올리는 것을 관장하는 업무는 조선 전기 충순위忠順衛에서 담당하였으나 그러나 후기에 충순위가 혁 파된 이후에는 금위영禁衛營에서 담당하였다.

봉수운영 관련 『만기요람』(1808)에는 "평시에는 횃불이 하나요, 적이 나타 나면 횃불이 둘이요, 국경에 가까이 오면 횃불이 셋이요, 국경을 침범하면 횃불 이 넷이요, 교전상태에 들어가면 횃불이 다섯이다. 서울에서는 번을 지키는 금 군이 병조에 보고하며 지방에서는 오장伍長이 진장鎭將에게 보고한다. 목멱산의 봉수는 동쪽에서 서쪽까지 횃불이 5개인데 동쪽으로 첫째 것은 함경·강원 양 도에서 양주의 아차산봉수로 온 것을 받는 것이요, 둘째 것은 경상도에서 광주 천림산봉수로 오는 것을 받는 것이요, 셋째는 평안도에서 육로로 무악의 동쪽 봉수로 오는 것을 받는 것이요, 네째는 평안·황해 양 도에서 해로로 무악의 서쪽 봉수로 오는 것을 받는 것이요, 다섯째는 공충·전라 양 도에서 양천의 개화산봉수로 오는 것을 받는 것이다. 병조에서 사람을 선정하여 망을 보고 있다가 이튿날 이른 새벽에 승정원에 보고하여 국왕에게 알린다. 사변이 있으면 밤중이라도 곧 보고해야 한다. 목멱산에는 봉수소烽燧所마다 군졸이 4명, 오장이 2명씩이며 내지內地에는 소마다 군졸이 6명, 오장이 2명씩이다. 군졸과 오장은 모두 봉수가 있는 부근에 거주하는 사람으로 선정한다. 혹 구름이 끼거나 바람이 요란하여 햇불이 잘 나타나지 않을 때에는 봉수군이 차례차례로 달려가서 보고한다. 목멱산과 무악 두 산의 봉군호烽軍戶는 각 30이다. 매호에 보保 3명을 급여한다."[182]라고 하여 대응봉수의 노선과 근무인원, 봉수군 선정 등을 자세히 알 수 있다.

이외에 봉군의 접제接濟[183]는 같은 책에 "목멱·무악 봉군 당번자의 식량과 햇불 대금은 이군색에서 매월 넘겨오는 돈으로(무명 25필을 돈으로 만들어 충당한다.) 배정 지출한다.(전에는 무과에 합격한 자로서 방어 복무자의 복무면제미로 충당했었는데 영조45년 기축(1769)에 납미제도納米制度가 폐지된 뒤에 본조판서 구윤명具允明의 건의에 의하여 매월에 무명 25필씩을 수송하도록 규례를 정하였다.)"[184]라고 한 내용을 통해 세부사항이 정하여졌다.

---

182) 『만기요람』 군정편1, 봉수.
183) 봉군접제烽軍接濟 : 봉군의 살림살이.
184) 『만기요람』 군정편2, 무비사 봉군접제.

◆ 목멱산의 다양한 명칭과 수직인의 배치

봉수가 위치한 목멱산을 달리 남산이라 한다. 남산의 본래 이름은 인경산引慶山
이었으나 궁성의 남쪽에 있기에 남산으로 지칭하였다. 풍수지리상 안산案山으
로서 중요한 산이었다. 건국초에 나라의 평안을 비는 제사외에 도성의 축조나
수축, 기우제·기설제·기청제·준설제 등을 지내기 위하여 산신령을 모시는 신
당神堂을 이곳에 세우고 목멱대왕木覓大王이란 산신을 모셨다. 이를 목멱신사木覓
神祠라고 하였으며, 또한 나라에서 세운 신당이므로 국사당國祀堂이라고도 했다.
또한 남산은 전국에서 올라오는 봉수의 종착지였으므로 종남산終南山이라고도
하였고, 산 모습이 누에머리를 닮았다 하여 잠두봉蠶頭峯 이라고도 하였다.

태조 4년(1395) 12월 29일, 임금은 이조에 명하여 백악白岳을 진국백鎭國伯
으로 삼고 남산南山을 목멱대왕木覓大王으로 삼아, 경대부卿大夫와 사서인士庶人
은 제사를 올릴 수 없게 하였다.[185] 이는 연산군 9년(1503) 11월 13일, 거듭 전교
를 통해 강조되어 "목멱·백악 등 산의 성황당에 기도하는 사람과 올라가 대궐
안을 바라다보는 당직인堂直人을 일체 모두 금하라."[186]고 하였다. 그러나, 이후
어느 때에 목멱산의 사우祠宇에는 별도로 수직하는 사람을 두어 관리하게 한듯
하다. 성종 15년(1484) 4월, 목멱산의 사우 수직인인 차을중車乙仲이 목우인木偶
人을 만들어 신좌神座에 둔 일이 발각되었다. 임금이 승정원에 전교하여 살펴보
도록 하니, 과연 두 목우인이 있어 하나는 장군將軍의 형상이고 하나는 중[僧]의
형상이었다. 이는 교대시絞待時[187] 혹은 교형絞形[188]에 해당하는 중죄였으나, 대

---

185) 『태조실록』 권8, 4년 12월 29일.
186) 『연산군일기』 권51, 9년 11월 13일.
187) 교대시絞待時 : 사형을 집행할 때에 가벼운 죄는 춘분春分에서 추분秋分까지 만물이 생장하는 시기를 피하여 처형處刑하
던 일.
188) 교형絞形 : 교수형絞首刑을 말함.

신들의 사죄死罪로 논하는 것은 무거운 듯하다는 청으로 사형을 감면받았다.[189]

◆ 목멱산봉수군의 다른 역할

목멱산봉수군은 봉수에서 항상 수직하며 전봉에서 보내오는 신호를 받아 거화만 하는 것이 아니었다. 조선 후기 숙종조부터는 봉수 근처에서 억울함을 호소하고자 거짓으로 불을 올리는 자들이 있어 이를 예방하거나 체포하는 일도 봉수군의 역할이었다. 사례별로 소개하면, 숙종 27년(1701) 3월, "목멱산에 봉수를 맡은 자가 이미 불을 들었는데, 갑자기 봉대烽臺 밑에 두 사람이 불을 가지고 있는 것을 보고 놀라서 물어보니, 이는 청산현靑山縣의 기병騎兵 보인保人 서일립徐日立과 최여상崔余尙이었다. 이들이 말하기를, 원통한 정상이 있어서 조정에 호소하려고 감히 이런 일을 했다.고 하니, 병조에서 두 사람을 유사有司에게 내려보내 엄하게 핵실하여 죄를 정할 것을 청하니, 그대로 따랐다."[190]라고 한 내용이다. 이들은 조사 후에 효수 대신 먼 섬에 유배되었다.[191]

정조 7년(1783) 11월, 옥천沃川에 사는 유학幼學 정윤환鄭潤煥은 그의 조부 정시웅鄭時雄이 무신년[192]에 군공軍功이 있었는데도 상문上聞할 길이 없자 목멱산봉대 동쪽 근처에서 방화했다. 그리고 작은 종이 쪽지 한 장을 떨어뜨려 놓고서 도망가는 그를 봉수군과 금위영의 기수旗手가 쫓아가서 구억봉九嶷峯 근처에서 체포하였다.[193] 이 일로 정윤환은 형조의 청에 의해 대시待時하여 참형에 처

189) 『성종실록』 권165, 15년 4월 22일.
190) 『숙종실록』 권35, 27년 3월 8일.
191) 『숙종실록』 권35, 27년 3월 26일.
192) 무신년戊申年 : 영조 4년(1728). 이 해에 이인좌의 난이 있었다.
193) 『정조실록』 권16, 7년 11월 13일.

하는 것으로 방식이 정해져 임금이 윤허하였다.[194] 그러나, 이듬해 8월, 살려 주는 쪽으로 참작하여 석방되었다.[195]

　　정조 23년(1799) 8월 17일, 기록에는 목멱산봉수군이 도성 안을 보고 싶어 외남산으로부터 성을 넘어 오는 경상도 지리산 무지암無智菴 거주 승려를 붙잡기도 하였다. 국법에 원래 승려는 입성을 못하도록 엄하게 금지하고 있는데, 봉수군이 붙잡은 승려는 도성의 담을 몰래 넘었기에 엄하게 곤장을 맞고 형조로 넘겨졌다.[196]

순조 13년(1813) 11월 9일, 인정人定[197]에는 목멱산봉수군이 전라도 능주에 사는 김엇출金旕出이 봉대 경계 표시를 한 안에 한 줌의 마른 풀[枯草]을 들고, 막 불을 놓을 상황에서 붙잡아 포도청으로 넘겨지기도 하였다.[198]

　　헌종 6년(1840) 8월에는 밤 3경쯤에 목멱산봉수군이 경상도 의령현에 사는 조이趙召史[199]가 원한이 있다는 핑계로 봉대 표시를 만들어 놓은 경계 안에 한 줌의 마른 풀을 들고 와서, 막 불을 놓으려 할 즈음에 붙잡았다. 이일로 조소이는 엄한 형을 한 차례 받고 석방되었으며, 해당 봉수장과 봉졸은 수직을 근면하게 하지 않았다 하여 병조에서 엄한 곤장으로 징계를 받았다.[200]

---

194) 『일성록』 정조 7년 12월 10일.

195) 『審理錄』 卷9, 京 癸卯1, 南部鄭潤煥獄.

196) 『승정원일기』 정조 23년 8월 17일.

197) 인정人定 : 밤 10시.

198) 『승정원일기』 순조 13년 11월 9일.

199) 조조이趙召史 : 평민의 여자를 부르는 말. 조씨여자

200) 『승정원일기』 헌종 6년 8월 30일.

◆ 임압臨壓[201]의 장소

봉수가 위치한 목멱산은 임압의 장소로 일반 백성이 산에 올라가 궁궐을 내려다보는 것이 금지되었다. 연산군 8년(1502) 10월 21일, 초동樵童[202] 5, 6명이 목멱산 마루에 올라 바라보는 것을, 왕이 보고 쫓아가 붙잡게 하고 연행連行되어 온 사람 수십 명을 모두 아주 심하게 곤장을 쳤다. 왕이 음탕한 놀이를 무도하게 하고, 혹은 불시로 나인들을 뒷뜰에 모아서 미친듯이 노래를 부르고 난잡하게 춤을 추는 것을 날마다 즐거움으로 삼으면서 바깥 사람들이 이를 알까 염려하기 때문에, 임압에 대한 금지가 더욱 엄하여져서 산 아래 인가를 허는 데까지 이르렀다.[203]

◆ 각종 국가 제사의 장소

● 도성 축조와 수축

목멱산에서는 건국초부터 조선 전全 기간 다양한 성격의 제사가 거행되었다. 이를 성격별로 소개하면 태조 3년(1394) 12월 3일, 왕도 공사의 시작에 앞서서는 참찬문하부사 김입견金立堅을 보내어 목멱산의 신령외에 백악白岳과 한강과 양진楊津 신령이며 여러 물귀신에게 고유하게 하였다.[204]

　　세종 4년(1422) 1월 14일, 도성을 수축하는 일로써 목멱산과 백악의 산신에게 제사 지내어 알렸다.[205] 같은 왕 9년(1427) 6월 11일에는 삼각산과 목멱산

---

201) 임압臨壓 : 산 끝머리로, 이곳을 누르면 산의 정기가 꺾인다는 풍수설이 있음.
202) 초동樵童 : 땔나무를 하는 아이.
203) 『연산군일기』 권46, 8년 10월 21일.
204) 『태조실록』 권6, 3년 12월 3일.
205) 『세종실록』 권15, 4년 1월 14일.

에 무당巫堂을 보내어 비[雨]를 빌었다.[206]

● 왕실의 질병 치료 기원

문종 2년(1452) 5월 5일, 임금의 병환이 낫지 않으므로, 종묘宗廟·사직社稷·소격
전昭格殿과 삼각산·백악·목멱산의 신에게 기도하였다.[207] 예종 또한 족질足疾이
있어 오래도록 낫지 않자 1년(1469) 1월 6일, 목멱산과 백악산·한강·원각사圓覺
寺·복세암福世菴 등에 기도祈禱하게 하였다.[208] 성종 8년(1477) 2월 21일에는 원
자元子의 질병疾病으로 인하여 종묘·사직·소격서와 삼각산·백악산·목멱산 등
여러 산에 기도하도록 명하였다.[209]

　　왕실의 질병 치료를 기원하는 기도를 지낼 때에는 희생犧牲[210]을 바치고 제
문祭文을 지어 올렸다. 다음은 장유張維(1587~1638)의 자성전하慈聖殿下[211] 위독
시 올린 기도문이다.

　　三角白岳木覓祈禱文(삼각산과 백악산과 목멱산에 기도를 올린 글)
　　藩都配德　한양 수도에서 각자의 덕 발휘하며
　　赫赫厥靈　신령스런 그 힘 빛나고 빛나기에
　　國有大災　나라에 큰 재앙 일어날 때면
　　靡愛斯牲　온갖 제물 아끼지 않아 왔지요

---

206) 『세종실록』 권36, 9년 6월 11일.
207) 『문종실록』 권13, 2년 5월 5일.
208) 『예종실록』 권3, 1년 1월 6일.
209) 『성종실록』 권76, 8년 2월 21일.
210) 희생犧牲 : 국가에서 행하는 묘廟·사社 등의 제사지낼 때에 바치는 짐승. 소·양·돼지를 말함. 제사를 지낼 적에 짐승의
　　창자 사이에 있는 피[脺膋]를 난도鸞刀로 취하여 제수로 올렸다.
211) 자성전하慈聖殿下 : 왕조체제에서 전왕의 왕비이며 현왕의 어머니인 여성을 높여서 부르던 왕실호칭. 자전·자성.

慈聖疾篤　자성전하 환후 위독하시어
中外遑遑　서울과 지방 모두 황급해하니
願賜陰騭　원컨대 음덕을 내려 주시어
亟躋平康　속히 건강 되찾게 하여 주소서

● 기우제祈雨祭

기우제는 조선 건축초부터 철종대까지 행해졌다. 숙종 30년⁽¹⁷⁰⁴⁾ 6월, 예조 판서 민진후閔鎭厚가 일찍이 기우제의 차례가 착란錯亂되었으므로, 마땅히 바로잡아야 한다고 청하였다. 이에 임금이 대신에게 의논하여 개정하라 명하여 총 12차의 기우제 차례가 개정되었다.[212] 이외 『은대조례』에 "기우제는 하지夏至 이후에 예조에서 임금에게 여쭈어 2일씩 간격을 두어 거행하되,(임금의 특별 지시나 묘당의 계사啓辭가 있을 경우에는 하지 이전이라도 거행한다.) 임금의 특별 지시에 따라 별도의 기우제를 거행하는 경우는 이 차수次數에 포함시키지 않는다."[213]라고 하였으며 모두 12차례에 거쳐 시행되었다. 이때 각 차례별로 품관品官을 차별하여 직접 거행하게 하였다. 목멱산에서의 기우제는 "삼각산三角山‧ 한강단漢江壇"과 함께 가장 먼저 1차로 거행되었다. 이후 2차에서 5차까지의 기우제가 효험이 없을 때 다시 6차 거행하되 한강단에서의 침호두沈虎頭[214]는 근시近侍를 보내어 거행하였다. 이를 표로 정리하면 다음과 같다.

---

212) 『숙종실록』 권39, 30년 6월 26일.
213) 『銀臺條例』 18, 祈告祭.
214) 침호두沈虎頭 : 기우제祈雨祭를 지낼 때 범의 머리[虎頭] 모양을 만들어 용산강龍山江에 잠그는 것을 말함.

[표] 『은대조례』의 기고제

연번	장소	품관	비고
1차	三角山, 木覓山, 漢江壇	堂下 3품	
2차	龍山江, 楮子島	從2품	
3차	南壇, 雩祀壇	從2품	
4차	北郊 / 社稷	從2품 / 正2품	
5차	宗廟	正2품	
6차	三角山, 木覓山 / 漢江壇	堂下 3품 / 近侍	한강단에서의 沈虎頭는 근시를 보내어 거행
7차	龍山江, 楮子島	正2품	
8차	南壇, 雩祀壇	正2품	
9차	北郊 / 慕華館의 못가	正2품 / 武官 從2품, 蜥蜴童子	
10차	社稷	議政	
11차	宗廟	議政	
12차	五方士龍祭	堂下 3품	

　　실록의 기우제 관련 최초 기록은 태조 3년(1394) 5월 6일, "한재旱災 때문에 종묘와 사직에 비 오기를 빌었다."215)라고 한 내용이다. 이후 목멱산에서의 기우제 거행은 태종 8년(1408) 5월 22일, "백악·목멱·한강의 신에게 비[雨]를 빌고, 각전各殿으로 공상供上하는 약주藥酒를 정지하였다."216)라고 한 내용이 최초이다.

　　선조 39년(1606) 5월에는 가뭄이 극심하여, 예조에서 "시냇물이 고갈되어 한전旱田은 말할 것 없고 수전水田까지 모두 거북이 등처럼 갈라졌는데도 비올 조짐이 없습니다. 계속 이대로 간다면 추수를 바라기 어려우니, 백성들의 사정이 민망합니다. 첫번 기우제를 삼각산·목멱산·한강·풍운뇌우·산천우사 등처에 예문禮文에 의하여 날짜를 가리지 말고 오는 17일에 비를 빌되 비가 올 때까

---

215) 『태조실록』 권5, 3년 5월 6일.
216) 『태종실록』 권15, 8년 5월 22일.

지 하게 하는 것이 어떻겠습니까?"[217] 하여 비가 올 때까지 기우제를 거행할 것을 청하니 임금이 윤허하였다. 이긍익李肯翊(1736~1806)의 『연려실기술燃藜室記述』에 "현종 원년(1660) 7월에는 심한 가뭄이 계속되었다. 나라 제도에는, 입추 후에는 비를 비는 일이 없었으나. 이에 이르러서는 특별히 기우제를 거행하였다."라고 하였다.[218]

그리고 기우제를 지내어 비가 내리면 담당 제관들에게 활과 말 등을 내렸다. 영조 9년(1733) 5월, "이때에 오랫동안 가물었는데 삼각산·목멱산·한강에 기우제를 지내어 비가 조금 내렸으므로 임금이 제관祭官들에게 차등있게 활과 말을 내렸다."라고 한 내용이 있다.

이뿐만 아니라 기우제를 지낸 뒤 그에 상응하는 효과가 있으면 보사제報謝祭를 설행했다. 이긍익은 『연려실기술』에서 "기우제는 날을 가려서 지내지 않았다. 그러나 감응이 있으면 입추 후에 사례하는 보사報祀를 지냈다."[219] 라고 하였다.

고종 8년(1871) 6월 7일, 예조가 아뢰기를, "기우제를 두 번 거행하였는데 응험이 빠르게 나타나 단비가 두루 적셔주었으니, 농사 일을 위해 크게 위로되는바 백성의 일을 생각할 때 실로 너무나 다행스럽습니다. 기우제를 규례대로 정지하고 보사제報謝祭를 지내야 할 것이니 --(중략)-- 삼각산, 목멱산, 한강의 보사제를 일체로 설행하는 것이 어떻겠습니까?"[220] 하니, 윤허한다고 전교하였다.

---

217) 『선조실록』 권199, 39년 5월 14일.
218) 『연려실기술』 별집 권4, 사전전고 제단.
219) 『연려실기술』 별집 권4, 사전전고 제단.
220) 『승정원일기』, 고종 8년 6월 7일.

기우제를 지낼 때에는 희생을 바치고 제문을 지어 올렸다. 다음은 신익전 申翊全(1605~1660)이 지은 목멱산에 올리는 기우제문이다.

祈雨祭文(기우제문)

神之明矣	신령은 밝으시고
宅之厚矣	잡은 자리 두터우니
禱應之異	빌면 응하는 신이한 일을
捨斯奚企	이곳 말고 어디서 기대하랴
凄風自西	서쪽에서 찬바람 불어와
疇坼如龜	밭이 거북등처럼 갈라졌네
收成難望	추수를 기대하기 어려워
下民其咨	백성은 탄식한다네
仍歲大無	여러 해 큰 흉년 겹치니
豈予誠薄	아마도 내 정성 부족해서이리
虔禮用牲	삼가 희생 바쳐 제사 지내나니
冀潤枯涸	마른 땅 적셔주기 바라나이다

이상은 목멱산이다.

(『東江遺集』卷15, 應製錄)

정조 6년(1782) 가뭄시에는 임금이 직접 제문을 지어 올렸는데 다음과 같다.

祈雨祭文(기우제문) 임인년

有山惟截	목멱산木覓山 깎아지른 듯하여
邦人所瞻	나라 사람들 모두 우러러보는 바인데
相彼朝隮	저 남산에 구름 기운이 오름을 보니

膏澤是占　만물을 기름지게 적실 것을 점쳤네

胡玆苦旱　어찌 이에 몹시도 가뭄이 들었던가

尙靳嘉惠　오히려 아름다운 은혜를 바라네

縱予不德　비록 나는 부덕하나

民則奚戾　백성이야 무슨 잘못이리오

我麥旣瘁　우리 모맥은 이미 시들고

我苗則枯　우리 싹들은 곧 메말랐으니

救焚之急　불타는 것을 구하는 다급함이

晷刻是須　해시계의 시각이 움직이는 잠시일세

默禱靡應　묵묵히 비는데 응함이 없어

昭祀以籲　밝게 제사드려 호소하나니

一霈其亟　한줄기 시원스러운 비를 빨리 내려

八域孔溥　팔방의 땅을 매우 널리 적시소서

이상은 목멱산(木覓山)에 고한 것임.

(『弘齋全書』卷19, 祭文 1)

　　다음은 이만도李晩燾(1842~1910)가 지은 목멱산에 기우제를 지낸 뒤 보사제報謝祭때 올린 축문이다.

　　祈雨後報謝祭祝文(기우제를 지낸 뒤 보사제에 올리는 축문)

信彼南山　실로 저 남산은

靈應載隆　영험한 보답이 융숭하네

實賴生物　그 덕에 만물 살아났으니

敢曰誠通　정성이 통했다 감히 말하노라

三農始洽　삼농이 비로소 흡족하고

民庶大同 백성들 크게 행복하네
茲將報儀 이에 보사의 의례 올리기를
庸倣升中 승중과 같이 하네
위는 목멱산木覓山에 올리는 보사제 축문이다.

(『香山集』卷11, 祝文)

● 기설제祈雪祭

앞의 기우제와는 달리 거행시기도 늦고 횟수도 적었지만 목멱산에서의 기설제도 행해졌다. 눈[雪]이 와야 할 시기에 눈이 오지 않는 것도 천재라고 믿어, 음력 11월과 12월에 기설제를 지냈다. 주로 겨울 밭작물인 보리·밀의 생장과 관련이 있다. 『은대조례銀臺條例』18, 기고제祈告祭에 "기설제는 납일臘日 이전까지 눈이 내리지 않으면 거행하되,(임금의 특별 지시나 묘당의 계사가 있을 경우에 거행한다. 1차와 종묘, 사직, 북교에 정2품을 보내어 거행한다. 2차를 남단, 우사단에는 정2품을 보내어 거행하고, 삼각산, 목멱산, 한강단에는 근시를 보내어 거행한다.) 차례대로 거행한다."라고 하였다.

실록의 기설제 관련 기록은 숙종 16년(1690) 12월 15일, "승지承旨·중신重臣을 풍운風雲·뇌우雷雨·산천山川·우사雩祀·삼각산·목멱산·백악산·한강 등에 나누어 보내어 기설제를 지내게 하였다."[221]라고 한 내용이 있다.

기설제를 지낼 때에는 희생을 바치고 제문을 지어 올렸다. 다음은 김창협金昌協, (1651~1708)의 나이 35세 때인 숙종 11년(1685) 11월, 왕명에 따라 지은 것으로 보이는 목멱산에 올리는 기설제문이다.

---

221) 『숙종실록』 권22, 16년 12월 15일.

祈雪祭文(기설제문)

國於山下	이 산 밑에 있는 도성
朝夕几案	조석으로 대하는데
薈蔚之隮	수목이 울창하고 구름이 피어나서
卽潤楠璞	가뭄이 들 적에도 촉촉히 적셔줬네
豈無羣望	다른 산 어찌 없으랴만
依仰最近	가장 가까이 의지하여
凡有災患	재앙이 올 적마다
輒控忱款	치성을 드렸다네
矧茲大饑	더구나 이 큰 기근
國命幾斷	국운 끊길 지경인데
嗣歲之憂	내년 근심 조짐이네
又兆冬旱	겨울 가뭄 들었으니
麥苟失登	보리농사 흉작되면
民死曷逭	백성 죽음 면하리까
三白之賜	부디 구름 일으키사
尙賴膚寸	삼백 상서 내리소서

위는 목멱산(木覓山)에 기원한 것이다.

(『農巖集』卷29, 祭文)

● 개천 준설제濬渫祭

개천을 준설할 때에도 목멱산에서 제사가 거행되었다. 고종 2년(1865) 3월 10일, 의정부가 아뢰기를, "이전 개천 준설시에는 매양 백악산과 목멱산 및 개천 신에게 치제하는 예가 있었습니다. 지금 또한 이에 의거하여 거행토록 분부하

는 것이 어떻겠습니까?" 하니, 임금이 윤허한다고 전교한 내용이 있다.[222]

● 난亂 중에 죽은 백성의 추모

목멱산의 제사는 임진왜란 중에도 거행되었다. 선조 26년(1593) 9월 11일, 임금이 전교하여 "경성의 백성 중에 왜적에게 죽은 자가 얼마나 많겠는가. 대가大駕가 경성에 들어가는 즉시 단壇을 설치하고 치제致祭하라. 그리고 옛날에는 나라에 큰일이 있으면 반드시 산천에 제사를 지냈었다. 이번에 왜구가 물러가고 대가가 경성으로 돌아가게 되었으니 향香을 내려 모든 명산名山·대천大川에 치제해야 한다. 그리고 도성에 들어가기 전에 관원을 보내어 국도國都의 삼각산·백악·목멱산·한강 등지의 신에게도 치제해야 한다. 또 경성으로 갈 적에 건너는 나루가 있으면 삭시진朔時津의 예에 따라 치제할 것을 의논하여 아뢰도록 예조에 이르라."[223]고 하였다.

◆ 억울함 호소의 장소

조선 후기에 목멱산은 일반 백성이 억울함을 호소하고자 봉화를 들거나 봉수 근처에서 방화放火를 시도하는 일이 잦았다. 억울함을 호소하는 이들은 도성 백성뿐만 아니라 지방의 백성들도 상경하여 방화를 시도하다 체포되었다.

사례별로 정조 6년(1782) 10월에는 함창현咸昌縣 황하윤黃河潤이 산송山訟에 대한 억울함을 호소하기 위해 목멱산 잠두蠶頭에서 불을 지폈다가 체포되어 포도청에 이송되었다.[224] 같은 왕 7년(1783) 3월에는 보은의 동몽童蒙 안월성安月城

---

222) 『승정원일기』, 고종 2년 3월 10일.
223) 『선조실록』 권42, 26년 9월 11일.
224) 『일성록』 정조 6년, 10월 29일.

이 잠두에 불을 질렀다. 금위영에서 그를 백사장에다 효시梟示하자고 청하였으나, 임금이 "국법이 엄중하기는 하나, 아무것도 모르는 어리석은 백성이 모르고 망령되이 저지른 것이니, 지금 극형을 시행하더라도 어떻게 후일의 폐단을 막을 수 있겠는가? 포도청으로 하여금 처리하게 하라."[225] 하여 안월성은 효시를 면하고 신문 후 귀양조치되었다.

고종 15년(1878) 6월, 김영진金永振은 잠두에서 거화擧火하여 사적인 감정으로 심한 형장刑杖을 가하여 지아비 김학현金鶴鉉을 죽게 한 암행어사 이건창李建昌의 행위를 호소하였을 때는 임금이 "암행어사로서 사적인 감정을 가지고 사람을 죽였으니, 이미 놀랍고도 통탄스러운 일이다. 더구나 아무 죄도 없는 사자士子임에 있어서랴. 이 일은 심상하게 처리해서는 안 되니, 이건창을 극변極邊에 멀리 귀양보내도록 하라."[226]고 하였다. 같은 왕 20년(1883) 9월, 서부西部 유학幼學 윤성보尹性普가 그의 삼촌을 위해 억울함을 호소하고자 원정原情[227]을 가지고 잠두蠶頭 근처에서 횃불을 올렸다가 금송군禁松軍에 잡혔다. 이에 형조에서 임금에게 "장杖 1백을 친 뒤 충청도 임천군에 도형徒刑[228] 3년으로 배소를 정해 즉시 압송하겠습니다."라고 하였으나, 임금이 특별히 풀어 주라 하였다.[229]

이렇듯 목멱산에서의 거짓 봉화 올리는 것은 국가에서 법으로 엄하게 금지하였음에도 숙종조 이후 고종대까지 간헐적으로 지속되었다. 그리고 고종 32년(1895) 5월, 봉수제가 최종 폐지되었음에도 일반 백성들에 의한 목멱산에서

---

225) 『정조실록』 권15, 7년 3월 12일.

226) 『승정원일기』 고종 15년 6월 20일.

227) 원정原情 : 일반 백성이 원통한 일, 억울한 일을 국왕 또는 관부에 호소하는 문서.

228) 도형徒刑 : 먼 지방에 보내 강제 노역을 시키는 것.

229) 『秋曹決獄錄』 卷35.

의 거화는 계속되었다. 이를 소개하면 다음과 같다.

광무 4년(1900) 2월, 전주에 사는 오문선吳門善이 원한이 있다고 하여 남산 봉대에 올라 막 횃불을 올리려고 하다가 경무청에 체포됐다.[230] 같은 해 5월 22일, 은산에 사는 장조이張召史가 명원鳴寃이 있다하여 남산에서 거화하다 체포되어 압교押交 되었다.[231] 같은 해 6월에는 통천인 이봉림이 명원鳴寃이 있다하여 상언上言을 소지하고 남산에서 거화하다 현착現捉되어 압교押交 되었다.[232] 서천인 조동운趙東運이 억울함을 호소한다며 상언장上言狀을 소지하고 잠두에서 거화하여 남서에서 체포하여 압교되었다.[233] 연안인 정창섭鄭昌燮이 억울함을 호소한다며 정원장情寃狀을 소지하고 남산에서 거화하여 남서에서 체포하여 압교되었다.[234] 6월 24일 밤에는 광주인廣州人 신팔성申八成이 기근飢饉을 견딜 수 없어 병정兵丁에 충원되고자 남산에서 거화하여 남서에서 붙잡아 압상押上되었다.[235] 같은 해 7월, 장단인 이병훈李炳薰이 억울함을 호소한다며 원장原狀을 소지하고 밤중에 남산에서 거화하는 것을 남서에서 체포하여 압교되었다.[236] 같은 해 8월, 광주인廣州人 석필복昔必復이 억울함을 호소한다며 상언장上言狀을 소지하고 남산 복천암福泉庵에서 거화하는 것을 남서에서 체포하여 압교되었다.[237] 같은 해 9월 17일 밤에는, 심교沈橋에 사는 정하경鄭河景이 정원장情原狀을 소지하고 남산에서 거화하여 남서 순검 백의용白儀鏞이 체포하여 압교되었

230) 『日新』 庚子 2月 23日.
231) 『司法稟報(乙)』 卷24, 65, 報告書 第18號.
232) 『司法稟報(乙)』 卷24, 84, 報告書 第21號.
233) 『來照』 卷1, 照會52, 第2號.
234) 『來照』 卷1, 照會59, 第6號.
235) 『來照』 卷1, 照會58, 第5號.
236) 『來照』 卷1, 照會68, 第8號.
237) 『來照』 卷1, 照會74, 第10號.

다.[238] 같은 해 12월 21일 밤 12시, 청주인 송준섭宋俊燮이 억울함을 호소한다며 상언장上言狀을 소지하고 남산에서 거화하다 순검에게 붙잡혀 압교되었다.[239]

광무 5년(1901) 5월, 포천인抱川人 이태식李泰植이 원통한 일이 있다며 상언장上言狀을 소지하고 남산에 올라 거화하여 체포되었다.[240] 같은 해 6월, 죽산인竹山仁 이용옥李容鋈이 홍릉에서 통곡하고 서울로 와 남산에서 거화하여 상소하려다 체포되어 법에 따라 태笞 100에 처해졌다.[241] 같은 해 6월, 농부 송응모宋應模는 가난하여 서울로 올라와 있을 곳이 없어 남산에 거화하여 상소하기를 바라다가 체포되었는데 법에 따라 태笞 100에 처해졌다.[242] 같은 해 7월, 합천 윤일교尹一佼가 상언장上言狀을 소지하고 원통한 일이 있다하며 남산에서 거화하여 체포됐다.[243] 이후 윤일교 거화건은 이인재가 소나무를 베어 팔고 백성의 재물을 토색한 것으로 드러났다. 이에 이인재는 함남재판소의 판결에 따라 옥에 갇히고 토색한 돈은 백성에게 돌려주었으며 소나무를 판 죄상은 법에 따라 처벌받았다.[244] 같은 해 7월, 영흥永興 사람 강진규姜鎭奎가 원장原狀을 소지하고 원통한 일이 있다고 남산봉수에서 거화하고자 할 때는 순검巡檢 조중덕趙重德이 붙잡아 행하지 못하였다.[245]

광무 6년(1902) 9월, 경상도 성주군민 김기준金基俊이 호소장呼訴狀을 소지하고 억울함을 호소하며 남산봉화에서 봉화를 올리려다가 순검에게 체포됐

---

238) 『來照』 卷1, 照會90, 第16號.
239) 『來照』 卷1, 照會115, 第21號.
240) 『來照』 卷2, 照會58, 第27號.
241) 『司法稟報(乙)』 卷29, 135, 報告書 第136號.
242) 『司法稟報(乙)』 卷29, 136, 報告書 第137號.
243) 『來照』 卷3, 照會16, 第39號.
244) 『司法稟報(乙)』 卷30, 47, 報告書 第181號.
245) 『來照』 卷3, 照會17, 第41號.

다.[246] 같은 해 10월, 인동군민 장태안張泰安은 호소장을 소지하고 억울함을 호소하며 내남산 잠두에서 봉화를 올리려다 순검에게 체포됐다.[247] 이후 조사를 통해 인동군에서 이역吏役을 거행하는 장태안이 은결을 고발하려고 하나 세력 있는 이속이 계속 방해하므로 직소하고자 남산에서 거화를 시도한 사건으로 결국 태 80에 처해졌다.[248]

광무 7년(1903) 2월, 평안도 구성군 거주 최치용崔致庸은 아버지 최계진이 태형을 받고 죽었다며 상소하였는데 신원伸冤을 얻지 못하자 남산에서 거화 하였으나, 태 80에 처해졌다.[249] 같은 해 6월, 함경남도 북청군민 이영실李英實은 군수 강홍도康洪道가 부임한 이래 악덕 순교巡敎 최진환崔鎭煥을 심복으로 삼아 수탈을 일삼고 민인들의 고혈을 짜냈음을 호소하고자 봉화를 올린 후 체포되었다.[250] 이 건은 이후 조사를 통해 수령을 고소할 때에는 정해진 법률에 따라야 하는데, 법으로 금지하고 있는 거화를 행하였으므로 태 100에 직역 3년형에 처해졌다.[251] 같은 해 7월, 박용준은 중추원에서 일한 임금을 받지 못한 것에 원한을 품고 남산에서 봉화를 올리려다 체포되어 태笞 40에 처해졌다.[252] 같은 해 8월 31일, 밤에 청도인 김용철金容徹, 서산인 김순두金順斗·김창후金昌厚 등은 명원장鳴冤狀을 소지하고 내남산봉수에서 불을 올려 남서 순산순검에게 체포됐다.[253] 같은 해 11월, 김광두는 조카 김용수가 종실의 재산을 노리기에 억울함을

246) 『各部府院照會照覆』 卷1, 56, 照會 第6號.
247) 『各部府院照會照覆』 卷1, 70, 照會 第8號.
248) 『司法稟報(乙)』 卷35, 96, 報告書 第193號.
249) 『司法稟報(乙)』 卷37, 22, 報告書 第129號.
250) 『訓指起案』 卷9, 112, 起案 第68號.
251) 『司法稟報(乙)』 卷40, 7, 報告書 第99號.
252) 『司法稟報(乙)』 卷40, 1, 報告書 第81號.
253) 『照牒』 卷1, 50, 照會 第8號.

목멱산봉수 일제강점기 사진

호소하고자 남산봉화에서 거화 후 체포되었으나 진술이 허위로 드러났음에도 연로함을 이유로 방면됐다.[254]

광무 8년(1904) 2월, 경상도 상주의 박명하朴明夏가 영남 각 군의 부세賦稅가 무거움을 호소하고자 내남산에서 봉화를 피워 부상負商에게 잡혔다.[255]

광무 9년(1905) 3월, 금천金川에 거주하는 이씨 성의 여자가 언문諺文의 명원장鳴寃狀 2장을 소지하고 내남산봉화에 불을 피워 남서南署 순산巡山 순검에게 체포됐다.[256] 같은 해 2월 27일, 밤에는 경상북도 영덕군에 거주하는 백중익白重

254) 『各部府院照會照覆』 卷1, 56, 照會 第6號.
255) 『來照』 卷4, 8, 通牒 第1號. 반면, 『訓指起案』 卷11, 26에는 박명하가 상주의 남산에서 봉화를 피웠다가 보부상들에게 잡혀 서울로 압송된 것으로 기록되어 있다.
256) 『司法稟報(乙)』 卷41, 1, 報告書 第163號.

목멱산봉수 외부에서 본 모습

益과 고령군에 거주하는 김기화金基華가 관찰사 장승원張承遠이 부임한지 5개월에 잘 다스렸으나 빨리 체임遞任된 것이 억울해 유임을 청원하기 위해 원유장願留狀 3도度를 소지하고 내남산봉화에 불을 피워 남서南署 순산巡山 순검에게 체포되었다.[257]

이상으로 목멱산봉수와 근처에서의 거짓 봉화 올리는 것은 국초부터 법전에 엄하게 금지되어 있음에도 숙종대부터 고종 32년 5월, 봉수제의 최종 폐봉 이후에도 지속되었다. 이들은 봉수군의 근무가 허술한 틈을 타서 직접 방화하거나 혹은 방화를 시도하다 체포되었다. 방화 사유는 '억울함의 호소·조부의

---

257) 『照牒』 卷1, 通牒34, 第2號.

군공 청원·부父의 억울한 죽음·기근으로 인한 병정 충원·거처마련 호소·군수의 착취·임금체불·부세의 과중' 등 다양하였다. 특이한 사례로 선정을 베푼 관찰사의 유임을 청원하기 위하여 방화를 시도하기도 하였다. 이들은 억울함의 호소가 목적이었기에 방화나 시도 시 달아나지 않고 현장에 있다가 봉수군과 금위영 기수, 금송군, 남서南署의 순산 순검巡山巡檢 등에 즉시 체포되었다. 그리고 포도청과 남서에 이송되어 조사 후 법에 규정된 사형이나 효시를 면하는 대신 절도 유배나 태형笞刑, 도형徒刑 후 석방되었다. 특이하게 광무 8년(1904) 2월, 내남산에서 거화한 상주인 박명화는 부상負商이 체포한 사례이다.

지금까지 소개한 것을 표로 정리하면 다음과 같다.

[표] 목멱산봉수에서의 위거

연번	위거 일시	위거 장소	위거인	위거 사유	체포자	처분
1	숙종27년 3월	목멱산봉대	청산현 기병 보인서 일립·최여상	鳴冤	목멱산 봉수군	유배(絕島)
2	정조6년 10월	목멱산 잠두	함창현 황하윤	山訟	?	포도청 이송
3	정조7년 3월	잠두	보은 동몽 안월성	?	?	귀양
4	정조7년 11월	목멱산봉대 동쪽 근처	옥천 유학 정윤환	조부의 무신년 군공 청원	목멱산봉수군, 금위영 기수	석방
5	순조13년11월	목멱산봉수 금표 내	능주 김엇출	?	목멱산 봉수군	포도청 이송
6	헌종6년 8월	목멱산봉수 금표 내	의령현 조소이	鳴冤	목멱산 봉수군	엄형 후 석방
7	고종15년 6월	잠두	김영진	부의 冤死	?	?
8	고종20년 9월	잠두 근처	서부 유학 윤성보	삼촌의 冤 호소	禁松軍	석방
9	광무4년 2월	남산봉대	전주 오문선	冤 호소	경무청	?
10	광무4년 5월	남산	은산 장조이	鳴冤	?	押交
11	광무4년 6월	남산	통천인 이봉림	鳴冤	?	押交
12	광무4년 6월	잠두	서천인 조동운	鳴冤	?	押交
13	광무4년 6월	남산	연안인 정창섭	鳴冤	남서	押交

연번	위거 일시	위거 장소	위거인	위거 사유	체포자	처분
14	광무4년 6월	남산	廣州人 신팔성	기근으로 인한 兵丁 충원	남서	押上
15	광무4년 7월	남산	장단인 이병훈	鳴寃	남서	押交
16	광무4년 8월	남산 복천암	廣州人 석필복	鳴寃	남서	押交
17	광무4년 9월	남산	심교 정하경	鳴寃	남서 순검	押交
18	광무4년 12월	남산	청주인 송준섭	鳴寃	남서 순검	押交
19	광무5년 5월	남산	포천인 이태식	寃 호소	?	?
20	광무5년 6월	남산	죽산인 이용옥	鳴寃	?	笞100
21	광무5년 6월	남산	농부 송응모	거처마련 호소	?	笞100
22	광무5년 7월	남산	합천 윤일교	鳴寃	?	?
23	광무5년 7월	남산봉수	영흥인 강진규	鳴寃	남서 순검	?
24	광무6년 9월	남산봉화	성주군민 김기준	寃 호소	남서 순검	?
25	광무6년 10월	내남산 잠두	인동군민 장태안	寃 호소	남서 순검	笞 80
26	광무7년 2월	남산	구성인 최치용	부의 寃死	?	笞 80
27	광무7년 6월	남산	북청군민 이영실	군수의 착취	?	笞100, 徒3년
28	광무7년 7월	남산	박용준	임금체불	?	笞 40
29	광무7년 8월	내남산봉수	청도인 김용철 서산인 김순두	鳴寃	순산순검	?
30	광무7년 11월	남산봉화	김광두	조카의 비리	?	방면(年老)
31	광무8년 2월	내남산	상주 박명하	賦稅의 과중	負商	?
32	광무9년 3월	내남산봉화	금천 이씨여	鳴寃	순산순검	?
33	광무9년 2월	내남산봉화	영덕군 백중익 고령군 김기화	선정 베푼 관찰사의 유임 청원	순산순검	?

◆ 목멱산 관련 시詩

조선시대 저명한 문인들이 남긴 문집에는 사서에 없는 목멱산과 봉수 관련 다양한 내용을 다수 접할 수 있다. 이중 대표적인 몇 가지를 연도순으로 소개하면 다음과 같다. 첫째, 본관이 안동安東, 자가 장중章仲이고 호는 송암松巖인 권호문權好文(1532~1587)의 남산봉화를 읊은 시이다.

靑城雜題(청성잡제)

4

入眼南山上上峯　남산의 가장 높은 봉우리를 쳐다보니
宵烽一點有無中　밤에 오른 봉화 하나 있는 듯 없는 듯
看來每喜邊城靜　볼 때마다 변방성이 조용하여 늘 기쁘니
林下空將祝四聰　숲 아래에서 공연히 사총을 축원하네
南山烽火(남산의 봉화를 읊은 것이다.)

(『松巖先生別集』 卷1, 詩)

　둘째, 본관이 흥해興海, 자가 여우汝友이고 호는 임연재臨淵齋인 배삼익裵三益
(1534~1588)의 '한성팔영漢城八詠' 중 목멱봉화 시이다.

木覓烽火(목멱봉화)

蒼翠終南擁夾城　푸른 남산 한성을 껴안았는데
峯頭點點夕烽明　봉우리에선 점점이 저녁 봉화 밝히네
休言萬里關山遠　만 리 변방이 멀다고 하지 말게
卻報三邊海戍聲　바다와 변방 소식 금세 전해준다네
會見殊方爭獻物　먼 지방 다투어 공물을 바쳐오니
良由聖主聿推誠　진실로 우리 임금님 은혜로세
寒窓坐對無餘事　창가에 한가로이 마주 앉아
自詠新詩賀太平　시 읊으며 태평을 치하하네

(『臨淵齋集』 卷2, 詩 漢城八詠)

　셋째, 본관이 덕수德水, 자가 여고汝固이고 자호는 택당澤堂인 이식李植
(1584~1647)의 봉화 시이다.

烽火行(봉화행)

日夕見烽火	초저녁 무렵이면 보이는 봉화
烽火通長安	각처의 봉화 장안으로 통하나니
長安西掖垣	장안의 서쪽 조정의 중추 기관
前對終南山	종남산(봉수)를 눈앞에 대하다가
平安一炬近臣報	평안화 횃불 하나 시종신이 보고하면
禁鼓初聞煙樹間	궁궐의 초고初鼓 소리 내 긴 숲 새에 들리도다
燦爛遙侵朱雀桁	찬란한 빛 저 멀리서 주작항을 침노하고
晶熒欲射蒼龍膀	번쩍번쩍 창룡성을 향해서 내쏘는 듯
玉堂金闕鳳城內	봉황성 안의 옥당과 금궐
朱樓繡闥紅塵上	번화한 거리 위의 주루와 수달
此地望烽火	이곳에서 봉화 바라본다면
烽火亦可悅	봉화도 즐겁게 감상할 수 있으리라
白日西傾明月出	서산에 해 기울고 밝은 달 나올 무렵
羅帷寶帳情儂設	화려한 비단 장막 정든 님 드리울 때
豈知黃雲海戍寒	어찌 알랴 누런 구름 바닷가 찬 수루(戍壘)에
行人夜夜心腸絶	밤마다 군사들 간장 에이는 줄을
邊風朔雪少光輝	햇빛도 뜸한 북변北邊의 바람과 눈
獵火漁燈共明滅	사냥군과 어부의 등불 깜박깜박 명멸할 뿐
水寨沈沈更鼓稀	적요한 수채 어쩌다 북 소리 시간 알려 주고
嚴霜一寸生鐵衣	한 치 두께 된서리 철갑옷에 묻어나네
君不見鰲山寨下寶河谷	그대는 보지 못하는가 오산채 아래 보하곡
雲頭一點如孤燭	구름머리 한 점 봉화 외로운 촛불과 같은 것을
壯士當歌慘不驕	장사들 노래해도 참담해 기운이 나지 않고
寒燐生郊山鬼哭	교외에 이는 도깨비불 산귀신 곡성 들리나니

年年烽火還相見　해가 바뀌어도 계속되는 봉화
空使香閨淚相續　부질없이 규방閨房의 눈물만 흐르게 하는구나

(『澤堂集』卷1, 詩)

넷째, 본관이 덕수德水, 자가 지국持國이고 호는 계곡谿谷인 장유張維 (1587~1638)의 장마를 읊은 시이다. 열흘 넘게 쏟아지는 비[雨]로 인해 남산(목멱산) 자락이 반이나 잠겼다는 내용이다. 이런 상황에서 봉수의 기능은 일시 정지되었을 것으로 여겨진다.

苦雨(장마)

三月旱猶可　석 달 가뭄은 그래도 견디지만
三日雨難堪　사흘만 비 내려도 감당하기 어려운데
況復更彌旬　더구나 열흘 넘게 쏟아지는 빗줄기
綠蘚生壁龕　벽장 속에까지 푸른 이끼 생겼구려
前宵挾雷風　간밤엔 천둥치고 바람이 불며
勢欲掀茅庵　초가집을 온통 들어 엎을 듯
朝來視天宇　아침녘에 일어나 하늘을 보니
雲物怒猶含　구름 속에 노기怒氣가 아직도 서려 있네
或傳行雨龍　누군가 전하기를 비 뿌리는 용 한 마리
近窟鷺江潭　노들나루 물속에 또아리 틀고 앉아
陰機入簸弄　음기를 발동하여 제멋대로 까불면서
潑水恣驕婪　거들먹거리며 물 끼얹고 있노라고
謠言亦可惡　유언流言이긴 하지만 가증스럽기 마찬가지
浸溜半終南　어느새 남산南山 자락 반이나 잠겼다네
便欲箋天公　문득 천제天帝에게 호소하고도 싶다마는
眞宰意難諳　주재자의 진정한 뜻 알기도 어려운 일

忽思征役子　불현듯 떠오르는 부역賦役하는 백성 모습
泥塗困負擔　진흙탕 길 메고 지고 고생들이 심할텐데
西窓露頂臥　창가에 편안히 누워 지내면서
優逸翻慙愍　느긋하게 보내다니 마냥 부끄럽소

다섯째, 본관이 경기도 파평坡平(파주)인 윤기尹愭(1741~1826)가 '영파정 10
경映波亭十景' 중 하나로 경성 남산의 저녁 봉화를 표현한 시이다.

南嶽夕烽(남산의 저녁 봉화)
紫閣蒼林昏後　붉은 누각 푸른 숲이 어두워진 뒤
小光殘點雲端　구름 가에 작은 불빛 점점이 켜지네
分明一二三四　하나 둘 셋 넷 또렷한 불빛
解報國家平安　나라의 평안을 알리는구나

（『無名子集』詩稿 册2, 詩 暎波亭十景）

여섯째, 윤기의 '만경재 10경萬景齋十景' 중 하나로 경성 종남산의 저녁 봉화
를 표현한 시이다.

右終南夕烽(종남산의 저녁 봉화)
層城隱見萬松巓　층층이 성 위로 소나무 머리 보이고
對闕南山應壽疆　대궐 앞 남산 남극성에 응하네
每夕明烽三四點　매일 저녁 오르는 3-4개 봉화
坐占邊警絶狼煙　변경의 소식 끊길까 조바심하네

（『無名子集』詩稿 册4, 詩 萬景齋十景）

일곱째, 본관이 여흥驪興, 자가 치교穉敎이고 호는 사애沙厓인 민주현閔冑顯, (1808~1882)의 시 '남산봉화' 이다.

南山烽火(남산의 봉화)
黃昏點點出頭紅　황혼에 점점이 산마루 붉으니,
認是邊烽報此中　변방에서 봉화 올린 것을 알겠구나.
恒如汐信初更到　늘 바다의 소식 초경[258]에 이르니,
還速郵傳萬里通　역참보다 빠르게 만 리에 통한다네.
昇平玉燭時無警　태평성대에 경보가 없을지라도,
豫備兵塵策不空　전쟁 없도록 빈틈없이 꾀해야지.
炬炬峯峯頃刻至　봉우리마다 횃불 경각[259]에 이르니,
九重坐按八方風　구중궁궐에서 천하를 살피도다.

(『沙厓集』卷2, 詩)

◆ 유구현황

현재 서울 남산 정상에는 세종 5년 남산 일원에 건립되었던 5개소의 봉수 중 제3봉화 훈도방薰陶坊 동원령터로 여겨지는 곳에 조선 후기 정조대 건립된 수원의 화성봉돈과 유사한 형태로 1993년 9월 20일 복원되었다.

◆ 찾아가는 길

서울시 일원 어디서나 바라보이는 남산 정상의 서울타워를 바라보고 가면 남산 정상 서울타워 북서쪽 방향에 봉수가 위치한다.

---

258) 초경初更 : 저녁 7시~9시.
259) 경각頃刻 : 눈 깜박할 사이. 극히 짧은 시간.

목멱산봉수 전경

목멱산봉수 옛 터

부록

■ 참고문헌

○ **사서**

- 『삼국사기』
- 『고려사절요』
- 『조선왕조실록』
- 『일성록』
- 『승정원일기』
- 『비변사등록』
- 『동사강목』(안정복, 1712~1791)
- 『연려실기술』(이긍익, 1736~1806)
- 『화성성역의궤』
- 『만기요람』(1808)
- 『은대조례』(1870)
- 『증보문헌비고』(1908)
- 『국조보감』(1909)
- 『각사등록』
- 『일신』(1898~1903)

○ **법제서**
- 『대명률직해』(1395)
- 『경국대전』(1485)
- 『대전후속록』(1698)
- 『속대전』(1745)
- 『대전통편』(1785)
- 『수교집록』
- 『사법품보』(1894~1907)
- 『내조』
- 『각부부원조회조복』
- 『조첩』

○ **지지**
- 『세종실록』지리지
- 『신증동국여지승람』
- 『동국여지지』
- 『여지도서』(1760)
- 『여도비지』(1849~1864)
- 『대동지지』(1862)
- 『가산군여지승람』(1759)
- 『강도지』(1696, 이형상:1653~1733).
- 『강화부지』(1783·1871)

- 『화성지』(1831)
- 『경기지』(1842)
- 『속수증보 강도지』(1870)
- 『경기읍지』(1871)
- 『기전영지』(1895)
- 『[기전]읍지』(1895)
- 『중정 남한지』
- 『양천현읍지』(1899)
- 『영종방영도지』
- 『충청도읍지』(1845)
- 『호서읍지』(1871)
- 『헌산지』(1760)
- 『청도군읍지』(1786)
- 『진보현읍지』(1786)
- 『경상도읍지』(1832)
- 『하양현지』(1834)
- 『영남읍지』(1871·1895)
- 『대구부사례』(1872)
- 『영남진지』(1895)
- 『연일군읍지』(1899)
- 『장기군읍지』(1899)
- 『호남읍지』(1871·1895)

- 『관북읍지』(1756)
- 『함경감영지』(1787)
- 『태천현읍지』(1834)
- 『선천읍지』(1854)
- 『관서읍지』(1872)
- 『관북읍지』(1872)
- 『관서진지』(1895)
- 『용만지』(1899)
- 『평산군지』(1925)

○ 문집
- 『목은집』(이색, 1328~1396)
- 『사가집』(서거, 1420~1488)
- 『십청집』(김세필, 1473~1533)
- 『입암집』(민제인, 1493~1549)
- 『이암유고』(송인, 1517~1584)
- 『송와잡설』(이기, 1522~1604)
- 『송암집』(권호문, 1532~1587)
- 『임연재집』(배삼익, 1534~1588)
- 『학봉집』(김성일, 1538~1593)
- 『남창잡고』(김현성, 1542~1621)
- 『상촌집』(신흠, 1566~1628)

- 『동계집』(정온, 1569~1641)
- 『옥담시집』(이응희, 1579~1651)
- 『택당집』(이식, 1584~1647)
- 『용주유고』(조경, 1586~1669)
- 『계곡집』(장유, 1587~1638)
- 『낙전당집』(신익성, 1588~1644)
- 『동주집』(이민구, 1589~1670)
- 『동강유집』(신익전, 1605~1660)
- 『서하집』(이민서, 1633~1688)
- 『규정집』(신후재, 1636~1699)
- 『유재집』(이현석, 1647~1703)
- 『농암집』(김창협, 1651~1708)
- 『검재집』(김유, 1653~1719)
- 『유하집』(홍세태, 1653~1725)
- 『성호사설』(이익, 1681~1763)
- 『강한집』(황경원, 1709~1787)
- 『번암집』(채제공, 1720~1799)
- 『이계외집』(홍양호, 1724~1802)
- 『존재집』(위백규, 1727~1798)
- 『무명자집』(윤기, 1741~1826)
- 『궁오집』(임천상, 1754~1822)
- 『존재집』(박윤묵, 1771~1849)

- 『관암전서』(홍경모, 1774~1851)
- 『홍재전서』(1799)
- 『사애집』(민주현, 1808~1882)
- 『임하필기』(이유원, 1814~1888)
- 『사미헌집』(정복추, 1815~1910)
- 『향산집』(이만도, 1842~1910)

○ 고도서
- 『정조병오소회등록』(1786)
- 『심리록』(1799)
- 『영총』(1804)
- 『추조결옥록』(1822~1893)
- 『의주』(1894~1895)

○ 고문서
- 『울산봉수별장차정첩』
- 『포천현감해유』(1871)

○ 고지도
- 『해동여지도』(1735)
- 『경기도지도』(18세기 중엽)

- 『해동지도』(18세기 중엽)
- 『팔도군현지도』(18세기 후반)
- 『조선후기 지방지도』(1872)

○ **논문**
- 김주홍,『경기지역의 봉수연구』, 상명대학교 석사학위논문, 2001.
  『조선시대의 내지봉수』, 충북대학교 박사학위논문, 2011.
- 홍성우,『조선시대 봉수대와 봉수군 연구』, 창원대학교 박사학위논문, 2021

○ **조사보고서**
- 경기도박물관,『평택 관방유적』(I), 1999.
- ----------,『도서해안지역 종합학술조사』(I), 2000.
- 경희대학교 중앙박물관,『화성시의 역사와 민속』, 1989.
- 국토문화재연구원,『김포 남산봉수 내 유적 시굴조사 약식보고서』, 2020.
- 대한불교조계종 문화유산발굴조사단,『강화의 문화유적』, 2002.
- 명지대학교 박물관,『시화지구 개발사업구역 지표조사』, 1988.
- 서울역사박물관,『남산 봉수대지 지표조사보고서』, 2007.
- ------------,『남산 봉수대지 발굴조사보고서』, 2009.
- 육군사관학교 육군박물관,『경기도 파주군 군사유적 지표조사 보고서』, 1994.
- ------------------,『경기도 포천군 군사유적 지표조사 보고서』, 1997.
- ------------------,『경기도 김포시 군사유적 지표조사 보고서』, 1998.
- --------------------,『강화군 군사유적 지표조사 보고서(상곽·봉수편)』, 2000.
- 인하대학교 박물관,『영종지역 군사시설 이전부지내 문화유적 지표조사 보

고서』, 2001.

- ----------------,『인천 축곶봉수 정밀지표조사 보고서』, 2004.
- 한강문화재연구원,『화성 봉수대 학술지표조사』, 2014.
- 한국문화재보호재단,『강화외성 지표조사 보고서』, 2006.
- 한국토지공사 토지박물관,『성남 천림산봉수 정밀지표조사보고서』, 2000.
- ------------------,『성남 천림산봉수 발굴조사보고서』, 2001.
- 한백문화재연구원,『포천 독산봉수지』, 2020.
- 한양대학교 박물관,『수안산성 지표조사보고서』, 1995.
- 한양문화재연구원,『용인 석성산성』, 2020.
- 한울문화재연구원,『강화 망산봉수유적』, 2013.

○ 단행본

- 김주홍,『조선시대 봉수연구』, 서경문화사, 2011.
- 충주대학교,『용인 석상산봉수 종합정비 기본계획』, 2009.
- 문화재청,『전국 봉수유적 기초학술조사』, 2015.

○ 日書

- 조선총독부,『조선보물고적조사자료』, 1942.

○ 기타

- 정선,『경교명승첩』.

■ 기전지역 기타 통신유적 목록

連番	名稱	位置	山名(m)	典據	現況	備考
1	서울 봉산	은평구	봉산(209)	N	연조 2기 복원	
2	서울 鳳啼山望臺	강서구	봉제산(117.3)	N	산정부 비석 입석	
3	서울 佛巖山烽火臺	노원구	불암산	N	헬기장	
4	서울 개웅산망대	구로구	개웅산(126)	N	개웅산공원 내 흔적 없음	
5	광주 망덕산망대	남한산성면	망덕산(498.9)	N	南漢山城 日 유리건판사진-수어장대 북측 망대로 소개	
6	안성 진재봉망대	안성시	진재봉, 진령봉	N		
7	안산 풍도 後望山望臺	단원구 풍도	후망산(176)			달리 호망산
8	화성 海望山望臺	비봉면	해망산(125.7)	N		
9	화성 烏頭山城望臺1(남쪽)	팔탄면	오두산(140.6)	한	원형	
10	화성 烏頭山城望臺2(북쪽)	팔탄면	오두산(140.6)	한		
11	양평 고동산망대	서종면	고동산(600)	D		
12	여주 봉우재망대	여주시	봉우재		흔적 없음	
13	여주 蓮臺山	여주·이천 경계	연대산(226.9)	N	흔적 없음	山祭 지냄
14	연천 訥木里望臺	전곡읍	410	육	望臺 1기	연천군 9기 망대 중 가장 온전
15	연천 두루봉망대	장남면	모래등(100)	육		임진강변
16	연천 干坡里望臺	전곡읍		육	군 벙커	
17	연천 峨嵋里望臺	미산면 아미리	140m	육	토·석 원형 望臺 1기	임진강변
18	연천 高城山望臺	왕징면	150m	육		임진강변

連番	名稱	位置	山名(m)	典據	現況	備考
19	연천 車灘里望臺	연천읍	봉화봉(244)	육		
20	연천 國師峰望臺	신서면	국사봉(338)	육		
21	연천 금굴산망대	미산면	금굴산(196)	육	멸실	
22	연천 장탄리망대	청산면	봉화봉	육		
23	연천 마차산망대	전곡읍	마차산(588)	육	멸실	
24	연천 봉화재망대	미산면	봉화재(179)	육	멸실	
25	인천 대이작도 부아산망대	옹진군	부아산(162.8)	N		연조5기 복원 (2016)
26	인천 소야도망대	옹진군			온전	주민 구전

* 범례 : N : 네이버지도, D : 다음지도
　　　육 : 육군사관학교 육군박물관, 『경기도 연천군 군사유적 지표조사 보고서』, 1995.
　　　한 : 한국문화유산연구원, 『화성 당성 주변 학술조사 보고서』, 2015.

경기그레이트북스 ㉘

기전지역의 봉수

초판 1쇄 발행 2021년 07월 23일

발 행 처 경기문화재단
          (16614) 경기도 수원시 권선구 서둔로 166 생생 1990

기   획 경기문화재단 경기학센터

집   필 김주홍

집필보조 박영익·신경직

편   집 디자인 구름 (전화 031-949-6009)

인   쇄 우리들행복나눔 인쇄사업단 (전화 031-442-0470)

ISBN 979-11-965669-6-8

ISBN 979-11-965669-8-2 (세트)